D1433022

Erratum

Une erreur d'impression s'est glissée à la page 77 du livre *L'éducation géographique.* Nous vous prions de nous en excuser et de remplacer cette page par celle-ci.

Merci

FIGURE 2
Spécialisation et échanges intra-entreprises réalisés par les filiales de Toyota du Sud-Est asiatique

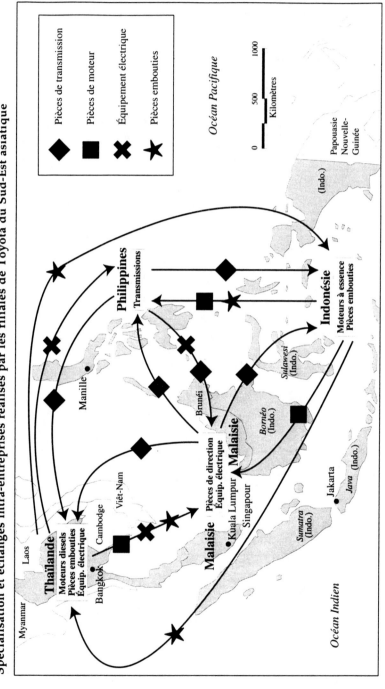

Adapté de Chesnaix, 1994, p. 108.

L'éducation géographique

COLLECTION

Géographie contemporaine offre une tribune aux géographes et aux spécialistes d'autres disciplines intéressés, en tant que chercheurs, acteurs ou étudiants, aux différentes problématiques territoriales.

Toutes les questions relatives au territoire sont au cœur des débats sociaux contemporains. Le phénomène de la mondialisation a provoqué de nombreuses remises en cause des structures territoriales du monde ; l'environnement est devenu un argument de poids dans les options de développement ; de nouveaux besoins en termes d'aménagement des territoires se sont manifestés et les outils de traitement de l'information géographique pour y faire face sont devenus incontournables ; les groupes et les collectivités se redéfinissent par rapport à l'espace global et à leur environnement immédiat. Voilà autant de sujets qui seront traités dans cette nouvelle collection.

PRESSES DE L'UNIVERSITÉ DU QUÉBEC
2875, boul. Laurier, Sainte-Foy (Québec) G1V 2M3
Téléphone : (418) 657-4399 • Télécopieur : (418) 657-2096
Courriel : secretariat@puq.uquebec.ca
Catalogue sur Internet : www.puq.uquebec.ca

Distribution :

CANADA et autres pays

DISTRIBUTION DE LIVRES UNIVERS S.E.N.C.
845, rue Marie-Victorin, Saint-Nicolas
(Québec) G7A 3S8
Téléphone : (418) 831-7474 / 1-800-859-7474
Télécopieur : (418) 831-4021

FRANCE

LIBRAIRIE DU QUÉBEC À PARIS
30, rue Gay-Lussac, 75005 Paris, France
Téléphone : 33 1 43 54 49 02
Télécopieur : 33 1 43 54 39 15

SUISSE

GM DIFFUSION SA
Rue d'Etraz 2, CH-1027 Lonay, Suisse
Téléphone : 021 803 26 26
Télécopieur : 021 803 26 29

L'éducation géographique

FORMATION DU CITOYEN ET CONSCIENCE TERRITORIALE

2e édition

Sous la direction de
Juan-Luis Klein
et Suzanne Laurin

1999

Presses de l'Université du Québec
2875, boul. Laurier, Sainte-Foy (Québec) G1V 2M3

Données de catalogage avant publication (Canada)

Vedette principale au titre :

L'éducation géographique : formation du citoyen et conscience territoriale

2ᵉ éd.

(Géographie contemporaine)
Comprend des réf. bibliogr.

ISBN 2-7605-1052-2

1. Géographie humaine – Étude et enseignement (Secondaire) – Québec (Province).
2. Géographie humaine – Québec (Province). 3. Territorialité humaine – Québec (Province).
4. Aménagement du territoire – Québec (Province). 5. Enseignants – Formation – Québec
(Province). I. Klein, Juan-Luis. II. Laurin, Suzanne, 1950-
III. Collection.

G73.E38 1999   304.2'071'2714   C99-941149-7

Canadä   Nous reconnaissons l'aide financière du gouvernement du Canada
par l'entremise du Programme d'aide au développement
de l'industrie de l'édition (PADIÉ) pour nos activités d'édition.

Nous remercions le Conseil des arts du Canada
de l'aide accordée à notre programme de publication.

Révision linguistique : Gɪsʟᴀɪɴᴇ Bᴀʀʀᴇᴛᴛᴇ

Mise en pages : Iɴғᴏ 1000 ᴍᴏᴛs ɪɴᴄ.

Illustrations intérieures : Groupe Espace-Temps

Illustration de la couverture : Œuvre de Louise Paillé,
                                  Anatomie de ma mère – La Terre # 1,
                                  techniques mixtes sur papier maroufé, 1988.

Conception graphique : Rɪᴄʜᴀʀᴅ Hᴏᴅɢsᴏɴ

1 2 3 4 5 6 7 8 9 PUQ 1999 9 8 7 6 5 4 3 2 1

Dépôt légal – 3ᵉ trimestre 1999
Bibliothèque nationale du Québec / Bibliothèque nationale du Canada
Imprimé au Canada

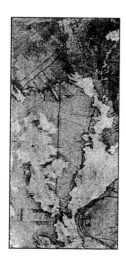

TABLE DES MATIÈRES

INTRODUCTION

Juan-Luis Klein et Suzanne Laurin

L'ÉDUCATION GÉOGRAPHIQUE

Œuvre collective d'un groupe de professeurs du Département de géographie de l'Université du Québec à Montréal qui enseignent en formation des maîtres, ce livre invite à revoir la place et le rôle de la géographie dans l'éducation. À l'origine de ce projet, il y a cette responsabilité commune de préparer les futurs enseignants en sciences humaines de l'école secondaire au Québec et de les initier à la connaissance géographique. Cette réalité a stimulé la réflexion, non seulement sur ce qui caractérise le contenu de cette géographie, à l'université et à l'école, mais aussi sur sa nécessaire actualisation pour assurer la formation du citoyen et le développement d'une conscience territoriale au Québec.

La plus grande ligne de convergence entre les auteurs des chapitres de cet ouvrage se révèle certainement dans cette préoccupation pour la formation géographique des futurs enseignants et la confiance en son influence sur la qualité de la société de demain. Par-delà les différences liées à des positions épistémologiques, scientifiques ou éducatives qui ne se fondent pas sur les mêmes prémisses, l'unité de la réflexion provient de la volonté de faire connaître, d'approfondir et de mettre en relation des points de vue de géographes sur les savoirs de base qui constituent l'éducation géographique. Cette unité tient en outre à la conviction qu'il existe une préoccupation sociale large pour l'éducation géographique et qu'il faut en tenir compte. Faire connaître une partie des réalisations sur ce plan est une condition à la création d'un espace public de discussion sur le contenu de cette éducation géographique et sur le sens à donner à l'expression « conscience territoriale » qui lui est généralement rattachée.

Mais pourquoi est-il besoin de réaffirmer la place de la géographie dans la formation du citoyen ? Une conception de l'école est toujours une conception politique projetée sur les générations futures, disait Condorcet[1]. Or, quand on cherche à mettre en relation la géographie québécoise et une de ses finalités éducatives, celle de contribuer à la formation du citoyen, un constat s'impose : la conception qu'a cette société de son organisation territoriale est brouillée, ce qui rend sa finalité éducative incertaine. La géographie est enseignée sans discours territorial éducatif explicite. À quoi cela tient-il ? Le problème semble résider dans la relation à établir entre trois types de projets culturels au Québec : le projet social, le projet éducatif et le projet territorial[2].

Ce problème constitue en fait une véritable énigme géographique, tant sur le plan social que théorique. Tout se passe comme si la géographie québécoise n'avait pas travaillé à construire sa propre représentation territoriale[3]. Il existe des représentations territoriales,

---

1. CONDORCET (1743-1794) Philosophe, mathématicien et homme politique français, il proposa un projet de réforme de l'instruction publique en 1792. Considéré comme le fondateur de l'école laïque française, théoricien du progrès, animé par la philosophie des Lumières, il soutenait qu'une éducation bien orientée pouvait assurer le progrès intellectuel et moral de l'humanité.

2. La géographie peut, bien sûr, être abordée sous d'autres angles que sous celui du territoire. C'est celui qui est privilégié, ici, pour sa valeur heuristique culturelle et scientifique, dans le projet social comme dans le projet éducatif.

3. Étrangement, la relation entre le territoire, l'espace et l'identité au Québec est abondamment traitée, depuis une dizaine d'années, en sociologie, en architecture, en art, en littérature et en politique, débordant même sur la sémiologie et la psychanalyse. Mentionnons, entre autres, Turgeon, Laurier, Létourneau, Jocelyn et Khadiyatoulah Fall (dir.), 1997. *Les espaces de l'identité*, Québec, Presses de l'Université Laval ; Marc-Urbain Proulx, Le phé*nomène régional au Québec*, Sainte-Foy, Presses de l'Université du Québec, 1996 ; Simon Langlois (dir.), *Identité et cultures nationales. L'Amérique française en mutation*, Québec, Presses de l'Université Laval, 1995 ; Alain G. Gagnon et Alain Noël (dir.), *L'Espace québécois*, Montréal, Québec-Amérique, 1995 ; Fernand Dumont, *Genèse de la société québécoise*, Montréal, Boréal, 1993 ; Gérard Bouchard (dir.)

mais elles sont soit intuitives, soit réactives. Des phénomènes et des événements territoriaux d'importance dans la dynamique sociale et spatiale du Québec mobilisent peu les géographes de cette société, et encore moins les citoyens. Plusieurs reconnaissent pourtant que la territorialité québécoise s'inscrit dans au moins trois grandes questions intimement reliées : la question autochtone, celle des relations entre Canadiens français et Canadiens anglais et celle de l'insertion des nouveaux arrivants. Ces questions sont différenciées par leur insertion historique, assez bien documentée, mais aussi par leur insertion spatiale, beaucoup moins étudiée. Il ne s'agit pas seulement de savoir comment se partager le territoire, selon qu'on était là avant, pendant ou après un événement jugé fondateur, mais de créer des bases pour trouver des compromis pour mettre en œuvre un projet proactif et inclusif.

Au Québec, le territoire est resté de l'ordre du sensible, de l'intuition, de l'expérience peu rationalisée. Lorsque étudié empiriquement, il est souvent réduit sur le plan social à une lecture fonctionnaliste. Le territoire existentiel n'est pas construit théoriquement et les institutions sociales, dont l'université et l'école, s'en ressentent. Au moment de réfléchir et d'agir, les citoyens sont devant une forme « d'analphabétisme territorial ». Dans cet état de fragilité et d'ambivalence, les représentations du territoire sont alors construites par l'Autre, perçu comme venant d'Ailleurs[4]. L'interprétation retournée par l'Autre, avec laquelle les Québécois, catégorie certes non homogène, sont souvent en désaccord, devient objet de débat et même parfois objet d'intervention, dans les moments par exemple où l'action culturelle et politique tente de s'ajuster à la représentation de l'Autre. Bon nombre d'événements illustrent cela. Mentionnons, à titre d'exemples, les positions développées lors des crises autochtones, l'absence de débats de fond sur la montée des partitionnismes, le flou dans lequel se développe le débat sur la décentralisation, ou encore l'éclat que font régulièrement des magazines européens ou américains avec leurs interprétations du « dilemme québécois »[5].

---

avec la collaboration de Serge Courville, *La construction d'une culture. Le Québec et l'Amérique française*, Québec, Presses de l'Université Laval, 1993. Bien que plusieurs géographes s'y soient intéressés, avec des perspectives assez différentes, force est de reconnaître qu'il n'y a pas de discours géographique socialement reconnu sur cette question.

4. Catégorie entendue au sens large, cet Autre est le plus souvent européen, américain, canadien. Il peut s'agir aussi de l'Immigrant ou de l'Indien. Il peut aussi désigner « celui qui n'est pas géographe ». Le géographe doit, en effet, prendre en compte actuellement des développements théoriques qui proviennent d'autres champs de connaissance.

5. À titre d'exemples, voir Darragh, Ian (1997). « Quebec's Quantary », *National Geographic*, novembre, p. 46-67 ; Vadrot, Claude-Marie (1990). « Le Québec », *GÉO*, octobre, p. 119-170.

Cette difficulté est donc observable sur le plan théorique, mais aussi sur les plans politique (secondarisation de la question territoriale sous le couvert d'une vision fonctionnaliste et administrative), social (neutralisation du territoire dans les enjeux sociaux) et, forcément, éducatif (absence de discours éducatif territorial dans les programmes et les manuels). Comment interpréter cette difficulté profonde de la société et de la géographie québécoises à appréhender le territoire comme objet construit? Examinons, à différents niveaux d'analyse, quelques hypothèses explicatives.

La difficulté des spécialistes de l'espace à théoriser et à interpréter le territoire serait à comprendre en lien avec une forme de relation à l'espace tenue pour être caractéristique des habitants de l'Amérique. Plusieurs auteurs ont développé l'hypothèse selon laquelle l'ampleur des défis spatiaux posés aux nouveaux arrivants aurait exigé une intelligence particulière du territoire. Si prégnant qu'on l'a confondu avec l'évidence, l'espace a posé des exigences en ce qui a trait à la pratique quotidienne de survie et de transformation, à l'invention et à la débrouillardise, à la protection, à l'inventaire de la faune et de la flore, à la description et au marquage des frontières. Dans cette perspective, le territoire est associé au concret, à ce qui est donné par la nature à l'expérience humaine, et le travail de théorisation est jugé comme une entreprise de peu d'utilité. « La géographie s'apprend par les pieds », aurait dit Raoul Blanchard, l'un des artisans de la géographie québécoise. Ajoutons aussi que, dans cette optique, toute étude du territoire aurait exigé un approfondissement de la relation avec les Amérindiens, question soulevant de nombreux paradoxes en matière d'identité et de représentation de soi, et dont la mise au jour est bien loin d'être terminée.

Du point de vue politique, deux interprétations sont à considérer: celle du projet d'indépendance nationale, dont la dynamique est en constante évolution et sur un autre plan, celle d'une approche fonctionnaliste de la gestion du territoire. Dans une perspective nationaliste, la tendance est à penser que le problème du territoire se résoudra (ou se résoudrait) dans le projet indépendantiste. L'ambivalence à l'égard du territoire est associée au fait que les Québécois n'ont jamais eu un territoire-pays, comme si de l'indépendance pouvait enfin émerger une authentique géographie québécoise. Cette perspective confond, en fait, une forme d'engagement idéologique et politique avec la nécessaire réflexion fondamentale sur le territoire, posée à distance de l'action politique. Cette interprétation associe jusqu'à les confondre le territoire et la nation, dans le sens qui prévalait au siècle dernier en Occident, et il semble que la notion d'engagement doive être étendue au travail de conceptualisation qui sous-tend une redéfinition culturelle et géographique du territoire.

On pourrait aussi comprendre le contraire : c'est parce que l'idée de projet territorial est fusionnée au projet d'indépendance du Québec que le concept de territoire ne peut être considéré et différencié dans toute sa complexité. Un point de vue dominant semble définir le territoire comme une surface géographique acquise, délimitée historiquement et juridiquement ; par conséquent, il ne peut être envisagé que dans la perspective administrative de mise en valeur économique du potentiel offert par ce découpage. Il est tout de même frappant de constater le peu d'attention accordée par la tendance politique nationaliste à la géographie du Québec et à l'idée polysémique de reconnaissance du territoire national. Comment définir alors le peuple québécois ? Par rapport au territoire ou par rapport à l'ethnie ? Par rapport au territoire, répondra-t-on. Mais alors, quel territoire ? Le territoire juridique, le territoire habité, le territoire identitaire ?

Du point de vue de l'État qui doit assurer le fonctionnement du social et du territorial, dans une perspective de gestion et d'administration utilitariste, le territoire est considéré comme une quantité à mesurer et à découper, à délimiter et à administrer en fonction de besoins et d'intérêts ; l'action étatique sur le territoire est gérée dans l'espoir que cette « neutralité » assure son fonctionnement sans qu'on ait besoin d'accéder aux fondements du territoire, travail « archéologique » qui risquerait de mettre au jour des tensions ou des conflits de toute manière latents.

Sur un plan historique, on peut évoquer l'influence d'une certaine historiographie québécoise ayant campé le territoire dans des interprétations reprises génération après génération, enracinées dans la mère patrie, et révélant une certaine impuissance à considérer le territoire réel qui se créait en contexte américain. Cette lecture nivelle la diversité culturelle et territoriale complexe pour proposer une unité artificielle, québécoise ou canadienne, fondée soit dans l'idée d'enracinement national, de un ou des peuples fondateurs, soit dans celle de mosaïque multiethnique.

Une autre dimension explicative tient plus particulièrement à l'évolution scientifique de la géographie, au Québec comme ailleurs dans le monde. La géographie québécoise s'est tardivement ancrée dans les théories du social. Et lorsqu'elle l'a fait, elle a évacué la préoccupation sociale. « La géographie est la science des lieux pas celle des hommes », avait dit Vidal de la Blache. Mais si la perspective naturaliste convient à certains problèmes qu'il faut décrire et expliquer, elle ne suffit pas à traiter la question territoriale dont les clés d'interprétation se rattachent d'abord à celles utilisées dans l'ensemble des sciences sociales. Or, la culture géographique québécoise s'est développée dans une relative position de marginalité par rapport, d'une part, aux grands débats culturels, sociaux et éducatifs, et, d'autre part, aux lieux où ils sont menés. La position professionnelle des géographes, liée, d'abord, à la mise sur pied des dispositifs territoriaux du gouvernement du Québec et, ensuite, à l'évolution des politiques municipales et régionales, y est sans doute pour quelque chose. La formation universitaire des géographes québécois et canadiens, peu nourrie des fondements épistémologiques, théoriques et méthodologiques des sciences humaines, peut contribuer à expliquer une position restée périphérique. « La géographie humaine est mal aimée », disait Louis-Edmond Hamelin. Elle pouvait bien l'être, elle n'apportait rien au débat sur le Québec ! Étranger aux ancrages historiques et sociologiques de sa propre culture, le géographe québécois étudie essentiellement le territoire sous l'angle des sciences de la nature, de la gestion administrative étatique ou des modèles mathématiques, conformément d'ailleurs à l'évolution de cette discipline dans les années 1960-1970.

Sur un plan symbolique, le territoire n'est pas un en cela qu'il fait référence à plusieurs réalités, à des enjeux et à des tensions qui se sont stratifiés et complexifiés avec le temps. Prendre conscience de ces territoires risquerait d'ouvrir une boîte de Pandore ; autrement dit, le territoire serait devenu trop chargé de sens pour qu'on sache comment l'appréhender par la seule rationalité instrumentale. Le territoire existe dans cette société comme une réalité dont la densité est peu reconnue par les sujets acteurs. La relation au territoire serait en quelque sorte trop émotive, sans la distance que donne la construction conceptuelle d'un objet réel et symbolique. Cette densité est à nommer, à reconnaître, à expliciter et la géographie a pour rôle de mettre en discours le territoire sur les plans conceptuel et symbolique.

Le projet éducatif de la géographie dans l'école devrait alors s'inspirer d'une réflexion conceptuelle et méthodologique susceptible de développer chez les jeunes une conscience territoriale, liant le Québec et le monde, le local et le global. Dans l'expression « conscience territoriale », le mot « conscience » évoque la présence du sujet à lui-même et son rapport aux autres, au collectif. Le citoyen prend conscience d'un ensemble de phénomènes territoriaux à un moment donné, et, plus lucide, devient capable de connaître et de juger par lui-même le monde extérieur dans lequel il doit faire des choix, décider et agir. Mais quel est ce monde ? Quelles sont ses composantes humaines et physiques ? Comment se révèle-t-il ?

L'expression « tension territoriale » évoquée ci-dessus fait référence à diverses forces qui, mises en relation, créent des dynamiques nouvelles, souvent conflictuelles, mais parfois complémentaires. Dans une perspective géographique, ces dynamiques sont souvent créées par la manière dont les actions humaines entrent en relation avec des forces physiques (composantes géomorphologiques, bioclimatiques, etc.) et des forces sociales (formes d'identité spatiale, d'organisation communautaire, d'appropriation, etc.) en vue de résoudre des problèmes sociaux liés à l'environnement, au paysage, à la mise en valeur de ressources, aux milieux de vie, au développement des collectivités, etc. Elles supposent une recherche de nouvelles stratégies territoriales entraînant une réorganisation des relations entre groupes sociaux et la création de solidarités nouvelles.

Une tension territoriale se résorbe par une transformation qualitative de la relation des êtres humains au territoire, sinon, elle conduit au conflit, se fige dans une représentation obstacle et provoque une fracture sociale. Il y a donc une posture intellectuelle et mentale à inventer et à expliciter, au sens d'une disposition de l'intellect et de l'esprit. Cette nouvelle posture doit orienter l'ajustement incontournable de la géographie dans le projet éducatif québécois afin de construire des liens sociaux qui permettent d'aller au-delà des fractures, qui réinventent le social à partir d'appartenances multiples mais convergentes.

Les géographes ont un message de territorialité culturelle (Hamelin, 1996[*]) à construire, d'abord, et à discuter, ensuite, dans l'école et dans la société. Une éducation géographique passe par le développement de cette conscience territoriale à travers l'étude de phénomènes géographiques reliant le local au global. Le nouveau projet éducatif du Québec oriente l'éducation géographique vers le développement de la compréhension internationale, interculturelle et environnementale pour une meilleure connaissance du monde contemporain. Le citoyen ainsi formé n'est donc plus celui qui part à la défense de sa patrie ni celui qui se découpe un territoire ethnique, comme une ancienne acception de la fonction identitaire de la géographie a pu le soutenir, à l'époque de l'implantation des États-nations européens.

Le défi qui est posé aux auteurs des chapitres de ce livre réside donc dans la constitution d'une base d'information qui nourrira cette conscience territoriale. D'abord, Suzanne Laurin démontre le besoin de lier la connaissance géographique à la connaissance historique,

---

[*] Hamelin, L.-E. (1996). *Écho des pays froids*, Sainte-Foy, Presses de l'Université Laval, 482 p.

l'espace et le temps étant les deux axes de la structuration des sociétés. Ensuite, Frank W. Remiggi et Francine Laberge proposent un retour historique sur la façon dont la géographie humaine s'est développée en lien avec le réel social, critiquant la rupture de ce lien dans l'enseignement de la géographie et suggérant sa reconstruction. Puis, Juan-Luis Klein met l'accent sur le besoin de combiner plusieurs échelles dans l'analyse d'un système-monde de plus en plus structuré où le local, le régional et le national changent progressivement de fonction.

Dans un quatrième temps, Mireille Bouchard et Étienne Govare dégagent les bases physiques de la structuration d'un géosystème environnemental d'envergure planétaire, qui interpelle aussi bien l'individu que la société globale. Dans un cinquième temps, Aurel Ceciu étudie la question du changement climatique, discute certaines interprétations et montre que la compréhension actuelle du problème ne s'appuie pas toujours sur une connaissance scientifique de la nature et du social.

En sixième lieu, Jean Carrière, Sylvie Molé, Yann Roche et Benoît St-Onge analysent les méthodes de représentation des faits géographiques en faisant valoir le potentiel mais aussi les limites de la carte et des systèmes d'information géographique. Puis, Jacques Schroeder rappelle les principes traditionnels de la transmission éducative du savoir géographique. Enfin, Suzanne Laurin propose une réflexion critique sur l'état de la géographie enseignée à l'école secondaire québécoise depuis les années 1960 et trace les grandes lignes de ce qui devrait être sa place dans la formation du citoyen.

À partir de points de vue différents, tantôt plus innovateurs, tantôt plus traditionnels, mais toujours dans la perspective de situer le citoyen dans ce monde en changement, dont il subit les effets mais dont il est aussi responsable, ce livre propose les bases d'une éducation géographique nécessaire à la formation du citoyen. À la conscience sociale, importante certes, il faut ajouter la conscience géographique.

Le citoyen ainsi formé, c'est celui qui a acquis cette disposition d'esprit qui le rend apte à identifier de nouvelles compatibilités entre sa propre territorialité existentielle et celle des autres, et à imaginer des stratégies communautaires de mise en valeur appropriées. En ayant une représentation territoriale informée et non seulement intuitive, il devient sensible aux signes de métissage culturel et mieux outillé pour élaborer des projets territoriaux créateurs. Sa conception n'est plus ethnique mais civique, et il comprend mieux l'action des sociétés et des individus sur l'espace des sociétés contemporaines. La compétence qu'il aura acquise pour arriver à ce résultat s'appelle la «conscience territoriale».

CHAPITRE

Suzanne Laurin

LA RELATION ESPACE-TEMPS DANS LA FORMATION À L'UNIVERS SOCIAL

Le futur enseignant qui choisit de consacrer sa vie professionnelle à enseigner la géographie et l'histoire à des élèves du secondaire doit réfléchir à ce que cela signifie. D'abord, pour examiner les motivations à la base de ce choix et les représentations qu'il se fait du métier, des disciplines, de l'école, des élèves et de lui-même dans l'exercice de cette profession. Ensuite, pour connaître ce que d'autres ont expérimenté ou dit sur le sujet, pour s'exercer à juger la pertinence de ces analyses afin d'élaborer une conception de l'éducation géographique et historique.

Nous proposons de traiter trois aspects de cette conception de l'enseignement des sciences humaines : les finalités éducatives qui leur sont habituellement attribuées dans les sociétés occidentales et au Québec, leur contribution conceptuelle et méthodologique à une plus grande intelligibilité du monde et, enfin, des façons pédagogiques de les aborder pour qu'elles développent le potentiel individuel et collectif de réflexion critique.

Ce chapitre s'appuie sur trois idées qui font presque l'unanimité dans les réflexions didactiques actuelles sur l'enseignement des sciences humaines. D'abord, l'idée que la mise en relation du temps historique et de l'espace géographique dans le curriculum de l'univers social favorise des apprentissages plus riches et plus féconds. Ensuite, il est maintenant largement reconnu, depuis les travaux de Chervel sur la discipline scolaire, entre autres, que la géographie et l'histoire scolaires ont créé leur propre culture et se distinguent du savoir savant. Leur principale légitimité ne provient pas de la science mais plutôt de leur fonction éducative et de tout ce qui se rattache à la construction scolaire du savoir. Enfin, la contribution de la géographie et de l'histoire à l'apprentissage d'autres disciplines scientifiques est de plus en plus soulignée, ce qui oblige à redéfinir les frontières disciplinaires et à établir des modalités d'articulation des contenus d'enseignement.

1.1. LES SCIENCES HUMAINES À L'ÉCOLE

Qu'est-ce qui motive un jeune à se diriger vers l'enseignement des sciences humaines au secondaire ? Les réponses à cette question peuvent être regroupées en quelques catégories : intérêt pour ces disciplines, pour leur caractère multidisciplinaire et leur ouverture sur le monde (« J'ai toujours aimé faire de l'histoire ou de la géographie ; ce sont des matières qui touchent à beaucoup de domaines en relation les uns avec les autres ; elles aident à comprendre ce qui se passe dans le monde. ») ; intérêt pour leur contribution à l'éducation des jeunes (« Je veux les aider à s'intégrer dans la société et à aimer l'école. ») ; influence positive ou négative d'un enseignant dans ces disciplines (« J'ai eu un excellent prof au secondaire ou au cégep qui m'a donné le goût de l'histoire ou de la géographie. » ; ou encore « J'ai eu un mauvais professeur et je me suis dit que je pouvais changer ça. »).

Ces dimensions sont importantes et légitimes, mais l'enseignement des sciences humaines exige l'approfondissement d'autres questions : Quelles sont les finalités éducatives des sciences humaines à l'école ? Quelle place doivent-elles occuper dans le curriculum ? Lequel de ces rôles est le plus important : construire l'identité collective, former le citoyen, développer l'esprit critique ou initier à la science ? En quoi l'apprentissage des sciences humaines se distingue-t-il des autres apprentissages au secondaire ? Quelle conception de leur apprentissage doit-on privilégier ? D'où viennent les contenus à enseigner ? Comment expliquer que les sociétés leur accordent plus ou moins d'importance selon les époques ?

1.1.1. POURQUOI ENSEIGNER LES SCIENCES HUMAINES À L'ÉCOLE?

Précisons d'abord que l'expression « sciences humaines » en contexte scolaire recouvre une signification particulière. Ce champ d'études regroupe les programmes qui ont pour objet la construction de la réalité humaine, l'étude de l'action humaine et de ses résultats. Au Québec, il s'agit de la géographie, de l'histoire et de l'économie. Les champs de connaissance ne se distinguent pas tant par leur objet d'étude ou leurs méthodes que par les finalités poursuivies et les questions posées au réel. Quelles sont alors les finalités de l'apprentissage des sciences humaines au secondaire?

Cet apprentissage permet de connaître la réalité humaine à partir de domaines disciplinaires, comme la géographie, l'histoire ou l'économie, qui éclairent l'action humaine sous un angle particulier, posant des questions et des problèmes différents. Christian Laville (1991) affirme que ces disciplines existent parce qu'on croit qu'elles peuvent apporter des réponses valables à certaines questions que les êtres humains se posent, et des solutions à certains de leurs problèmes.

Voilà une affirmation plutôt générale qui peut sembler évidente. Comparons-la à d'autres conceptions des finalités des sciences humaines pour voir en quoi elle se distingue[1].

> *Même si cela peut sembler trivial, il faut rappeler que les sciences humaines dans la formation générale poursuivent d'abord des fins éducatives: elles sont enseignées parce qu'on estime qu'elles contribuent à former des êtres humains en devenir.*

L'objectif premier de l'enseignement des sciences humaines est d'assurer le développement des attitudes sociales nécessaires aux relations humaines harmonieuses, à l'adaptation à la société. Elles peuvent ainsi contribuer, par exemple, à prévenir la violence.

L'enseignement des sciences humaines vise le développement de la pensée réflexive et critique, et de la prise en charge des actions qui découlent des jugements ainsi éclairés, c'est-à-dire la responsabilisation dans l'action sociale.

Les sciences humaines ont pour objectif de décrire la réalité des événements historiques ou des faits sociaux, d'en dégager les lois générales ou les régularités afin de les analyser et de les expliquer.

Les sciences historiques et humaines ne sont pas, comme les sciences physicochimiques, l'étude d'un ensemble de faits extérieurs aux hommes, d'un monde sur lequel porte leur action. Elles sont, au contraire, l'étude de cette action elle-même, de sa structure, des aspirations qui l'animent et des changements qu'elle subit.

---

1. Ces exemples sont des reformulations inspirées de divers auteurs, dont le texte polémique de Yves Lenoir sur la fonction sociale des sciences humaines (1992).

On comprend que la question de savoir pourquoi il faut apprendre les sciences humaines à l'école est l'objet de discussions dans la société et entre les spécialistes. Transposition du savoir savant ou construction, dans l'école, d'un savoir adapté à ses besoins ? Développement d'attitudes sociales ou formation intellectuelle critique ? Acquisition de connaissances de base ou formation à la pensée ? Apprendre à s'adapter ou apprendre à transformer, à créer, à agir ? Formation scientifique sur le modèle des sciences de la nature ou formation à la réflexion historique et critique ? Il n'y a pas une seule bonne réponse, chaque société décidant de privilégier certains aspects plutôt que d'autres, en fonction des besoins identifiés à différents moments de son développement.

Étudions, sur ce plan, trois documents importants dans l'histoire récente de l'école québécoise : le Rapport Parent (1964), l'*École québécoise* (1979) et le récent Rapport Inchauspé (1997). Le Rapport Parent (1964) utilise quatre éléments pour montrer la portée éducative des sciences humaines à l'école : l'initiation à la formation scientifique ; leur valeur éthique, au sens d'une prise de conscience de la responsabilité collective et de la liberté de jugement ; la compréhension humaniste du travail ; et enfin, leur valeur utilitaire, reconnue dans l'expression « formation civique et sociale » concernant, par exemple, l'initiation aux institutions démocratiques et politiques. Le Rapport tentait ainsi de concilier une tradition éducative humaniste et les besoins de la modernisation du Québec qui exigeait une formation scientifique, civique et utilitaire.

L'École québécoise (1979) identifie les valeurs et les finalités qui doivent inspirer les objectifs généraux poursuivis par l'école, mais ne les définit pas en lien avec les matières scolaires. Ces valeurs sont, dans l'ordre, intellectuelles, affectives, esthétiques, sociales et culturelles, morales, spirituelles et religieuses. Les valeurs sociales et culturelles se rattachant davantage au champ des sciences humaines, retenons que ce rapport accorde une grande importance à la construction de l'identité collective (appartenance), à l'enracinement dans le milieu (patrimoine, communauté), à l'acquisition du sens démocratique (formation du citoyen) et au souci d'une langue correcte. S'y retrouvent les préoccupations de la société québécoise de 1979, à une époque où la question des contenus passe en second, soumise qu'elle est à la définition d'objectifs.

Le rapport du groupe de travail sur la réforme du curriculum, ou Rapport Inchauspé (1997), caractérise sommairement la période sociale actuelle par une complexification croissante des formes et du fonctionnement des organisations sociales, l'intensification des changements, le sentiment d'aliénation engendré par une complexité non maîtrisée parce que non comprise. Il propose que « l'enseignement des sciences humaines rende l'élève libre par rapport à son environnement, en le lui faisant comprendre pour lui permettre de mieux agir ».

Selon les auteurs de ce rapport, cette éducation à la liberté passe par l'enseignement de l'histoire, trois des sept objectifs des sciences humaines y faisant explicitement référence : intégrer le sens de son histoire nationale, développer le sens de l'histoire et ouvrir à l'histoire du monde. Les autres objectifs visent la compréhension du fonctionnement de la société dans les domaines économique, géographique, social et politique, particulièrement de ses institutions (formation du citoyen) ; la compréhension des réalités qui constituent l'homme comme être social (arts, cultures, religions, modes de vie, identités nationales, institutions) ; la compréhension des relations entre les disciplines du champ social.

Le Rapport revalorise la finalité culturelle de l'école plutôt que les finalités utilitaires et cognitives, suivant ainsi la tendance occidentale actuelle à se tourner vers l'histoire. Caractéristique frappante d'une réorientation des sciences humaines dans l'école québécoise, la croyance en la fécondité du temps historique en matière d'éducation culturelle est sans doute liée à l'anxiété que suscite la rapidité des développements technologiques et à ce sentiment d'aliénation ressenti par l'être humain, incapable d'attraper

> *L'élargissement de l'identité nationale passe, à coup sûr, par l'intégration du champ spatial, dimension essentielle à la compréhension de l'environnement humain dans la perspective des sciences humaines.*

une « nouveauté » avant qu'elle soit remplacée par une autre. Elle est liée aussi à l'ambivalence des Québécois quant aux formes d'inscription à la fois dans l'histoire et dans le territoire géographique.

Cela ne va pas sans soulever des débats sur les finalités éducatives de cette histoire qui devra intégrer la fonction critique, élargir le sens traditionnellement accordé aux expressions « identité nationale » et « racines occidentales » et intégrer d'autres types de connaissances pour assurer l'éducation à la citoyenneté.

1.1.2. QUE SONT LES SCIENCES HUMAINES, DANS UNE PERSPECTIVE SCOLAIRE ?

Si ces disciplines existent, comme le soutient Laville, pour apporter des réponses à des questions que les êtres humains se posent, elles peuvent alors être conçues comme un système construit de compréhension et d'interprétation des actions humaines dans le temps et dans l'espace. Elles sont des entreprises de compréhension rationnelle du sujet humain dans son rapport au monde. C'est ainsi qu'elles offrent diverses perspectives pour comprendre la complexité de ce rapport et se donnent un point de vue, une méthode, pour analyser certains phénomènes sociaux. C'est dans ce sens qu'elles doivent être proposées aux élèves.

Voici quelques exemples des grands problèmes actuels que ces sciences contribuent à étudier : l'évolution des techniques et des sciences, la transformation de l'idée de l'État national, les rapports entre le local et le mondial, la destruction et la conservation des cultures et des modes de vie, le morcellement du travail, les nouvelles représentations de la nature à travers l'environnement et l'écologie, le développement durable, l'éthique planétaire, la société dite « de l'information et du savoir », etc. Dans l'étude de tous ces problèmes, les dimensions temporelle et territoriale sont fondamentales.

La société subit des transformations profondes et cela entraîne une remise en question des savoirs, notamment ceux des sciences humaines. Voyons des exemples qui touchent l'histoire et la géographie à l'école :

- L'idée de progrès, le sens et la qualité que la modernité lui a conféré, est remise en cause. L'histoire ne peut plus être enseignée, par exemple, comme une longue évolution du pire vers le meilleur.

- Les rapports entre les hommes et les femmes, et de majoritaires à minoritaires, se sont exacerbés. L'enseignement de l'histoire et de la géographie ne peut plus en faire abstraction ; il doit réfléchir plus largement au rôle de l'espace dans la construction des identités et à la façon d'intégrer, par exemple, le rôle des femmes dans l'histoire et dans l'organisation des territoires, la question autochtone et le territoire canadien, l'apport des communautés dites « ethniques » à la société d'accueil.

- La réalité des États et des nations se transforme dans le contexte économique et politique actuel ; la géographie et l'histoire ne peuvent plus considérer de la même façon la fonction identitaire (appartenance nationale) qui leur a traditionnellement été attribuée.

L'ensemble des contenus scolaires doit donc être modifié régulièrement pour se conformer à la manière dont une époque envisage les grandes questions qui la préoccupent. Les programmes actuels abordent déjà plusieurs de ces sujets, mais sous forme de thèmes plutôt que de problèmes à comprendre, et dans un discours vérité qui manque de « tension réflexive ». Il est permis de se demander comment un élève apprend à penser dans cet amas d'objectifs d'apprentissage et de connaissances.

1.1.3. Pour un élève, que devrait signifier étudier les sciences humaines au secondaire ?

Étudier les sciences humaines au secondaire devrait signifier apprendre à s'interroger sur un sujet, sur un problème concernant la façon dont les êtres humains vivent ensemble dans l'espace géographique et le temps historique. Cela devrait signifier aussi apprendre à utiliser des concepts, des notions, des méthodes pour acquérir une meilleure connaissance de ce problème, pour saisir le sens des actions humaines, penser et agir ; cela devrait signifier apprendre ce que les autres savent sur ces questions et ces problèmes et en évaluer la pertinence. Enfin, cela devrait signifier être mis le plus souvent possible en situation de réflexion, d'analyse, de synthèse, de recherche, de discussion et d'argumentation.

Avant d'aborder la valeur conceptuelle et méthodologique de l'apprentissage des sciences humaines à l'école sous l'angle des principales disciplines concernées, notons que l'école préfère de plus en plus utiliser des expressions comme « univers social » ou « champ social » plutôt que « sciences humaines ». Cela dénote que les contenus d'enseignement, les objectifs et les compétences visés transcendent en quelque sorte l'aspect strictement disciplinaire. Ainsi, l'enseignement de la géographie et de l'histoire au secondaire doit être envisagé sous un angle différent de celui adopté par les universitaires. Ces matières débouchent sur divers champs disciplinaires, initiant les élèves à d'autres disciplines comme l'économie, la politique, la sociologie et l'anthropologie, et elles devraient être enseignées dans cette perspective.

1.2. Les possibilités conceptuelles et méthodologiques des sciences humaines

Globalement, les problèmes historiques et géographiques sont étudiés à l'aide des concepts fondamentaux de temps historique et d'espace géographique. Selon un consensus établi depuis longtemps dans l'enseignement, on juge essentielle la « compréhension de l'organisation de l'espace et du temps », bien que le sens accordé à cette expression ait évolué. Depuis Kant, ces concepts ont fait couler beaucoup d'encre chez les géographes et les historiens ; les travaux de Piaget sur le sujet ont largement influencé l'éducation (Piaget, 1946 ; Piaget et Inhelder, 1948).

Au Québec, au moment de la rédaction des programmes par objectifs (1980-1982), des auteurs se sont intéressés à les étudier sous l'angle de leur fonction éducative, en lien avec l'histoire et la géographie (Johnson, 1979 ; Picard, 1986 ; Ségal, 1984). Ils se sont posé la question suivante : Quand un élève utilise ces deux concepts, quel type d'apprentissage devrait-il faire ? Un bref retour aux sources permet de retracer le fil des réflexions réalisées dans un champ disciplinaire, pour le relier ensuite aux plus récentes d'entre elles et en relever les différences. Commençons par le concept d'espace géographique.

1.2.1. Apprendre l'espace géographique

En 1986, Picard propose que le concept d'espace soit considéré sous six facettes différentes et que l'élève, dans l'ensemble de ses cours de géographie, s'exerce à les comprendre : la représentation spatiale, la localisation, la distance, l'association spatiale, la distribution spatiale et la relation spatiale. Quelle que soit la perspective théorique ou didactique adoptée dans la définition du concept d'espace, ces dimensions reviennent chez la plupart des auteurs. Comment Picard les définit-il ?

Selon lui, la **représentation spatiale** résulte d'une série d'opérations qui transforment les informations en provenance de l'environnement spatial en un ensemble organisé de représentations. Ces représentations peuvent être stockées de façon interne (carte mentale) ou externe (dessins, cartes, maquettes, rapports écrits). Exemples : les maquettes de Montréal au musée d'archéologie et d'histoire de Pointe-à-Callière ; une carte du monde dessinée à main levée par un élève à partir de sa propre représentation mentale.

La **localisation** est plus qu'un simple mot d'identification ; il s'agit, en fait, d'une description de l'endroit où sont les objets. Cette description est basée sur certains systèmes de référence intériorisés par l'individu. Ces systèmes de référence sont, d'abord, égocentriques, plus tard, démocentriques et, enfin, basés sur les éléments du paysage ou, encore, sur des systèmes abstraits de coordonnées. Il existe aussi une autre forme de localisation qui consiste en une série d'indications pour se rendre à un endroit particulier. Picard voit la notion d'orientation comme identique à celle de localisation, de même qu'à celle des liens spatiaux entre diverses localisations. Donnons, comme exemple, la description d'un itinéraire à partir de repères visuels et de références personnelles ou encore, à partir de points cardinaux et de coordonnées cartographiques.

Par **distance**, Picard entend la mesure de l'écart entre deux localisations. Cet écart peut être exprimé de façon absolue par des unités de mesure comme le mètre et le kilomètre (J'habite à 30,2 kilomètres de l'école.). On peut également utiliser une mesure relative pour évaluer l'écart entre deux localisations (Pierre habite deux fois moins loin que moi de l'école.).

L'**association spatiale** consiste en une série d'attributs servant à décrire et à identifier les objets et les personnes situés à un endroit particulier. Ces attributs sont des constructions mentales élaborées par les gens et imposées au monde par eux. Ainsi, pour définir le caractère urbain de Montréal, nous avons besoin d'associer plusieurs attributs comme des fonctions, des délimitations, des statistiques, des institutions, tous pensés, produits et transformés par les êtres humains.

La dimension de la **distribution spatiale** est complémentaire à celle de la localisation ; elle concerne la répartition des phénomènes physiques et humains sur la planète et conduit logiquement à rechercher les raisons de cette répartition. En effet, il est difficile de décrire la répartition de la population mondiale sans chercher à comprendre la formation des grandes concentrations urbaines.

Enfin, la **relation spatiale** porte sur la compréhension des liens entre la distribution des phénomènes physiques et humains sur la planète. Elle permet également l'étude de leur structure et de leurs processus de changement. Par exemple, pour comprendre le phénomène actuel du déboisement et des incendies de forêts en Indonésie, il faut mettre en relation des aspects humains (type de propriété et de culture, forme de développement, exploitation forestière, transfert de population, etc.) et des aspects physiques (caractéristiques de la forêt tropicale, climat, phénomène atmosphérique et courant marin, etc.). Cette mise en relation, si elle est bien problématisée, conduit à analyser l'organisation, la structure qui fait « tenir ensemble » ces relations, en équilibre ou en rupture d'équilibre. Cela permet d'approfondir la dynamique d'évolution de la structure sociale et spatiale de cette région.

Cependant, cette mise en relation se réduit trop souvent à dresser une liste des facteurs explicatifs. Dans une perspective didactique, il faut aussi se demander dans quelle mesure les contenus géographiques et les formules pédagogiques actuellement proposés aux élèves exigent la mise en relation de toutes ces dimensions spatiales. Demander à des élèves d'analyser le problème de la déforestation en Indonésie, par exemple, exige l'utilisation de chacune des cinq autres dimensions du concept d'espace. Mais cela exige surtout de recourir à cette autre chose qui caractérise la nouvelle géographie scolaire, soit le raisonnement géographique.

Raisonner avec des concepts sur des problèmes géographiques.

Des géographes et des didacticiens de la géographie[2] s'accordent pour dire que la géographie actuelle doit être enseignée en réponse à un problème d'utilisation[3] de l'espace par une société donnée, en rapport avec la vie des sociétés dans leur territoire. Le concept d'espace géographique devient ainsi un outil de pensée et non plus un mot de vocabulaire ou une définition apprise qu'on ne réutilise plus. Le problème géographique offre un contexte qui donne du sens aux apprentissages. S'adressant aux dimensions affectives et intellectuelles, cette façon d'enseigner la géographie est aujourd'hui considérée à la fois plus scientifique et plus pédagogique.

> La géographie doit montrer que comme d'autres sciences, elle étudie des problèmes, des questions réelles et importantes que les sociétés se posent à propos de l'utilisation et de l'aménagement de leur propre territoire. Ce qui impliquerait de commencer une étude géographique par la société, les groupes sociaux, et de constater que ceux-ci ont des besoins, des projets d'utilisation de leur espace ; qu'ils doivent composer avec des héritages naturels et humains (Hugonie, 1992, p. 29).

Ainsi, la géographie reprend des éléments plus classiques comme la connaissance des repères spatiaux et du langage cartographique, des localisations, des distributions et des configurations spatiales, des conditions de vie des hommes et des femmes pour les organiser et les interpréter à partir de problématiques différentes. Elle exige ainsi plus que des habiletés de mémorisation, d'observation ou de description, elle exige des capacités de questionnement, de raisonnement, d'analyse, de synthèse, de jugement critique. L'expression *raisonnement*

---

2. Cette partie puise aux nombreux travaux de l'équipe de didactique de la géographie, de l'histoire et des sciences sociales de l'Institut national de recherche pédagogique (Paris), dirigée par François Audigier, ainsi qu'aux recherches d'autres didacticiens français et belges.

3. Le terme « utilisation » doit être compris ici au sens large de la relation à l'espace (appréhension, représentation, transformation) incluant aussi le sens plus strictement utilitaire.

géographique, fréquemment utilisée aujourd'hui, pourrait avantageusement remplacer, dans les programmes, les expressions confuses de démarche ou méthode géographique qui laissent croire en une seule vérité scientifique ou pédagogique.

Nous n'avons pas l'espace, dans ce chapitre, pour nous étendre sur les diverses significations accordées à l'expression « raisonnement géographique ». Son sens dépend de la conception qu'ont les auteurs de l'apprentissage (un processus cognitif ou une construction de sens ?) et de la géographie (science et modélisation spatiale, systémisme ou humanisme et culture ?). Le principal intérêt de cette idée directrice est qu'elle propose une démarche problématique, qu'elle cherche à démontrer ou à comprendre quelque chose, à résoudre un problème, et non pas seulement à décrire, à « apprendre des faits » (Hugonie, 1992, p. 122).

Dans un article qui présente une synthèse des grandes tendances de l'éducation géographique dans le curriculum américain, Gregg et Leinhardt (1994, p. 328) définissent en deux volets le *raisonnement géographique* :

> L'acquisition d'un ensemble de connaissances a pour but de rendre l'élève capable de raisonner. Nous raisonnons **en** géographie quand nous utilisons des faits géographiques et des outils d'analyse spatiale pour comprendre un phénomène que la discipline juge important. Ce raisonnement géographique conduit à la production de nouvelles connaissances géographiques. Nous raisonnons **avec** la géographie quand notre connaissance géographique devient un outil pour penser et organiser la connaissance d'autres disciplines telles l'histoire, l'économie, la science politique, la géologie ou l'anthropologie. Ce raisonnement géographique conduit à la production de connaissances sur les dimensions spatiales d'une autre discipline.
>
> Le raisonnement géographique est un processus qui relie cinq éléments essentiels (paysage, carte, hypothèse, processus et modèles) pour créer une idée ou un problème. Les problèmes géographiques, comme les problèmes historiques, n'appellent habituellement pas une seule bonne solution.
>
> (Traduction libre.)

Il devient très intéressant de comparer actuellement en France, aux États-Unis et en Grande-Bretagne, par exemple, les manières d'aborder le raisonnement géographique, la place accordée aux objectifs et à la hiérarchisation des notions et des concepts, l'influence de certains courants de la géographie scientifique, la présence ou l'absence des valeurs liées aux choix et aux décisions, l'explicitation ou non des enjeux sociaux et scientifiques des problèmes abordés, etc.

Nous nous en tenons ici à dégager la tendance générale à faire raisonner les élèves dans l'apprentissage des sciences humaines. Cette tendance s'appuie sur l'idée que la pensée ne se réduit pas à un processus cognitif et qu'il existe un mode spécifique de pensée associé à un champ disciplinaire, évoluant dans une culture donnée. Voyons maintenant comment la question du raisonnement se pose dans l'apprentissage de l'histoire.

1.2.2. APPRENDRE LE TEMPS HISTORIQUE

Le concept de temps historique qui a servi à la création des programmes d'histoire de 1982 a été, entre autres, élaboré par Micheline Johnson, dans son ouvrage *L'Histoire apprivoisée* (1979). Elle le définit, comme Picard, selon six dimensions : le recul, la chronologie, l'évocation, le changement, l'évolution et la permanence. Johnson traduit chacune des dimensions en des habiletés à acquérir.

> L'habileté à reculer, donc à s'abstraire du présent [**recul**] ; l'habileté à situer un événement, un phénomène, un personnage par rapport à ce qui l'a précédé et à ce qui l'a suivi [**chronologie**] ; l'habileté à voir ce qui ne nous est plus présenté que sous forme de documents [**évocation**] ; l'habileté à identifier les changements qui se sont opérés depuis l'origine du monde [**changement**] ; l'habileté à relier les événements du passé entre eux par une ligne de causalité probable [**évolution**] ; et, enfin, l'habileté à percevoir la continuité et la permanence à travers l'aventure humaine [**durée**] (p. 70-71).

Le programme d'histoire a retenu l'évolution comme dimension fondamentale, à laquelle se greffent la durée, la permanence, la continuité et la relativité (MEQ, 1982, p. 23). D'autres historiens, comme André Ségal (1984), ont fait valoir que le concept de temps enseigné à l'école sert à expliquer le rapport des sociétés à la durée, rapport qui repose sur la mise en relation de trois ordres : l'ordre de l'événement, l'ordre de la conjoncture et l'ordre de la structure. Cette dernière proposition privilégie la formation à la pensée critique par la mise en relation, entre autres, de ces trois échelles temporelles dans l'analyse des phénomènes de durée.

> **L'événement** comme un fait bref, survenu à un moment précis et dont les contemporains peuvent avoir une connaissance immédiate. La **structure** est un fait de longue durée dont les termes chronologiques échappent à la perception des contemporains : l'esclavage antique ou la chrétienté occidentale en sont des exemples. La **conjoncture** se situe généralement par sa durée entre l'événement et la conjoncture. Les conjonctures résultent de la concurrence temporaire de facteurs sociaux qui distinguent ces temps des temps

antérieurs ou postérieurs. La Révolution tranquille du Québec dans les années soixante est un exemple typique de conjoncture. (Ségal, 1984, p. 98)

En France comme aux États-Unis, des didacticiens et des historiens orientent leur réflexion vers l'apprentissage du raisonnement historique, appelé aussi «mode de pensée historique»[4]. Comme en géographie,

> *L'apprentissage de la pensée historique.*

l'expression a un sens plus vaste que celle de «méthode historique» actuellement en cours dans les programmes. D'ailleurs, pour Prost, bien qu'elle ne lui soit pas réservée, «la méthode critique est la seule méthode propre à l'histoire[5]». Il rappelle qu'un fait n'est rien d'autre que le résultat d'un raisonnement à partir de traces suivant les règles de la critique. «L'apprentissage du métier porte donc simultanément sur la démarche critique, la connaissance des sources et la pratique du questionnement» (1996, p. 77).

La plupart des didacticiens s'entendent pour ne pas transposer directement le travail de l'historien dans la classe d'histoire. Mais ces éléments, replacés dans une perspective éducative, peuvent servir à l'appropriation de l'histoire par des élèves du secondaire. L'exercice du raisonnement historique avec les élèves devrait s'appuyer sur les points suivants:

- Sensibiliser au rôle fondamental de la question, du questionnement historien dans la construction de l'objet. Les élèves doivent être conscients du fait que les curiosités collectives se déplacent et que nous ignorons aujourd'hui les questions que se poseront les historiens de demain. Comment juger maintenant de la pertinence de certains documents en apparence inutiles ? Dans ce sens, l'histoire d'un sujet n'est jamais finie. La comparaison des sources ou des interprétations améliore notre compréhension de l'évolution des sociétés et des relations entre divers champs du savoir. Il peut être stimulant pour des élèves d'apprendre que tout n'a pas été dit avant eux.

- Distinguer certaines notions, celles d'histoire, de passé, de mémoire, en s'exerçant à en contextualiser l'usage. «Les

---

4. Voir les travaux de Robert Martineau, particulièrement *L'échec de l'apprentissage de la pensée historique à l'école secondaire. Contribution à l'élaboration de fondements didactiques pour enseigner l'histoire*, Université Laval, 1997.

5. Prost, Antoine (1996). *Douze leçons sur l'histoire*, Paris, Seuil, coll. Points, p. 67. Cet ouvrage, très accessible, est fortement recommandé au lecteur à la recherche d'un ouvrage de synthèse critique sur la construction de l'histoire ; il comporte, notamment, de nombreuses références à son enseignement.

concepts prennent sens par leur insertion dans une configuration héritée du passé, leur valeur performative annonciatrice d'un futur et leur portée polémique présente[6].» À constater la charge émotive dont est empreinte la question de l'enseignement de l'histoire dans plusieurs sociétés, on en vient à souhaiter que les principaux intervenants s'appliquent d'abord la médecine à eux-mêmes !

– Resituer le travail d'apprentissage des repères chronologiques et de la périodisation dans des problématiques et des mises en intrigue qui en justifient l'usage ou en relativisent le découpage.

– Centrer le raisonnement historique non pas sur le modèle des sciences de la nature et les seules relations de causalité entre les événements, mais sur la compréhension et la recherche d'ordonnancement du sens des conduites humaines par la distanciation, l'argumentation, la mise en récit, là où les concepts sont indissociables de leurs contextes.

– Mettre en relation, quand le sens et la pertinence l'exigent, l'histoire et la géographie, le temps et l'espace. La compréhension de la plupart des problèmes de société gagne en profondeur si elle s'appuie sur la mise en relation conceptuelle et méthodologique de ces disciplines. Cela suppose, toutefois, que la géographie enseignée au secondaire ouvre plus largement sur le social.

Ségal (1992) a déjà présenté à des enseignants les fondements de la méthode critique en distinguant les pôles de la connaissance que sont le sujet et l'objet. «L'idée qu'il existe un noyau dur de faits existant objectivement et indépendamment de l'interprétation de l'historien est fausse et absurde, mais très difficile à extirper», constate E.H. Carr[7]. Faire comprendre aux élèves que c'est l'historien qui fait l'histoire, le fait historique étant construit et non donné, sans qu'ils en concluent pour autant que tout est affaire « d'opinion personnelle » est un travail didactique exigeant réflexion et préparation. Ce travail est d'autant plus difficile que les médias s'obstinent à dénoncer les lacunes factuelles (mémorisation de certains repères chronologiques) des élèves en histoire, comme si l'enseignement de l'histoire devait principalement viser à corriger cet aspect.

---

6. *Ibid.*, p. 143.

7. Carr, E.H. (1988). *Qu'est-ce que l'histoire ?* Paris, Éd. La Découverte, coll. 10/18, p. 57.

Bien sûr, il n'est pas nouveau, loin de là, que des historiens insistent sur la fonction critique du travail de l'historien et de l'histoire comme discipline scolaire. Pourtant, cette idée ne traverse pas facilement la porte des écoles et les élèves ne sont pas souvent mis en situation d'exercer cette fonction. Domine encore l'idée, chez les professeurs du secondaire mais aussi chez bien des universitaires, qu'il leur faut d'abord accumuler les bases factuelles de la connaissance avant de s'exercer à raisonner, comme si cela pouvait se faire séparément. Dans l'exercice du métier d'historien, l'apprentissage des règles de la critique a pour fonction d'éduquer le regard que l'historien porte sur ces sources. Ce même apprentissage dans une classe d'histoire pourrait avoir pour fonction d'éduquer le regard de l'élève, futur citoyen, sur la façon dont une nouvelle génération entre en relation avec l'histoire de son pays ou du monde. Les nouveaux problèmes posés entraînent forcément une relecture de l'histoire : cette compréhension ne fait-elle pas partie de la conscience historique à former ?

Discuter les possibilités conceptuelles et méthodologiques des sciences humaines conduit à dégager des perspectives de recherche pour le futur. Les concepts de temps et d'espace sont des catégories fondamentales, certes, mais un peu larges pour être opérationnelles dans l'analyse des problèmes auxquels on souhaite sensibiliser les élèves. Les concepts actuellement utilisés dans la géographie et l'histoire savantes ne sont pas directement transposables à l'école. Les notions de paysage, de région et de territoire, par exemple, ou encore celles de nation, d'État et de société, doivent être actualisées, mises à jour et contextualisées dans des problématiques éducatives significatives. Faire reconstruire ces concepts par des élèves dans des situations d'apprentissage appropriées n'a de sens que si les enseignants, eux-mêmes, ont eu l'occasion d'y réfléchir préalablement, en s'appuyant sur des ouvrages de vulgarisation et des outils pédagogiques qui vont dans ce sens.

1.3. S'EXERCER À LA RÉFLEXION CRITIQUE EN SCIENCES HUMAINES

Privilégier le raisonnement géographique et historique dans l'apprentissage suppose des choix didactiques différents. Les situations-problèmes et les études de cas sont sans doute les plus connues. Précisons qu'aucune étude ne peut dire avec certitude si une activité pédagogique favorise ou empêche la réflexion, car personne ne peut contrôler parfaitement ce qui se passe dans la tête d'un élève. Certains se souviendront d'une phrase lancée par un professeur dans un cours magistral, formule pédagogique actuellement décriée, qui aura influencé leur vie. D'autres se rappelleront avoir perdu leur temps dans des exercices qui exigeaient pourtant leur participation active. Chaque stratégie pédagogique utilisée dans l'apprentissage des sciences humaines comporte ses forces et ses faiblesses, et une certaine diversité des méthodes reste encore le meilleur gage de réussite.

Mais, cela étant dit, dans une perspective constructiviste, certaines approches sont actuellement plus reconnues que d'autres, recherches à l'appui, comme favorisant les apprentissages en sciences humaines : situation-problème, étude de cas, exercice argumentatif, réalisation de projet de synthèse, résolution de problème en équipe, activité de recherche, méthode d'enquête. Tout cela repose sur une idée assez simple : c'est en s'exerçant à réaliser des tâches au potentiel suffisamment complexe qu'on apprend, non seulement afin de s'engager dans le monde actuel mais aussi afin de le transformer dans une perspective critique.

Deux façons de s'exercer à réfléchir seront présentées, avec exemples à l'appui, soit l'exercice argumentatif et la situation-problème.

1.3.1. L'EXERCICE ARGUMENTATIF

Les théories de l'argumentation occupent de plus en plus de place dans la formation des maîtres. Si l'argumentation peut être définie comme « la démarche par laquelle une personne ou un groupe entreprend d'amener un auditoire à adopter une position par le recours à des présentations ou assertions – arguments – qui visent à en démontrer le bien-fondé[8] », le travail de l'enseignant en sciences humaines fait alors appel, plus souvent qu'autrement, à l'argumentation (préparation de cours, relation avec les élèves, relations avec les pairs, etc.).

Argumenter exige de rechercher des arguments (sélection, nombre, précision de l'idée), de les organiser (progression, cohérence, enchaînement, plan) et de les présenter dans un discours écrit ou oral. Le travail suppose, bien sûr, la connaissance du sujet traité, la prise en compte de l'interlocuteur et de la situation contextuelle, la mise en relation de ses idées avec celle des autres, qu'il s'agisse des auteurs consultés ou des étudiants du groupe. Il suppose aussi, et on n'insiste peut-être pas suffisamment là-dessus, une prise de conscience de la

---

8. Oléron, Pierre (1983). *L'argumentation*, Paris, Presses universitaires de France, coll. Que sais-je ?

charge émotive de certains arguments et du fait que les êtres humains ne fonctionnent pas seulement de façon rationnelle. Cela étant, l'émotion peut être considérée pour elle-même, comme une catégorie argumentative qui entre en relation avec d'autres. L'important est alors le travail d'explicitation de ces catégories.

> Ce qui autorise – et dans une certaine mesure contraint – les hommes à argumenter, ce n'est pas simplement qu'ils diffèrent par les points de vue qu'ils adoptent à l'égard de leur environnement et d'eux-mêmes et des échelles différentes de valeurs qu'ils adoptent. C'est aussi parce que les mots n'ont pas une signification strictement et univoquement définie, qu'ils comportent, pris en eux-mêmes ou intégrés dans le contexte d'un discours et de cadres idéologiques, une plasticité, une ambiguïté, une pluralité de significations permettant de communiquer des intentions différentes et quelques fois opposées. (Oléron, 1983, p. 62)

Par exemple, la confrontation de deux thèses différentes pour discuter de la pertinence des contenus des programmes d'histoire et de géographie invite à réfléchir sur les fondements théoriques et idéologiques des contenus d'enseignement, sur les grandes idées ou conceptions qui sous-tendent des faits, des concepts et des méthodes posés comme « objectifs » dans le savoir scolaire.

L'intérêt de l'argumentation en situation d'apprentissage est qu'il permet de dépasser un savoir vérité réducteur pour initier l'élève à la pluralité des significations conceptuelles et idéologiques.

Voici quelques exemples de questions argumentatives utilisées dans le cadre d'une expérience d'enseignement en formation des maîtres. Quelle conception de la relation entre le physique et l'humain devrait être privilégiée, selon vous, dans le programme de géographie générale ? Le programme d'histoire générale doit-il privilégier l'étude des sociétés occidentales ? Quelle devrait être la principale fonction éducative des programmes d'histoire : l'enracinement identitaire ou l'éducation à l'altérité ? L'étude de la géographie nationale doit-elle être axée sur l'économie et les ressources naturelles ? Le traitement de la question amérindienne s'est-il amélioré dans les manuels d'histoire nationale depuis 1980 ? Est-il pertinent d'enseigner la géographie du Canada au Québec ? L'alimentation, l'industrialisation et l'urbanisation sont-ils les meilleurs thèmes pour apprendre l'organisation géographique du monde contemporain ? La question des femmes devrait-elle être un des problèmes historiques contemporains à étudier en histoire du xxe siècle ?

L'élaboration argumentative de ces questions ne vise évidemment pas à faire triompher une thèse plutôt qu'une autre mais à montrer qu'il y a débat sur ces sujets, à faire connaître des géographes et des historiens qui défendent ces thèses, à construire une argumentation cohérente et fondée, à comprendre les conditions sociales dans lesquelles les savoirs scientifiques et scolaires évoluent, etc. Elle invite aussi à contourner le piège de la discussion courante, souvent faite de conflits et de tensions, pour privilégier des enchaînements complémentaires rigoureux qui, sans nier les différences, conduisent à la formation de nouveaux points de vue.

1.3.2. LA SITUATION-PROBLÈME

Toutes les disciplines ont recours aujourd'hui, d'une façon ou d'une autre, aux situations-problèmes. Cette intégration est, toutefois, récente dans l'enseignement des sciences humaines et elle soulève quelques questions.

La principale difficulté consiste à définir le sens du mot « problème ». S'agit-il d'un obstacle pédagogique que l'élève doit surmonter au moyen d'un apprentissage spécifique ? S'agit-il d'un problème de type utilitariste, c'est-à-dire centré sur la recherche d'une solution pratique, dans la réalité d'une municipalité ou d'une région, par exemple, où les divers enjeux n'ont pas été précisés ? S'agit-il d'un problème social à analyser à l'aide des outils intellectuels de l'une ou l'autre des disciplines, dans une perspective de compréhension et d'explication ? S'agit-il d'un problème scientifique de type plus proprement conceptuel ou méthodologique ? La réponse à ces questions oriente grandement le contenu du problème et le type d'apprentissage à réaliser.

Une autre difficulté consiste à apprendre à travailler, en classe, avec la polysémie des concepts, les interprétations multiples et les notions de débats, d'enjeux et de problèmes. Si ces réalités sont bien connues dans le milieu scientifique, leur émergence est peu encouragée à l'école où un savoir figé, axé sur l'apprentissage de contenus bien définis, évaluables en toute « objectivité », règne encore en maître.

En situation scolaire, travailler avec des situations-problèmes pose donc des difficultés auxquelles l'école n'est pas habituée. Cela exige des habiletés de la part des enseignants et autres intervenants à formuler des problèmes pertinents, à gérer une classe où ils ne contrôlent pas toutes les données, à évaluer autrement les travaux puisque ce type d'exercice ne conduit pas toujours à une seule bonne réponse. Cela oblige aussi à tenir compte des représentations et des expériences des élèves qui vont d'abord puiser dans ce terreau pour résoudre les problèmes, cherchant à faire l'économie d'apprentissages scolaires nouveaux ou plus abstraits. Toutefois, l'expérience montre que, malgré ces difficultés, d'ailleurs souvent présentes mais moins apparentes dans d'autres formules d'enseignement, les situations-problèmes favorisent la conceptualisation et la construction d'une intelligibilité globale des faits sociaux.

Pour clarifier la notion, Gérin-Grataloup, Solonel et Tutiaux-Guillon (1994, p. 25) proposent d'identifier deux catégories : les situations-problèmes et les situations problématiques.

> [Dans une situation-problème,] la question posée ou la tâche assignée à l'élève est conçue de telle sorte qu'elle le conduit obligatoirement, dans un premier temps, à une impasse, à un blocage. La volonté de sortir de cette impasse conduit l'élève à l'acquisition d'un savoir ou d'une compétence.

Prenons, comme exemple de cette catégorie, le problème suivant soumis à des étudiants en formation des maîtres.

> Une élève de 3ᵉ année du primaire doit faire un devoir de sciences humaines. On lui demande de classer des éléments dans la catégorie humain ou dans la catégorie physique. Elle hésite au mot « pont », ne sachant où le classer. Quelle est la nature de l'obstacle rencontré par l'élève ? Comment l'enseignant peut-il l'aider à résoudre sa difficulté ?

L'étudiant qui doit répondre à cette question tient compte à la fois du problème de l'élève et de celui de l'enseignant. Il doit comprendre que l'obstacle est de nature conceptuelle et que sa résolution passe par le recours à la définition de références conceptuelles et à la contextualisation des notions en cause. Il doit éviter le piège de répondre à la question comme s'il était l'élève, c'est-à-dire de classer le mot « pont » dans une catégorie, comme s'il y avait en soi une bonne réponse. Il peut même aller plus loin et s'interroger sur la pertinence d'un tel devoir en sciences humaines.

La situation problématique place l'élève devant un problème dont il doit s'approprier l'enjeu social ou scientifique : « l'objectif en est l'acquisition de postures intellectuelles qui sont celles de l'historien ou du géographe, donc le dépassement du sens commun ».

Reprenons, ici, l'exemple utilisé plus haut, soit celui des incendies de forêts en Indonésie. Un article de journal énonçant la plupart des dimensions sociales et naturelles qu'il faut mettre en relation pour comprendre ce problème est utilisé en classe pour demander aux futurs enseignants d'imaginer une activité pédagogique. À partir de cet ensemble de faits et d'arguments, ils doivent formuler un problème, une question, une démarche d'analyse, une interprétation débouchant sur une hypothèse géographique, à soumettre à des élèves de 1re secondaire. L'exercice oblige à dépasser l'effet médiatique et les conséquences immédiates de l'événement, à utiliser une «posture géographique» pour comprendre un fait social comportant aussi une dimension naturelle. Il montre en outre que formuler un problème géographique et une question au potentiel pédagogique riche, sans jugement préalable, est plus difficile qu'il n'y paraît.

Au cours de cet exercice, les étudiants se sont heurtés aux obstacles suivants : la formulation de questions trop précises susceptibles d'empêcher une approche globale du problème chez des élèves ; la formulation de questions qui commencent par «quel» ou «quoi», induisant une énumération ou une description plutôt que la recherche d'explication à laquelle incitent un «comment» ou un «pourquoi» ; la formulation de problèmes qui contiennent la réponse ou encore un jugement ; la réduction de la démarche d'analyse à une simple division des facteurs en deux catégories, le physique et l'humain ; la difficulté à analyser un problème autrement que dans une relation de cause à effet.

L'identification et la discussion de ces difficultés en classe se font en comparant les résultats, en les évaluant par rapport aux objectifs visés de l'enseignement des sciences humaines et en les reliant aux points de vue d'auteurs ayant réfléchi à ces problèmes. Les obstacles rencontrés par les étudiants informent des caractéristiques de leur formation antérieure ; ils deviennent des indicateurs pour la définition d'autres situations problématiques susceptibles de les aider à les dépasser.

Le même genre de travail peut être fait en histoire. Par exemple, à partir d'une thématique d'exposition d'un musée, reliée au programme d'histoire du secondaire, l'étudiant doit formuler une problématique dont le développement exigera l'utilisation de concepts comme événement, conjoncture et structure. L'exercice demande de créer une situation problématique significative, de recourir aux outils intellectuels de l'histoire : les questions, la mise en intrigue et en concepts de l'histoire, l'histoire comme raisonnement et comme compréhension, la fonction sociale de l'histoire[9].

Dans la mesure où cette approche oblige à considérer des progrès individualisés, des savoirs inégaux, des constructions inachevées,

---

9. Prost, Antoine (1996). *Op. cit.*

elle remet en question l'enjeu traditionnel de l'histoire et de la géographie scolaires qui est d'assurer la construction d'une mémoire collective unifiée et valable[10]. Le fonctionnement des situations-problèmes et des situations problématiques dans l'enseignement des sciences humaines mérite d'être approfondi.

La nature du problème à proposer, l'explicitation des objectifs à atteindre et du type d'apprentissage visé, les valeurs véhiculées dans le choix des problèmes, les résultats obtenus, constituent autant d'aspects à étudier dans des contextes de recherche en milieu scolaire et universitaire.

Aborder la complexité de l'univers social par l'éducation géographique et historique.

L'objectif de ce chapitre était de mettre en perspective certaines questions que soulèvent, d'une part, l'enseignement-apprentissage des sciences humaines à l'école et, d'autre part, le travail de réflexion auquel doivent s'exercer les futurs enseignants. Ces questions concernent leurs finalités éducatives en relation avec un contexte social et scientifique, les apprentissages conceptuels et méthodologiques qui leur sont habituellement attribués et les approches pédagogiques les plus susceptibles de les favoriser.

Cette mise en perspective s'effectue dans une conjoncture sociale et mondiale particulière dont la réflexion didactique à venir, en géographie comme en histoire, devra tenir compte. Aborder la complexité de l'univers social par l'éducation géographique et historique exige, aujourd'hui, de repenser les divisions traditionnelles du savoir pour établir une relation entre ces disciplines à l'école. La tendance actuelle est à faire reposer l'éducation géographique et historique sur des contenus davantage problématisés et des stratégies d'apprentissage orientées vers l'exercice de la pensée critique. Le développement de la capacité du futur citoyen à historiciser les questions sociales et à comprendre le territoire, avec l'espoir de pouvoir s'engager dans l'univers social, passerait par là.

---

10. Gérin-Grataloup, Anne-Marie *et al. Op. cit.*, p. 35.

BIBLIOGRAPHIE

CARR, E.H. (1988). *Qu'est-ce que l'histoire ?* Paris, Éditions La Découverte, coll. 10/18.

CASTNER, H.W. (1990). *Seeking New Horizons : A Perceptual Approach to Geographic Education*, Montréal, McGill-Queen's University Press.

CHERVEL, A. (1988). « L'Histoire des disciplines scolaires. Réflexions sur un domaine de recherche », *Histoire de l'éducation*, n° 38, mai, p. 59-119.

FORD, L.R. (1984). « A Core of Geography : What Geographers do Best », *Journal of Geography*, vol. 83, n° 3, p. 102-106.

GÉRIN-GRATALOUP, A.-M., SOLONEL, M. et N. TUTIAUX-GUILLON (1994). « Situations-problèmes et situations scolaires en histoire-géographie », *Revue française de pédagogie*, n° 106, p. 25-37.

GREGG, M. et G. LEINHARDT (1994). « Mapping Out Geography : An Example of Epistemology and Education », *Review of Educational Research*, vol. 64, n° 2, p. 311-361.

HUGONIE, G. (1992). *Pratiquer la géographie au collège*, Paris, Éditions A. Colin.

JOHNSON, M. (1979). *L'histoire apprivoisée*, Montréal, Boréal Express.

LAVILLE, C. (1991). « L'épistémologie n'est peut-être pas absolument nécessaire pour enseigner les sciences humaines au primaire, mais ça aide joliment ! », dans LENOIR, Yves et Mario LAFOREST (dir.). *L'enseignement des sciences humaines au primaire*, Actes du colloque sur l'enseignement des sciences humaines au primaire, tenu les 14 et 15 mai 1990 à l'Université Laval, Sherbrooke, éd. du CRP, Université de Sherbrooke.

LENOIR, Y. (1991). « L'enseignement du concept de région dans le programme québécois de sciences humaines au primaire : éléments d'une approche intégratrice et développementale », *Revue des sciences de l'éducation*, vol. XVII, n° 1, p. 25-56.

LENOIR, Y. (1992). « De la fonction des sciences humaines au primaire », *Traces*, vol. 30, n° 2, p. 16-20.

MARTINEAU, R. (1997). *L'échec de l'apprentissage de la pensée historique à l'école secondaire. Contribution à l'élaboration de fondements didactiques, pour enseigner l'histoire*, Thèse de doctorat, Sainte-Foy (Québec), Université Laval, Faculté des sciences de l'éducation, Programme de doctorat en didactique.

MINISTÈRE DE L'ÉDUCATION DU QUÉBEC (1979). *L'école québécoise. Énoncé de politique et d'action*, Gouvernement du Québec, Québec.

MINISTÈRE DE L'ÉDUCATION DU QUÉBEC (1983). *Guide pédagogique de primaire, Sciences humaines*, Gouvernement du Québec, Québec.

OLÉRON, P. (1983). *L'argumentation*, Paris, Presses universitaires de France, coll. Que sais-je ?

PIAGET, J. et B. INHELDER (1948). *La Représentation de l'espace chez l'enfant*, Paris, Presses universitaires de France.

PIAGET, Jean (1946). *Le Développement de la notion de temps chez l'enfant*, Paris, Presses universitaires de France.

PICARD, J.-L. (1986). «L'apprentissage de la géographie au primaire», *Cahiers de géographie du Québec*, vol. 30, n° 79, p. 115-121.

PROST, A. (1996). *Douze leçons sur l'histoire*, Paris, Seuil, coll. Points.

[Rapport Parent] GOUVERNEMENT DU QUÉBEC (1964). *Rapport de la Commission royale d'enquête sur l'enseignement dans la province de Québec*, Québec.

[Rapport Inchauspé] MINISTÈRE DE L'ÉDUCATION DU QUÉBEC (1997). *Réaffirmer l'école*, Rapport du Groupe de travail sur la réforme du curriculum, Gouvernement du Québec, Québec.

SÉGAL, A. (1984). «Pour une didactique de la durée», dans MONIOT, Henri (dir.). *Enseigner l'histoire. Des manuels à la mémoire*, Berne, Peter Lang.

SÉGAL, A. (1990). «L'éducation par l'histoire», dans DUMONT, Fernand et Yves MARTIN (dir.). *L'éducation 25 ans plus tard ! Et après ?* Québec, Institut québécois de recherche sur la culture.

SÉGAL, A. (1992). «Sujet historien et objet historique», *Traces*, vol. 30, n° 2, mars-avril-mai, p. 42-48.

CHAPITRE 2

Frank W. Remiggi
et Francine Laberge

LA GÉOGRAPHIE :
UNE SCIENCE COMPLEXE
COMME LE MONDE

> Et ne me dites pas que la transmission de connaissances
> est une affaire démodée, qu'il suffira de pitonner
> pour puiser à volonté dans les banques de culture
> du monde entier, que nous ne sommes pas « pires » que d'autres
> à l'ère de l'information instantanée.
>
> Lise BISSONNETTE, 1997

L'ancienneté de la géographie lui confère-t-elle des lettres de noblesse à vie ou, au contraire, lui inflige-t-elle aujourd'hui un caractère de désuétude tel qu'il faille bientôt reléguer cette discipline aux oubliettes des sources du savoir ? La question se pose avec une acuité d'autant plus grande que le champ de la géographie s'est tellement métamorphosé au cours des cinquante dernières années que certains sont allés jusqu'à se demander : « Les géographes ont-ils perdu le Nord ?[1] » En fait, si la géographie contemporaine est l'aboutissement logique d'une

---

1. C'est, en tout cas, le titre que claironnait un article (Nadeau, 1986) où étaient recensés deux livres « commis par des géographes », soit Luc Bureau, *Entre l'éden et l'utopie. Les fondements imaginaires de l'espace québécois* (Montréal, Québec/Amérique, 1984) et Jean Morisset, *L'identité usurpée. L'Amérique écartée* (Montréal, Nouvelle Optique, 1985).

série de crises épistémologiques, et s'il est vrai qu'elle compte désormais une riche panoplie de méthodes d'analyse, force est d'admettre que les avis demeurent partagés quant à son objet d'étude, son utilité, voire son avenir[2]. On ne peut s'empêcher de remarquer, par la même occasion, que l'écart entre la géographie savante et la géographie scolaire – déjà manifeste il y a vingt ans (*cf.* Choquette *et al.*, 1981) – n'a cessé de grandir (*cf.* Laurin, chapitre 8 de ce livre). Le temps est-il venu de combler cet écart ou devrait-on accepter, une fois pour toutes, de vivre avec lui ? En prolongement, la formation du futur chercheur universitaire, du géographe professionnel et de l'enseignant en devenir peut-elle encore loger à la même enseigne ?

Dans un autre registre, la géographie a-t-elle toujours une raison d'être dans un univers néolibéral où l'on frappe d'interdit tout ce qui paraît non rentable – donc inutile – à court comme à plus long terme[3] ? Vu la popularité sans cesse croissante du reportage télévisuel, relayé et renforcé à son tour par la navigation sur Internet, y a-t-il encore place pour une analyse géographique de la société et de ses rapports à l'espace ? Aux côtés de la mise en spectacle de l'actualité à laquelle nous sommes conviés sans relâche, peut-il encore exister une géographie scolaire à laquelle incomberaient, entre autres responsabilités, celles de former des citoyens, de développer chez les jeunes « un sentiment d'appartenance territoriale » tout en assurant leur ouverture aux cultures d'ailleurs afin de leur faire « comprendre le monde » (Dion-Desjardins *et al.*, 1995, p. 3-4) ? Et s'il ne s'agit pas là d'une parfaite utopie, quel contenu géographique devrait-on privilégier pour atteindre pareils objectifs ? Ces questions se posent avec d'autant plus d'urgence que les technologies de l'information envahissent l'école et sont en passe de transformer à la fois l'acte d'enseigner et le contenu même de l'enseignement. Elles se posent aussi de manière toute spéciale au Québec, où les susceptibilités se trouvent souvent mises à vif dès que l'on frôle des sujets comme les relations Québec-Canada ou la place d'un Montréal multiculturel au sein d'un Québec français.

---

2. Pour s'en convaincre, on pourra lire, entre autres, le numéro de la revue *Hérodote* intitulé « Les géographes, la science et l'illusion » (n° 76, 1995), ou les dix essais regroupés sous la rubrique « Questions, opinions, débats », avec en sous-titre « La géographie : quel avenir ? », parus la même année dans les *Cahiers de géographie du Québec* (vol. 39, n° 108, 1995, p. 469-548).

3. Il importe de noter que ce problème touche l'ensemble des sciences humaines et sociales. À preuve, dans un article récent Diane Francis (1999), une journaliste très connue au Canada anglais et une porte-parole par excellence du discours néolibéral, s'indignait du fait que, selon elle, les universités canadiennes n'investissent pas assez dans les sciences « pures » et produisent plutôt des « dizaines de milliers » de diplômés munis d'« « inutiles » bacs ès arts (« *useless liberal-arts degrees* »).

S'il est impossible, dans le cadre de ce seul chapitre, de répondre à chacune des interrogations soulevées ci-dessus, nous nous proposons d'y apporter à tout le moins des éléments de réflexion en retraçant les grandes lignes de l'histoire de la discipline de l'Antiquité à nos jours. Bien qu'il existe des études exhaustives à ce propos[4], cette démarche nous semble incontournable, non seulement parce qu'elle permettra de mieux situer la géographie humaine contemporaine, mais aussi et surtout parce qu'il est essentiel de rappeler, avant toute autre chose, que la géographie a toujours été une discipline profondément ancrée dans le réel. Cela d'ailleurs nous amène à identifier d'ores et déjà un premier défi, voire même le plus important auquel sont confrontés autant les géographes universitaires que les enseignants du secondaire et les professionnels œuvrant dans les secteurs tant public que privé. Comme le notait si bien Rodolphe de Koninck (1995, p. 470) dans sa synthèse des essais sur l'avenir de la discipline parue récemment dans les *Cahiers de géographie du Québec* :

> Il faut [...] de l'audace pour se réclamer partie prenante d'une dis-
> cipline dont l'objet, la terre habitée, a le culot mais aussi l'intelli-
> gence de se renouveler sans cesse. La géographie est en effet sans
> cesse placée devant de nouvelles responsabilités [...], car « tous les
> jours, l'humanité produit du territoire » [...] et la géographie a donc
> le devoir de « tenir la chronique des changements » [...], ce qui veut
> dire, bien sûr, en tirer des leçons.

2.1. UN SAVOIR AUSSI VIEUX QUE LE MONDE

Sillonnée en tous sens depuis la préhistoire, la terre porte l'empreinte de l'aventure humaine animée très souvent de la plus vive des curiosités, mais motivée tout aussi fréquemment par un besoin sinon un simple désir d'expansion politique, militaire ou commerciale. Il n'est par conséquent pas surprenant que la géographie se pratique depuis toujours ou presque. Les racines mêmes du terme – *gê* : terre et *graphein* : tracer des signes pour écrire ou pour dessiner et, par extension, décrire la terre – renvoient à l'Antiquité grecque. Contrairement aux Égyptiens ou aux Chaldéens dont les investigations s'effectuent à proximité de leurs milieux de vie respectifs, les Grecs, souligne Clozier (1972, p. 11-30), se lancent, eux, à la découverte de la région méditerranéenne. Or, leurs observations étoffent les rudiments du savoir géographique.

---

4. Nous pensons notamment aux travaux – désormais classiques – de Paul Claval (1969, 1984, 1995), mais aussi à d'autres ouvrages récents, dont ceux de Jacques Scheibling (1994) et Guy Mercier (1995).

La géographie, ne l'oublions pas, est née également de la philosophie. Très tôt, en effet, la terre sollicite la réflexion des philosophes grecs désireux de comprendre le monde et qui, pour ce faire, outrepassent alors ses représentations mythiques afin de l'appréhender de manière rationnelle. Guy Mercier (1995, p. 7) précise :

> La philosophie grecque se manifesta d'abord en Ionie, plus particulièrement dans sa ville principale, Milet. Port de commerce achalandé, la ville de Milet fut, du VIIIe s. au VIe s. av. J.-C., un important carrefour où circulaient autant les marchandises que les idées. De l'Égypte y seraient venus les principes de la géométrie, de Sumer, l'algèbre, et de l'Assyrie, des notions d'astronomie. Tous ces apports favorisèrent une réflexion philosophique où s'esquissait une connaissance géographique. Il en résulta une première carte et des idées sur la nature de l'univers et sur le peuplement de la terre.

C'est dans le creuset de cette école ionique qu'Hérodote (484 - v. 425 av. J.-C.) parfait ses rigoureuses descriptions des lieux et des peuples qu'il observe lors d'une série de longs périples[5]. Puis viennent Platon (429-347 av. J.-C.) et Aristote (384-322 av. J.-C.), qui étayent les principes de la démarche scientifique, tandis qu'Ératosthène (v. 284 - v. 194 av. J.-C.), bénéficiant de la vaste documentation compilée un siècle plus tôt sous l'ordre du conquérant Alexandre le Grand (*cf.* Clozier, 1972, p. 19-20), calcule la circonférence terrestre et réalise une carte assortie d'un livre où il trace et décrit la terre habitée. Chef de la bibliothèque d'Alexandrie, le siège intellectuel de la civilisation hellénique, Ératosthène fut, en fait, « le premier à formuler le projet disciplinaire de la géographie » ; c'est grâce à lui, écrit Mercier (1995, p. 11), que « la géographie devint une science autonome pourvue d'un objet propre », à savoir « la compréhension de la géométrie du globe et la description du monde habité ». Consacré à l'époque romaine par les travaux d'autres savants grecs, en l'occurrence l'historien Strabon (v. 64 av. J.C. - v. 21) et le géographe-astronome Claude Ptolémée (v. 90 - v. 168), ce double mandat se traduira ultérieurement en deux des plus importantes traditions de la **géographie moderne***: la cartographie et la description régionale.

La géographie de l'Antiquité gréco-latine cumule ainsi les mesures de la terre et les travaux d'astronomie en même temps qu'elle répertorie les noms de lieux, amorce une représentation cartographique de

---

5. Il n'est pas sans intérêt de rappeler que le mot « périple » (du grec *periplein* : naviguer autour) ne sert pas seulement à désigner des voyages d'exploration, mais aussi « les plus anciens documents géographiques » (Clozier, 1972, p. 16) ; conçus pour répondre aux besoins de la navigation et du commerce grecs, « les périples détaillaient ainsi le trajet d'un cap ou d'un port à l'autre comme le feront au Moyen Âge les portulans » (*ibid.*).

la planète et livre de nombreux récits de voyage. Marquée au coin du souci militaire, elle porte également la trace évidente de préoccupations associées à la gouverne de l'État, qu'il s'agisse des provinces conquises par Alexandre le Grand ou de celles soumises plus tard à l'Empire romain (*cf.* Clozier, 1972, p. 20, 24) : c'est donc déjà une discipline tournée « vers la compilation de données utiles à la gestion de la chose publique » (Mercier, 1995, p. 13). Cette géographie – qui sera littéralement redécouverte vers le XIVᵉ siècle et dont l'influence perdurera jusqu'à la fin de la Renaissance – rassemble la culture du monde ancien et constitue un héritage trop rarement souligné, de nos jours, dans l'enseignement tant universitaire que scolaire.

2.2. LES BALBUTIEMENTS DE LA GÉOGRAPHIE MODERNE

La chute de l'Empire romain annonce le début d'une ère moins brillante durant laquelle la géographie connaît un tel déclin que le terme lui-même disparaît des langues européennes[6]. Sous l'emprise de l'Église catholique qui exerce un pouvoir incontestable sur l'ensemble de la chrétienté entre les Vᵉ et XIVᵉ siècles, l'esprit de la Révélation supplante en fait l'esprit scientifique, lequel recule alors sur tous les fronts. Pour la géographie, cela veut dire que le Moyen Âge n'est ponctué d'aucune innovation si ce n'est des pérégrinations scandinaves dans l'immense région de l'Atlantique septentrional, d'un nombre somme toute restreint d'expéditions commerciales et diplomatiques en Asie (*cf.* Clozier, 1972, p. 32-39), et de la parution de quelques récits de voyage dont, notamment, *Le Livre des Merveilles* du Vénitien Marco Polo (*v.* 1256-1323)[7]. On peut relever, en outre, des régressions des plus déconcertantes, en particulier dans le domaine de la cartographie : si les cartes de l'Antiquité avaient été produites par des savants qui recouraient régulièrement à l'astronomie et aux mathématiques, voilà que celles de l'époque médiévale sont réalisées par des moines s'appuyant davantage sur des dogmes religieux que sur des connaissances scientifiques. Partant, cette cartographie « hautement stylisée » est plus « symbolique » et beaucoup moins précise que celle de l'Antiquité grecque, ce qui incite certains géographes contemporains à conclure que la discipline « cesse

---

6. En français comme en anglais, le mot « géographie » ne serait réapparu – ou apparu – que vers la fin du XVᵉ ou le début du XVIᵉ siècle (Norton, 1995, p. 12).

7. Selon Wood (1995), Marco Polo ne s'est jamais rendu jusqu'en Chine, ce qui, par ailleurs, ne diminue nullement la signification historique de son récit, lequel a bel et bien éveillé « la curiosité, l'imagination et les convoitises des Européens » (Clozier, 1972, p. 39).

d'exister » pendant tout le Moyen Âge (Norton, 1995, p. 12-13). Cette perspective fait fi toutefois de l'apport du monde arabe qui, en raison de son essor exceptionnel et de l'expansion de l'islam entre les ixe et xve siècles, contribue alors « plus qu'aucun autre peuple à élargir l'idée de l'Univers, première condition de tout progrès géographique » (Clozier, 1972, p. 39).

Longtemps méconnue en Europe et encore trop souvent négligée de nos jours, la géographie arabe se distingue effectivement par une riche tradition descriptive, sans compter une précision enviable sur les plans de la cartographie et des mathématiques. Le travail d'al-Idrissi (*v.*1100-1180) a permis ainsi de corriger plusieurs erreurs de calcul commises plus tôt par Ptolémée, tandis que l'œuvre de l'infatigable voyageur Ibn Battuta (1304 - *v.*1377), qui pendant une trentaine d'années parcourt sans arrêt l'Afrique, l'Asie et l'Europe, s'avère une source inusitée de renseignements sur les diverses sociétés musulmanes. Aussi ne faut-il pas s'étonner du fait que ce corpus s'ajoute aux événements politiques, économiques et culturels qui provoquent enfin, dans l'Europe des xive et xve siècles, un renversement majeur. Guy Mercier (1995, p. 46) explique :

> [L]es Croisades et les expéditions en Orient élargirent les horizons géographiques d'une société depuis longtemps décomposée en une multitude de petites communautés locales repliées sur elles-mêmes ; grâce aux Arabes, les Occidentaux renouèrent avec la pensée anti- que ; le commerce redonna à la ville sa place prépondérante ; et l'université canalisa un essor intellectuel qui déboucha sur un renouveau de la philosophie et de la science, renouveau qui [...] redonna à la géographie sa seconde chance.

La géographie moderne* amorce donc une lente gestation à la Renaissance. Elle profite de la mise au point d'instruments tels la bous- sole et l'astrolabe, ainsi que des progrès permettant la navigation en haute mer à bord de caravelles munies de gouvernails à étambot : l'ère et l'aire de la galère sont révolues, les portes de la Méditerranée fran- chies. En font foi les quatre voyages de Christophe Colomb (entre 1492 et 1502), ceux de Vasco de Gama (1497), Ferdinand Magellan (1519) et d'autres encore, y compris, bien sûr, Jacques Cartier qui, on s'en sou- viendra, traverse plusieurs fois l'Atlantique, notamment entre 1534 et 1542. Rendues possibles grâce à une alliance entre la bourgeoisie mar- chande et les monarques d'Espagne, du Portugal, d'Angleterre et de France, ces expéditions sont qualifiées de Grandes Découvertes en dépit d'un legs nullement grandiose si l'on pense, par exemple, au sort réservé aux peuples amérindiens après le débarquement des conquistadors et l'arrivée subséquente des missionnaires et des colonisateurs blancs. Ceci dit, on ne peut nier que les explorations des xvie et xviie siècles avivent la curiosité d'un public européen de plus en plus intrigué par les cultures et contrées lointaines, l'invention de l'imprimerie assurant la diffusion des récits de voyage et de rapports de divers ordres. Il importe de noter cependant que, du point de vue de la géographie humaine, les travaux issus des Grandes Découvertes « déçoivent souvent » : en l'absence d'« un vocabulaire assez riche et assez précis pour rendre palpable l'exotisme des choses », ce corpus, soutient Claval (1984, p. 18), « tarde à acquérir un statut scientifique », et ce nonobstant l'œuvre de l'Allemand Bernhardus Varenius (1622-1650) dont l'apport mérite ici d'être souligné.

Auteur d'une *Geographia generalis* (1650), Varenius rattache son travail aux idées qui investissent alors le domaine des sciences. Nous lui devons notamment l'établissement d'une distinction entre géographie universelle et géographie particulière. En réalité, il identifie ce qui ressort à cette dernière et, au chapitre de l'étude des régions, spécifie pour une première fois ce qui participe de leurs propriétés humaines :

> La troisième espèce d'observation qu'on peut faire sur chaque pays regarde les propriétés qu'on appelle humaines, parce qu'elles ont un rapport principal aux habitants du lieu. Elles sont aussi au nombre de dix ; à savoir 1° la taille, la figure, la couleur des habitants, la durée de leur vie, leur origine, leurs nourritures et leurs boissons ; 2° leurs arts et les avantages qu'ils en tirent, avec les marchandises et denrées qui leur servent à commercer avec les autres nations ou entre eux ; 3° leurs vertus et leurs vices, leur savoir, leurs capacités et leurs écoles ; 4° les cérémonies qui s'observent aux naissances, mariages et funérailles ; 5° le langage ; 6° le gouvernement politique ; 7° la religion et le culte public ; 8° les villes et endroits les plus remarquables ; 9° les principaux points de leur histoire ; 10° leurs grands hommes, leurs artistes et les inventions de leurs habitants (cité dans Mercier, 1995, p. 90).

De là aurait pu naître un champ distinct de géographie humaine, mais il faut croire que Varenius était trop en avance sur son temps : « si ses idées étaient neuves, affirme Claval (1969, p. 15), son époque n'était pas mûre pour l'apparition d'une discipline nouvelle ». Au fait, il faudra attendre le dernier tiers du XIXe siècle, sinon la seconde moitié du XXe, avant que la géographie ne se préoccupe pleinement des activités et des sociétés humaines. Sous l'impulsion, entre-temps, d'un monde scientifique de plus en plus tourné vers l'analyse systématique des phénomènes physiques, la discipline connaîtra des changements majeurs au terme desquels elle s'incarnera en une science naturelle par excellence.

2.3. LES CRISES ET LES MUTATIONS DES XVIIIᵉ ET XIXᵉ SIÈCLES

Au cours du xviiiᵉ siècle, la géographie réussit en effet à tirer parti d'un développement prodigieux touchant à la fois les sciences de la nature et la philosophie (*cf.* Claval, 1995, p. 32-47). Au fur et à mesure que les voyages d'exploration se transforment en missions scientifiques dirigées par des navigateurs tel l'illustre capitaine James Cook (qui mène pas moins de trois expéditions dans le Pacifique en 1766, 1772 et 1776), la précision des descriptions géographiques augmente. Bien que le recours aux statistiques menace alors de déformer la discipline en un « inventaire aride », la révolution naturaliste « lui fournit les données dont elle manquait : elle part de l'observation directe du paysage et montre comment il varie d'une portion d'espace à l'autre » (Claval, 1998, p. 39). Parallèlement, les philosophes allemands Emmanuel Kant (1724-1804) et Johann Gottfried Herder (1744-1803) s'interrogent sur les différenciations régionales de la surface terrestre et, du même coup, sur les relations qui se tissent, dans le temps et à travers l'histoire, entre les peuples et leurs milieux naturels. Si les avis demeurent partagés quant aux rôles respectifs de Kant et de Herder dans l'évolution de la pensée géographique[8], il ne fait aucun doute que les réflexions de l'un et de l'autre contribuent à faire progresser la discipline de sorte que, au tournant des xviiiᵉ et xixᵉ siècles, la géographie se donne un nouvel objet d'étude et commence à se pencher sur les rapports homme–nature.

Vers le début du xixᵉ siècle on assiste donc, en Allemagne à tout le moins, à une étape charnière, laquelle doit pour beaucoup aux travaux de deux pionniers de la géographie moderne : Alexandre von Humboldt (1769-1859), un grand voyageur et naturaliste de formation, et Karl Ritter (1779-1859), un professeur de géographie à l'université de Berlin et le premier, en Occident, à avoir occupé un tel poste. D'après Mercier (1995, p. 100),

> [c]es deux auteurs eurent le mérite de spécifier le rôle de la géographie par rapport aux autres disciplines. Pour eux, cette spécificité impliquait que la géographie s'intéressât moins aux phénomènes naturels en eux-mêmes [...] qu'aux interrelations qui se tissent entre eux dans une portion de l'espace terrestre.

8. Lire, à ce sujet, les propos de Paul Claval (1984, p. 23-25 ; 1995, p. 44-47), l'un des rares auteurs à défendre l'idée que l'influence de Herder a été plus prégnante que celle de Kant. Nonobstant les arguments convaincants de Claval et à l'exception, par exemple, du livre de Scheibling (1994, p. 10-13), on notera que le nom de Herder n'est même pas cité dans la plupart des ouvrages portant sur l'histoire de la discipline.

Il s'agit, certes, d'un apport inestimable destiné « à faire de la discipline autre chose qu'un catalogue de lieux ou de descriptions d'itinéraires » (Bailly et Beguin, 1998, p. 17). Mais il ne produira des résultats tangibles que deux générations plus tard : d'une part, parce que Humboldt – qui n'a jamais été titulaire d'une chaire de géographie – n'a pas eu de disciples directs et ne s'est fait connaître que petit à petit ; d'autre part, parce que l'œuvre innovatrice de Ritter fut également déficiente à plus d'un égard. Voici ce qu'en dit Guy Mercier (1995, p. 105) :

> Ritter ne semble pas avoir mis en pratique sa propre définition de la géographie. On peut expliquer cette lacune par le fait que Ritter n'accorda pas, contrairement à Humboldt, une très grande attention à la cueillette d'observations et d'informations de qualité. [...] Un autre aspect doit être souligné [...] : la soumission de ses conceptions [...] à une vision téléologique du monde. Ritter concevait la géographie comme une preuve de l'existence d'un plan divin. Sa géographie voulait montrer qu'un être suprême, le Dieu tout-puissant, avait créé la Terre dans le but précis d'en faire l'habitat des êtres humains.

La vision téléologique de Ritter l'amena à prôner le déterminisme, un concept peu méritoire selon lequel la nature (*i.e.* les sols, les climats, la végétation, etc.) exercerait une « influence fatale » sur les sociétés et sur les individus, au point où c'est le cadre physique qui dicterait le destin des peuples et déterminerait, par exemple, les niveaux de civilisations (*cf.* Scheibling, 1994, p. 12-13). L'idée séduit quelques personnes, mais la conception téléologique qui la sous-tend est vite contredite, voire rejetée, par l'évolutionnisme de Charles Darwin (1809-1882) dont la célèbre thèse sur *L'origine des espèces* est publiée en 1859. Au moment, d'ailleurs, où cette œuvre maîtresse se répand à toute vitesse un peu partout dans le monde, la géographie, pourtant si prometteuse au début du siècle, a sombré dans un état de crise. Gênée par sa « dimension philosophique [et] le finalisme de sa démarche » (Claval, 1984, p. 27), elle est toujours moins rigoureuse que la plupart des sciences connexes et demeure une discipline vouée essentiellement à la description de l'écorce terrestre ; partant, elle intéresse surtout « ceux qui ont à définir la stratégie de leurs pays », tout en constituant « une distraction des gens cultivés ou une préoccupation de cartographes » (*ibid.*, p. 28). Elle est boudée, en revanche, par les universités, y compris celle de Berlin où la chaire de géographie qui avait été créée en 1820, à l'intention de Karl Ritter, restera vacante après son décès en 1859 (Claval, 1969, p. 17-18).

La situation change complètement au lendemain de la guerre franco-prussienne de 1870-1871. Sur toile de fond d'impérialisme tentaculaire, la géographie s'institutionnalise : alors que se multiplient les départements et les programmes universitaires, voilà qu'elle s'enseigne également dans les écoles primaires et secondaires. En outre, de nouvelles sociétés de géographie apparaissent dans plusieurs villes et ports d'Europe en même temps que se redynamisent celles qui avaient été fondées dans les années 1820-1850 sous l'inspiration sinon à l'initiative d'Alexandre von Humboldt (*cf.* Claval, 1984, p. 28-29). Ces associations aident à populariser la discipline – ou un certain type de géographie[9] –, et elles encouragent aussi son implantation comme matière d'enseignement; cependant, parce qu'elles ont souvent pour but principal de promouvoir ou d'organiser des expéditions dans divers coins des empires européens, ou dans des lieux encore inconnus, force est d'admettre qu'elles servent « davantage les pouvoirs coloniaux et les intérêts commerciaux que la géographie elle-même » (Mercier, 1995, p. 108). Quoi qu'il en soit, la discipline acquiert enfin des lettres de noblesse : entre 1870 et la Première Guerre mondiale, elle devient, de fait, une science respectée, valorisée et peut-être même aimée. Or, comment expliquer une telle métamorphose ?

2.4. L'ÉMERGENCE DE LA SCIENCE GÉOGRAPHIQUE

Nous pourrions discourir longuement sur les nombreux facteurs qui se sont conjugués pour donner naissance à ce que l'on qualifie maintenant de géographie classique. Nul doute que l'un des éléments clés fut le contexte intellectuel et scientifique qui s'instaura dans le sillage de la publication de *L'origine des espèces* et du livre *Descent of Man* (1871), où Darwin reprit sa thèse évolutionniste mais en se concentrant, cette fois, sur les êtres humains. L'on ne saurait en effet sous-estimer l'importance de ce corpus et la révolution qu'il provoqua dans presque tous les domaines, y compris celui de la géographie. Comme le souligne Paul Claval (1995, p. 62-63) : « Le darwinisme appelle le développement d'une science des relations des êtres vivants à l'environnement » ; ce faisant, il confère à la géographie « une tâche essentielle : rendre compte de la différenciation des formes vivantes ». L'idée retient l'attention, notamment en Allemagne où, dans la foulée des travaux antérieurs de

---

9. Les sociétés s'inspirent en fait des acquis de l'Antiquité grecque ; elles consacrent donc « leur temps et leurs revues aux récits de voyage, à l'exotisme des milieux, aux extravagances de la nature, aux sociétés perdues, aux genres de vie » (Scheibling, 1994, p. 9). Or, cela « correspond, aujourd'hui encore, à une certaine conception populaire de la géographie, entretenue par les diverses sociétés de géographie qui subsistent à travers le monde. La revue américaine *National Geographic*, éditée par la National Society of Geography [...] n'est rien d'autre qu'une survivance de cette géographie » (*ibid.*, p. 10).

Humboldt et de Ritter, le géographe et naturaliste Friedrich Ratzel (1844-1904) se met à étudier les rapports qui se forgent entre les sociétés et leurs milieux naturels afin d'en établir des lois générales[10]. L'approche ne fera pas l'unanimité – loin de là ! – mais elle favorisera néanmoins l'émergence d'une géographie humaine soucieuse d'éclairer le rôle joué par les hommes dans le façonnement de la terre. Qui plus est, cette nouvelle problématique s'inscrit dans le discours dominant de l'époque et reçoit ainsi l'approbation de la communauté savante ; au dire de Claval (*ibid.*, p. 67), la géographie vient de choisir « un programme scientifique que les autres disciplines trouvent crédible », ce qui, selon toute vraisemblance, explique en partie la prolifération des chaires de géographie à compter des années 1870.

C'est en Allemagne d'abord – il ne faut pas trop s'en étonner – que la géographie s'impose comme champ de recherche et d'enseignement universitaires. Par la suite, les départements et les programmes d'études se répandent en France, puis ailleurs en Europe et, vers la fin du xixe siècle, aux États-Unis[11]. Cette institutionnalisation élargit la renommée de la discipline, mais bien davantage, elle met fin à une longue phase durant laquelle la pratique géographique n'a cessé d'être saccadée par des ruptures de toutes sortes. Par contraste, donc, aux précurseurs des périodes antérieures, lesquels ont toujours été des « autodidactes isolés », et à la différence des titulaires des chaires créées dans le dernier tiers du xixe siècle, dont plusieurs sont venus « par hasard » à cette discipline sans avoir reçu une formation géographique, les géographes formés après 1870 seront des « professionnels » en mesure, pour la toute première fois dans l'histoire de la géographie moderne, d'assurer la continuité des traditions disciplinaires (*ibid.*, p. 18-21). Ce virage, toutefois, ne peut être pleinement saisi sans référence aux écoles nationales* qui commencent alors à se mettre en place en divers endroits d'Europe et aux États-Unis, seul pays où, exceptionnellement, deux courants de pensée se sont établis en parallèle à l'Université de la Californie à Berkeley et dans les universités de la région du Midwest.

---

10. L'œuvre de Ratzel fut infiniment plus riche et plus complexe que ne le laisse voir ce simple énoncé ; elle suscita de surcroît de vives controverses, lesquelles se poursuivent de nos jours encore. Aussi faut-il se rapporter à d'autres ouvrages pour un meilleur aperçu de la contribution de Ratzel. Nous recommandons l'excellente synthèse critique de Mercier (1995, p. 127-138).

11. Le Québec et le Canada, avouons-le, ont été plutôt lents à emboîter le pas. Ainsi, c'est à l'Université de Toronto, en 1935, que s'ouvre le premier département canadien consacré uniquement à l'enseignement de la géographie. Au Québec, le plus ancien se trouve à l'Université McGill. Il a été fondé en 1945, soit un an avant que l'université Laval inaugure le premier département de langue française ; ce dernier, toutefois, sera jumelé à l'histoire jusqu'en 1953.

Les écoles nationales sont en réalité une autre retombée importante, voire capitale, de l'implantation de la géographie en milieu universitaire. Selon Mercier (1995, p. 108), ce sont elles qui ont permis la « fermentation des idées géographiques », et c'est grâce à leur dynamisme que « la géographie put enfin rayonner et tenir une partition originale dans le concert des sciences. » Il faut bien préciser, cependant, que certaines écoles furent plus fécondes que d'autres et marquèrent la discipline de manière plus profonde[12]. Les plus influentes furent, sans conteste, les écoles allemande, française et américaines, lesquelles se sont constituées autour de grandes personnalités comme Friedrich Ratzel et le Français Paul Vidal de la Blache (1845-1918). Formé en histoire à l'École normale supérieure, Vidal s'est tourné vers la géographie après une lecture fortuite de l'œuvre de Karl Ritter. En 1875, il devient professeur de géographie à l'Université de Nancy, puis, en 1880, directeur associé de l'École normale ; mais c'est seulement après sa nomination à la Sorbonne, en 1898, qu'il réussit à faire valoir sa propre conception de la discipline. Si celle-ci s'inspire en partie des travaux de l'école allemande, elle ne vise pas les mêmes objectifs. C'est pourquoi les géographes français de la première moitié du xxe siècle « manifestent un vif intérêt pour les rapports des groupes et de l'environnement et s'attachent beaucoup aux structures régionales », alors que leurs confrères allemands « insistent plus particulièrement » sur l'analyse des paysages et des différenciations régionales (Claval, 1995, p. 69). D'autres tendances encore se dégagent aux États-Unis : tandis que l'École de Berkeley, sous l'impulsion de son fondateur, Carl O. Sauer (1889-1975), s'attarde à la morphologie du paysage, une approche qui vise à examiner comment l'homme utilise ses cultures matérielle et non matérielle pour modifier le milieu naturel en un paysage culturel (ce qui donnera lieu ultérieurement au champ de la géographie culturelle), celle du Midwest, probablement la seule pour laquelle il est impossible d'identifier un seul maître à penser, met l'accent sur le principe d'*areal differenciation*, c'est-à-dire sur les différenciations spatiales de la surface terrestre.

On remarque ainsi que chaque école nationale se distingue par sa conception unique de la géographie. Or, si ces différentes orientations « reflètent la logique du développement des idées dans chaque groupe national, [e]lles sont aussi adaptées aux problèmes et aux réalités auxquels il est confronté » (Claval, 1984, p. 85). Par exemple, la géographie régionale préconisée par Vidal se prêtait à merveille à l'étude de la France d'avant la Deuxième Guerre mondiale, là où les régions rurales

---

12. Pour un compte rendu de *l'ensemble* des écoles nationales, rien, à ce jour, ne surpasse l'étude de Claval (1984, p. 55-85).

affichaient somme toute une assez forte homogénéité, et ce sur les plans tant humain que physique, d'où le fameux énoncé: chaque région a son vin et son fromage, chaque région a aussi sa géologie. Pareillement, l'approche de Sauer était tout indiquée pour rendre compte des cultures – amérindiennes, espagnole et américaine – qui avaient imprégné successivement les territoires de la Californie, du Mexique et des États avoisinants. Autrement dit, les écoles nationales fournissent une preuve tangible que l'on ne peut comprendre la richesse du savoir géographique sans se reporter à la fois à des considérations épistémologiques, à l'histoire des sciences, de même qu'aux conditions politiques, économiques et sociales du monde réel. Cela nous amène tout naturellement à une dernière série de facteurs qui ont contribué fortement à l'épanouissement soudain de la discipline immédiatement après la guerre franco-prussienne.

Que la géographie se soit consolidée d'abord dans les deux pays impliqués dans le conflit de 1870 ne relève sûrement pas du hasard. Après tout, le bruit ne court-il pas, avant même que les hostilités ne prennent fin, que « C'est l'instituteur allemand qui a gagné la guerre » (Scheibling, 1994, p. 13)? que la défaite de la France est due pour l'essentiel aux déficiences de son système scolaire qui jusque-là ne privilégiait pas l'enseignement de la géographie, « sauf sous la forme de quelques leçons pour préciser les cadres de l'histoire » (Claval, 1984, p. 29)? Nous laissons aux spécialistes de l'histoire militaire le soin de trancher la question; voyons plutôt ce qui en est résulté. Dès 1872, le gouvernement français entreprend une refonte de ses programmes – laquelle entrera en vigueur l'année suivante – afin d'introduire la géographie dans ses écoles primaires et secondaires. Bien que cela soit déjà pratique courante en Allemagne, on observe, là aussi, un changement des plus significatifs après la proclamation du IIe Reich en 1871: désormais, l'enseignement de la géographie doit dépasser la simple transmission de connaissances et servir également à former des citoyens dévoués à leur patrie. En termes clairs, la géographie doit apprendre aux élèves « les contours de la nation, leur faire sentir sa diversité, mais souligner en même temps les complémentarités entre ses parties et la solidarité d'ensemble » (Claval, *ibid.*). Un objectif en apparence louable, nous en convenons, mais dans une Europe où les mouvements nationalistes et les sentiments patriotiques ne font que s'exacerber dans les décennies précédant la Première Guerre mondiale, et à nouveau dans l'entre-deux-guerres, on constate hélas que cette fonction civique de la géographie n'a pas toujours donné les meilleurs résultats. D'où la conclusion un peu hyperbolique mais néanmoins compréhensible d'Yves Lacoste (1976): « La géographie, ça sert, d'abord, à faire la guerre. »

D'autres événements économiques et politiques ont renforcé à leur tour l'idée que la géographie peut être mise au profit d'institutions non académiques. Outre la croissance du commerce international, il faut signaler à cet égard l'expansion des empires européens – notamment après le milieu des années 1870 lorsque certains d'entre eux se sont empressés d'annexer d'immenses portions du continent africain – et l'impérialisme américain, lequel s'amorce en 1898 quand, après avoir remporté leur guerre contre l'Espagne, les États-Unis s'approprient le Puerto-Rico, les Philippines, l'île de Guam et l'archipel hawaïen. Le succès de ces diverses entreprises ne peut être garanti, effectivement, que si l'on possède un bon bagage de connaissances géographiques sur les territoires d'outre-mer. Cela, toutefois, constitue pour la discipline un autre couteau à double tranchant, comme en fait foi d'ailleurs la contribution on ne peut plus équivoque des sociétés de géographie mentionnées précédemment.

2.4.1. LA GÉOGRAPHIE CLASSIQUE : UNE SCIENCE AUTHENTIQUE OU UN SAVOIR SANS GRANDE SCIENTIFICITÉ ?

Si la géographie plonge ses racines dans l'Antiquité grecque, la science géographique, on l'a vu, ne date, elle, que de la fin du XIXᵉ siècle. Mais s'agit-il vraiment d'une science au sens propre du terme ? Bien que nous en soyons persuadés, force est d'admettre qu'il est devenu normal, de nos jours, de critiquer sinon de dénier la scientificité et la valeur explicative de la géographie dite classique, soit celle issue des écoles nationales. Aussi retrouve-t-on nombre de géographes contemporains qui, à l'instar de Claval (1984, p. 55), n'hésitent pas à en faire le procès :

> La première moitié de notre siècle n'est pas pour la géographie une période aussi brillante que la précédente. Après une phase de croissance rapide, la discipline se stabilise. Elle applique les recettes et les conceptions imaginées durant la grande mutation des trois dernières décennies du siècle dernier, mais elle est gênée par le manque de base théorique de tous les développements de cette période. Elle hésite entre la conception régionale, l'analyse des relations des hommes et du milieu et l'étude des paysages. [...] Faute d'approfondissement théorique, les géographes n'arrivent pas à constituer réellement leur discipline comme un champ cohérent.

L'on ne saurait nier, certes, les lacunes et faiblesses du courant classique, en particulier sur le plan de la géographie humaine. Nonobstant le fait que les fondateurs des écoles nationales jugeaient tous nécessaire de se pencher sur les sociétés ou activités humaines, chacun, en réalité, était convaincu que la géographie est d'abord une science naturelle : « Le parti choisi, comme le résument si bien Bailly et Beguin

(1998, p. 18), est encore avant tout naturaliste ; l'environnement naturel reste un élément privilégié dans les études. » Même Carl Sauer, un géographe pourtant manifestement intrigué par les phénomènes culturels et qui, d'ailleurs, a collaboré de près avec l'anthropologue Alfred Krœber, pratiquait une « recherche naturaliste tournée vers le paysage plus que vers les hommes et les institutions sociales » (Claval, 1984, p. 287). C'est dans l'œuvre de Vidal, cependant, que la perspective naturaliste est la plus prononcée. Ainsi, en dépit du fait que nous lui devons l'expression « géographie humaine » (*cf.* Claval, 1995, p. 82), et malgré le recours au concept de genre de vie, que l'on peut définir comme l'ensemble des modalités d'existence d'un groupe où domine une activité économique telle que la chasse, la pêche ou l'agriculture, Vidal (1913, p. 298) ira jusqu'à affirmer : « La géographie est la science des lieux, et non des hommes. » La tâche première des géographes étant d'observer et de décrire les faits inscrits à la surface de la terre, Vidal insistera donc sur l'étude du milieu naturel et de son impact sur les établissements humains, ce qui, soit dit au passage, lui vaudra des critiques sévères de la part d'Émile Durkheim, le père de la sociologie française (*cf.* Berdoulay, 1978).

Si le volet humain de la géographie vidalienne laisse à désirer, il ne faut tout de même pas oublier, comme on a trop souvent tendance à le faire aujourd'hui, que cette approche « était en symbiose avec la France rurale de l'entre-deux-guerres », et que c'est plus tard seulement qu'elle « s'est trouvée déconnectée de ce substrat lorsque les mutations économiques et sociales de l'après-guerre ont bouleversé l'espace français au point de [la] disqualifier » (Scheibling, 1994, p. 23). On peut conclure dès lors que cette géographie était de son temps. Comment alors lui reprocher – et après coup, faut-il le préciser – son recours à la démarche inductive, un type de raisonnement scientifique dont la rigueur et la valeur n'ont d'ailleurs jamais cessé d'être reconnues, à tout le moins dans les autres sciences humaines et sociales ? son point de vue idiographique qui, en cherchant l'originalité des faits observés dans chaque région étudiée, a néanmoins permis l'élaboration de généralisations empiriques intéressantes et utiles pour expliquer les sociétés traditionnelles ? sa conception encyclopédique, celle-là même qui a fait de la géographie une matière tant détestée de maintes générations d'élèves obligés de mémoriser les noms des capitales, des chefs-lieux, des fleuves, rivières, monts et montagnes, sans compter les formations naturelles et humaines, les productions régionales et nationales, etc. ? Au fait, quand on compare les monographies régionales de l'époque classique et les manuels scolaires, y compris, hélas, ceux en usage de nos jours, on peut se demander si ce n'est pas davantage dans le domaine de l'enseignement primaire et secondaire que le courant classique a oublié sa fonction explicative au profit de la simple description. Par exemple, pour plusieurs cette géographie n'était pas très bien équipée pour aborder la ville (*cf.* Bailly et Beguin, 1998, p. 141-143), ce qui semble être le cas effectivement dans nombre de manuels scolaires ; il suffit toutefois de relire l'œuvre de Raoul Blanchard pour s'apercevoir qu'elle était en mesure de livrer des analyses urbaines d'une richesse certaine. N'est-ce pas ce qui a justifié la décision, à l'occasion des célébrations de 1992 commémorant le 350e anniversaire de fondation de Ville-Marie, d'inclure dans « La Petite Bibliothèque du parfait Montréalais » l'*Esquisse de géographie urbaine* réalisée par Blanchard en 1947 ? Et comment expliquer, de surcroît, que c'était là le seul ouvrage de géographie ainsi honoré ?

2.5. L'ÉCLOSION DU SECOND XXe SIÈCLE

Des années 1950 jusqu'aux environs de 1980, la géographie traverse une autre période de crise et de mutations majeures ; selon Paul Claval (1984, p. 126), il s'agit ni plus ni moins d'une « révolution [...] marquée par la réorganisation complète d'une discipline qui devient science sociale ». Il faut spécifier que des changements significatifs s'étaient déjà opérés, avant la Deuxième Guerre mondiale, et aux États-Unis et en Allemagne :

> D'un côté, la poussée urbaine qui se produit aux États-Unis au début du XXe siècle est l'occasion pour les sociologues américains de lancer une réflexion approfondie sur le phénomène urbain, dans le cadre de « l'École de Chicago ». De l'autre, l'aptitude à théoriser des philosophes et des économistes allemands est à l'origine d'un important courant de réflexion sur les localisations (Scheibling, 1994, p. 28)[13].

Mais c'est aux États-Unis, dans l'immédiat après-guerre, que la situation se précipite réellement. Un des événements clés fut la mise en opération, à Philadelphie, en février 1946, du premier ordinateur. Surnommé l'ENIAC (*Electronic Numerical Integrator and Computer*), le nouvel engin est un legs de l'effort de guerre, lequel provoquera très rapidement une véritable « révolution quantitative » en géographie comme dans toutes les autres sciences. Parallèlement, on assiste à des transformations sociétales de grande envergure : alors que les économies nationales se mondialisent et que l'urbanisation s'accélère comme jamais

---

13. Dans son chapitre 2 (p. 28-50), Scheibling fournit une très belle synthèse critique de ceux que l'on a surnommés les « précurseurs de la nouvelle géographie ».

auparavant, les classes moyennes s'exilent en nombre croissant vers la banlieue. À cause, par ailleurs, de l'industrialisation continue du secteur agricole et des progrès dans les domaines du transport et des communications, le monde rural s'intègre de plus en plus à l'espace global et les campagnes se modernisent, abandonnant par le fait même leurs genres de vie traditionnels. Bref, la société dans son ensemble est chambardée, ce qui ébranle une génération entière de géographes qui se sentent mal équipés pour en faire l'analyse et lesquels, du reste, n'ont aucune gêne à exprimer leur insatisfaction face à la géographie classique qui, faut-il le rappeler, avait été conçue pour saisir les réalités d'une époque moins complexe désormais révolue.

C'est ainsi, donc, que l'on voit naître la *New Geography*, c'est-à-dire le néopositivisme, une approche qui cherchera à « dépasser l'étude des apparences *visibles* pour se pencher aussi sur les rôles *invisibles* de l'espace dans la vie de chacun et dans le fonctionnement de la société » (Bailly et Beguin, 1998, p. 20). Privilégiant la démarche déductive, les méthodes quantitatives et des thèmes spatioéconomiques, cette « nouvelle géographie » vise à élaborer des lois et des théories afin de se faire reconnaître comme science nomothétique et se débarrasser de l'étiquette idiographique collée jusque-là à la discipline. Implanté initialement aux États-Unis, en Grande-Bretagne et dans des endroits tels que la Suède (où, par exemple, l'Université de Lund devient vite un centre de renommée internationale), ce courant de pensée ne tarde pas à gagner d'autres pays, ce qui, du même coup, signifie la fin des écoles nationales. Mais voilà ! à peine s'est-il mis en place que déjà, dans les années 1970, il est attaqué à son tour par une nouvelle génération de géographes. Ces derniers s'opposent « aux excès de l'empirisme quantitatif qui facilite l'accumulation d'informations et leur traitement par ordinateur » (*ibid.*, p. 25), mais bien davantage, ils s'élèvent contre l'idéologie sous-jacente du néopositivisme, sa « prétention théorique », sa manie de « réduire les phénomènes géographiques à leur seule dimension économique », ce qui exclut « de la démarche explicative des facteurs d'ordre culturel et politique pourtant importants » (Mercier, 1995, p. 238)[14].

Les critiques proviennent surtout de géographes marxistes et des tenants de l'approche comportementale[15]. Si les premiers s'interrogent

---

14. Signalons au passage que Mercier (p. 237-242) expose clairement non seulement l'ensemble des critiques de la « nouvelle géographie », mais aussi la réaction subséquente des géographes néopositivistes.

15. En raison de l'espace alloué, nous ne pouvons nous attarder ici à faire la distinction, pourtant réelle, entre géographie marxiste et critique (*cf.* de Koninck, 1998). Il aurait été souhaitable également de montrer comment la géographie comportementale se distingue de la géographie humaniste et de la géographie des représentations (*cf.* Debarbieux, 1998 ; Bailly et Scariati, 1998).

« sur les inégalités spatiales et cherchent à comprendre pourquoi elles sont nées et comment les éliminer » (Claval, 1998, p. 46), les seconds, sous l'influence du **behaviorisme***, privilégient « l'étude des représentations et de l'imagination pour expliquer l'influence des processus cognitifs sur la connaissance et les pratiques spatiales » (Bailly et Beguin, 1998, p. 29). Des courants de pensée fort différents, certes, et lesquels en fait se contestent mutuellement ; mais de part et d'autre, il s'agit, une fois de plus, de développements résultant simultanément des avancements du milieu académique et d'événements de l'actualité. À titre indicatif, il n'est pas très étonnant que la géographie, à l'instar des autres sciences sociales, se soit tournée vers le marxisme à l'époque où l'on parlait de plus en plus de néocolonialisme et de néo-impérialisme, où les bidonvilles semblaient se multiplier et s'agrandir sans arrêt et, plus près de nous, au moment où l'État québécois, sur la recommandation de son Bureau d'aménagement de l'Est du Québec (BAEQ), procédait à la fermeture de villages gaspésiens jugés trop isolés, trop éloignés et donc trop coûteux à maintenir.

Au-delà cependant des querelles et des débats parfois virulents, il importe de noter que les courants issus de la seconde moitié du XXᵉ siècle ont tous contribué, sans exception, à faire de la géographie humaine une science sociale qui n'hésite plus à se préoccuper pleinement des innombrables manifestations du rapport espace–société. C'est, selon toute vraisemblance, un des facteurs qui explique pourquoi aucune de ces approches ne soit devenue prépondérante. Bien que cette cohabitation puisse donner l'impression que la discipline manque de cohérence épistémologique, l'on pourrait arguer, à l'inverse, que la géographie a bénéficié du fait que les divers courants privilégient des problématiques et des thèmes de recherche distincts, et du fait aussi qu'ils ont tendance à emprunter différents outils de travail et mettent l'accent sur différentes échelles d'analyse[16]. C'est, en tous cas, ce que semblait dire, au début des années 1970, l'un des pionniers québécois de la géographie : « Parmi les choses à consacrer, la pluralité des situations : parler des sciences géographiques à la place de la géographie et de types de géographes à la place d'un prototype unique » (Hamelin, 1974, p. 348). Un quart de siècle plus tard, l'avis, pour certains à tout le moins, ne semble pas avoir changé : « Il y a plusieurs manières de faire de la géographie. Plusieurs façons de voir le Monde, de le décrire, de l'expliquer. L'histoire de la géographie, la pluralité actuelle des approches

---

16. Sur la question capitale des échelles géographiques, on devrait se rapporter au texte de Juan-Luis Klein (chapitre 3 de ce livre, voir notamment la figure 5).

au sein de la discipline en attestent » (J.-F. Staszak, cité dans Claval, 1998, p. 49).

2.6. ET LA GÉOGRAPHIE SCOLAIRE DANS TOUT CELA ?

Au terme de ce survol historique, on peut voir en effet comment, au fil de l'évolution des idées et des découvertes ayant enrichi l'histoire de l'humanité, le savoir géographique s'est lui aussi remodelé et affiné, traversé qu'il le fut par des crises de nature épistémologique relatives à son choix d'objet d'étude tout autant que par la réalisation de recherches effectuées dans le creuset de paradigmes eux-mêmes en lien avec l'évolution scientifique et les besoins changeants du monde réel. Et le débat est loin d'être clos entre tenants de tel ou tel objet propre à la géographie, qu'il s'agisse d'un objet concret, comme la terre habitée, ou encore d'un objet abstrait, la forme creuse, objet à partir duquel se réalisent des travaux de géographie structurale menés par les collaborateurs de Gilles Ritchot, concepteur d'une théorie de la forme urbaine[17].

En parallèle, on aurait cependant bien tort, comme d'aucuns le font encore, de réduire la géographie à sa dimension encyclopédique car, indépendamment de la question de l'objet de la discipline, les travaux de géographie humaine s'intéressent à l'ensemble des activités de l'homme dans son propre milieu de vie. À ce seul titre – qu'il s'agisse par exemple du monde rural, du milieu urbain, de problèmes relatifs à des segments précis de la population, de liens avec la question environnementale, des études de genre, du volet de la santé ou de problèmes de nature politique dont les effets se font sentir auprès de groupements humains particuliers (*cf.* Mercier, 1995, p. 255-258) – la géographie humaine couvre tous les aspects de l'établissement humain. Si problème il y a, ce problème ne loge sûrement pas au chapitre du large champ d'observation géographique !

Se pose pourtant la question de savoir si, en milieu scolaire, la géographie comporte des aspects encore susceptibles d'interpeller les enseignants et leurs élèves ? S'agit-il de ce que l'on pourrait appeler une « culture » aujourd'hui dépassée dans un univers qui survalorise la spécialisation au détriment de la culture générale ? Devrait-on s'en tenir à l'enseignement d'une géographie classique axée sur la connaissance des faits inscrits à la surface de la terre même si cette approche, positiviste et plus caractéristique du XIXᵉ siècle, a été progressivement

---

17. Pour un bon aperçu de la géographie humaine structurale, voir, entre autres, le numéro spécial des *Cahiers de géographie du Québec* (vol. 36, n° 98) paru en 1992.

délaissée par les géographes professionnels depuis l'entrée en force du néopositivisme et des méthodes quantitatives ? Ne devrait-on donc pas alors sensibiliser enseignants et élèves à ces approches modernes et à ces nouvelles idées dans le but de les aider à mieux saisir les complexités spatiales de leurs milieux de vie respectifs ? On le constate, la question de savoir quelle approche privilégier dans l'enseignement de la géographie humaine demeure complexe, ne serait-ce qu'en vertu du large éventail d'idéologies auquel les géographes, en tant qu'individus, peuvent souscrire.

Devant l'incertitude engendrée par les mutations du monde contemporain, Morin (1999) en appelle au « réarmement intellectuel ». Pour ce faire, il incite les enseignants à décoder, sur le plan épistémologique, les antécédents comme les conséquences des transformations à l'œuvre dans le monde actuel. Pour ce faire, non seulement l'enseignant devra-t-il faire montre d'une grande curiosité intellectuelle, aller au-delà des chiffres et des statistiques, mais surtout, dans le sillage du propos de Morin auquel nous souscrivons, se comporter en citoyen en se positionnant face au discours dominant qu'il se révélera capable de décoder parce que formé pour y parvenir. Le premier défi à relever demeure celui d'une formation universitaire suffisamment diversifiée, en prise sur la transdisciplinarité et ouverte à la problématique du *complexe* pour permettre au futur enseignant de puiser à même le legs culturel des générations précédentes et en assurer la transmission. Épistémologie, culture, histoire devraient charpenter la formation des géographes, enseignants comme professionnels, s'ils veulent prétendre à une compréhension et à une interprétation du monde contemporain.

À l'époque des Grandes Découvertes, les récits de voyage et les rapports scientifiques ne souffraient guère de la concurrence médiatique. De nos jours, le propos du géographe passe bien après les images de CNN ! et risque d'être à jamais déclassé par le regard des médias posé sur le monde. Dans ce que Morin nomme l'époque où règne la « confusion organisée entre information et connaissance », le défi du géographe se situe du côté de la production de connaissances avec, pour enjeu, un contenu significatif qui ne paraisse pas désuet au regard de celui des nouvelles technologies de l'informatique et de la communication. Alors qu'Internet propose une image fragmentée du monde, le géographe devrait pouvoir lui opposer une vision globale. Alors que, paradoxalement, les nouvelles technologies élargissent l'accès à l'espace, le temps, lui, s'en trouve contracté en retour. Le temps de la technique est uniformisateur : c'est celui de l'instantanéité. Or, l'effacement de la durée, c'est aussi celui du sens. Voilà pourquoi les géographes devraient avaliser l'invitation de Chesneaux (1996) à retrouver le temps dans la singularité de notre époque, c'est-à-dire reconnaître les enjeux de la mainmise des forces d'intégration à l'œuvre dans l'unification des économies avec, pour résultats, fracture sociale et dépossession de tout véritable moyen d'action pour en contrer les effets désastreux. De plus en plus d'auteurs s'inquiètent de la menace que l'électronique fait peser sur la démocratie qui, en un lent processus historique, est née, s'est déployée et s'est pensée dans la durée. Le moment est sans doute venu pour la géographie et ceux qui s'en réclament de rectifier leur tir et de joindre les rangs de ceux qui luttent pour la sauvegarde du droit de citoyenneté. Ce combat est aussi celui du droit à la connaissance, celui de l'accès plein et entier à la culture, celui d'une véritable démocratisation de l'enseignement: il reste à faire. Les futurs enseignants n'ont qu'à s'en réjouir puisque leur savoir et leur imagination seront mis à contribution.

BIBLIOGRAPHIE

BAILLY, A. et H. BEGUIN (1998). *Introduction à la géographie humaine* (7ᵉ édition), Paris, Armand Colin, 216 p.

BAILLY, A. et R. SCARIATI (1998). « L'humanisme en géographie », dans BAILLY, Antoine *et al.* (dir.). *Les concepts de la géographie humaine* (4ᵉ édition), Paris, Armand Colin, p. 213-222.

BERDOULAY, V. (1978). « The Vidal-Durkheim Debate », dans LEY, David et Marwyn SAMUELS (dir.). *Humanistic Geography: Prospects and Problems*, Chicago, Maaroufa Press, p. 77-90.

BISSONNETTE, L. (1997). « L'espoir avec réserves », *Le Devoir*, 3 mai, p. B3.

BLANCHARD, R. (1992). *Montréal: esquisse de géographie urbaine*, Montréal, VLB, édition préparée et présentée par Gilles Sénécal, 279 p.

CHESNEAUX, J. (1996). *Habiter le temps*, Paris, Bayard, 344 p.

CHOQUETTE, R., VILLEMURE, M. et J. WOLFORTH (1981). *L'enseignement de la géographie au Canada*, Ottawa, Éditions de l'Université d'Ottawa.

CLAVAL, P. (1969). *Essai sur l'évolution de la géographie humaine* (2ᵉ édition), Paris, Les Belles Lettres, 162 p.

CLAVAL, P. (1984). *Géographie humaine et économique contemporaine*, Paris, Presses universitaires de France, 442 p.

CLAVAL, P. (1995). *Histoire de la géographie*, Paris, Presses universitaires de France, coll. Que sais-je? nᵒ 65, 127 p.

CLAVAL, P. (1998). « Histoire de la géographie », dans BAILLY, Antoine *et al.* (dir.). *Les concepts de la géographie humaine* (4ᵉ édition), Paris, Armand Colin, p. 37-49.

CLOZIER, R. (1972). *Histoire de la géographie* (5ᵉ édition), Paris, Presses universitaires de France, coll. Que sais-je ? n° 65, 127 p.

DEBARBIEUX, B. (1998). « Les problématiques de l'image et de la représentation en géographie », dans BAILLY, Antoine *et al.* (dir.). *Les concepts de la géographie humaine* (4ᵉ édition), Paris, Armand Colin, p. 199-211.

DE KONINCK, R. (1995). « L'avenir de la géographie », *Cahiers de géographie du Québec*, vol. 39, n° 108, p. 469-471.

DE KONINCK, R. (1998). « La géographie critique », dans BAILLY, Antoine *et al.* (dir.). *Les concepts de la géographie humaine* (4ᵉ édition), Paris, Armand Colin, p. 185-198.

DION-DESJARDINS, C., LAMARCHE, A., LAURIN, S. et M.-N. SOUMEILLANT (1995). « Mémoire sur l'enseignement de la géographie dans le programme des sciences humaines au secondaire », Montréal, Université du Québec à Montréal, Département de géographie, document non publié présenté aux États généraux sur l'éducation, 7 p.

FRANCIS, D. (1999). « Nortel CEO deserves a medal », *The Gazette*, 2 mai, p. A-9.

HAMELIN, L.-E. (1974). « Virage à prendre en géographie », *Cahiers de géographie du Québec*, vol. 18, n° 44, p. 347-351.

LACOSTE, Y. (1976). *La géographie, ça sert, d'abord, à faire la guerre*, Paris, Maspero, 189 p.

MERCIER, G. (1995). *Histoire de la pensée géographique* (2ᵉ édition), Québec, Université Laval, Département de géographie, Notes et documents de cours n° 11, 287 p.

MORIN, E. (1999). *La tête bien faite*, Paris, Seuil, coll. L'histoire immédiate, 154 p.

NADEAU, V. (1986). « Les géographes ont-ils perdu le Nord ? », *Recherches sociographiques*, vol. XXVII, n° 2, p. 295-309.

NORTON, W. (1995). *Human Geography* (2ᵉ édition), Toronto, Oxford University Press, 336 p.

SCHEIBLING, J. (1994). *Qu'est-ce que la Géographie ?*, Paris, Hachette, 199 p.

VIDAL DE LA BLACHE, P. (1913). « Des caractères distinctifs de la géographie », *Annales de géographie*, vol. 22, p. 289-299.

WOOD, F. (1995). *Marco Polo Did Not Go to China*, Londres, Secker Warburg.

CHAPITRE

Juan-Luis Klein

MONDIALISATION ET ÉTAT-NATION : LA RESTRUCTURATION TERRITORIALE DU SYSTÈME-MONDE

Ce chapitre vise à fournir les éléments nécessaires à la compréhension des changements que traverse le monde dans son organisation économique et politique au sortir du XXe siècle. Ce monde qui, il y a juste dix ans, semblait solidement structuré, aux frontières consolidées, divisé en deux blocs monolithiques, avec, dans chaque cas, un ensemble de pays considérés comme développés et un tiers monde, est en restructuration. L'ouverture du mur de Berlin et du « rideau de fer » en 1989 a amorcé l'éclatement du « bloc de l'Est », rendant désuètes les catégories géopolitiques forgées pendant la guerre froide (l'Ouest, l'Est). À cela s'ajoutent la mondialisation des échanges et la conséquente disparition des barrières économiques entre les pays, ce qui provoque des regroupements nouveaux, sur une base économique et efface le rôle étanche que les frontières nationales jouaient auparavant. Ainsi, des tendances nouvelles orientent la réorganisation spatiale du monde actuel. Parmi elles, il est prioritaire de s'attacher à l'analyse de deux problèmes de taille : l'éclatement du modèle État-nation en tant que modalité territoriale de gestion des sociétés et la recomposition territoriale des espaces géopolitiques dans le monde.

La mise en œuvre de nouvelles modalités de gestion territoriale des sociétés résulte de l'éclatement des fonctions autrefois assumées uniquement par l'État-nation*. Cet éclatement, qui se manifeste par le transfert des responsabilités étatiques tantôt à des organismes supranationaux, tantôt à des organismes infranationaux, a conduit plusieurs auteurs à parler de la « crise de l'État-nation ». Parmi les organismes supranationaux, c'est-à-dire ceux qui opèrent au-dessus des États, on peut nommer le Fonds monétaire international, la Banque mondiale, le Groupe de Davos et les institutions de notation des États, toutes des organisations économiques dont la fonction devient de plus en plus politique. Quant aux organismes infrarégionaux, on peut citer le cas des conseils régionaux et des régies régionales (de développement, de la santé, de la culture, etc.), des municipalités, des regroupements de municipalités (communautés urbaines, municipalités régionales de comté), ou des conseils de développement économique et communautaire, dont l'action est menée dans les quartiers de Montréal, pour ne parler que de l'exemple du Québec.

Cette situation est directement liée au deuxième problème que nous étudierons, soit la structuration de nouveaux espaces géopolitiques. Nous mettrons en relief le fait que le monde bipolaire hérité de la guerre froide se désagrège et se recompose, cédant la place à un monde multipolaire oligopolistique* et à une nouvelle hiérarchie économique. La mondialisation des marchés, les nouvelles technologies de communication et l'internationalisation de la production sont à la base d'une nouvelle division du monde. D'une part, il y a la formation de nouveaux blocs économiques où dominent des « mastodontes » tels les États-Unis, l'Allemagne et le Japon (la triade, selon la dénomination de Ohmae), auxquels se frottent les nouveaux pays industrialisés, anciennement du tiers monde, dont notamment les « dragons » et les « tigres » asiatiques ainsi que les « jaguars » sud-américains (quelle faune... !). D'autre part, ce qui reste du tiers monde, des économies autrefois fortement associées à l'économie mondiale, parce qu'elles fournissaient des matières premières stratégiques ou importaient des capitaux, des technologies et des équipements productifs provenant des pays riches, s'en voit progressivement exclu. Par ailleurs, dans tous les cas, on voit apparaître des centres financiers et productifs, plus ou moins importants, plus ou moins moteurs, qui cohabitent avec des hinterlands dont ils se dissocient progressivement, qui s'interrelient et s'interinfluencent dans ce que Pierre Velts désigne comme une économie archipel* qui se caractérise par la métropolisation*.

Ce double mouvement conduit à la structuration de nouveaux espaces de régulation* de la société où les échelles mondiale et locale partagent des fonctions tout en se combinant et même en s'opposant. Certes, l'État ne disparaît pas, mais il agit de plus en plus comme le gardien d'un ordre, le nouvel ordre international, sur lequel les gouvernements, surtout ceux des États moins puissants, ont peu de prise.

3.1. L'ANALYSE GÉOGRAPHIQUE DES TERRITOIRES ÉTATIQUES

Le dispositif de base de l'organisation et de la compréhension du monde, de « l'ordre mondial », soit l'**État-nation**, est en crise, ce qui laisse le monde dans une sorte d'équilibre fragile, qu'on devine temporaire, où l'on ne sait pas trop qui règne, mais où l'on s'aperçoit que les acquis basculent et que les certitudes sont ébranlées. On voit, par contre, l'influence accrue des grandes firmes et des grands capitaux. Des 200 premières économies du monde, plus de la moitié ne sont pas des pays mais des entreprises, comme le montre Ignacio Ramonet, dans un article publié dans le journal *Le monde diplomatique* (janvier 1997)[1]. Évidemment, ces entreprises opèrent à l'échelle du monde et leurs réseaux de filiales, succursales et sous-traitants assurent une large partie de la production et du commerce mondial. Par conséquent, la capacité d'intervention des États à leur égard est réduite, surtout lorsqu'on parle des États à revenus intermédiaires ou faibles.

Or, même si le monde n'est plus un ensemble de sociétés nationales aux frontières étanches, il demeure que l'État-nation a été pendant deux siècles le référent spatial de base du monde et le modèle auquel ont aspiré les peuples en lutte pour l'affranchissement des liens coloniaux et de dépendance, et auquel aspirent certains peuples encore soumis. Il importe donc d'examiner les éléments qui constituent le modèle État-nation, et, en ce qui nous concerne plus particulièrement, de montrer comment le territoire national était le lien unificateur de ses deux éléments constitutifs, soit l'État, vu en tant que niveau de pouvoir et non en tant que pays, et la nation.

---

1. Voir aussi du même auteur, *Géopolitique du chaos*, Paris, Galilée, 1997.

3.1.1. LE TERRITOIRE: LA DIMENSION SPATIALE DU POUVOIR

Le territoire d'un pays est l'objet de forces contrastées, et c'est normal. Les diversités ethniques et culturelles, l'attraction économique ou sociale de pôles en compétition, l'insertion différentielle des régions et des secteurs dans l'économie mondiale, l'information et les modèles culturels, les idéologies, entre autres, exercent une pression centrifuge sur la population. La structuration d'un espace national implique que ces forces centrifuges soient compensées par des forces centripètes. La force structurante d'une culture, l'équilibre entre la centralité et la décentralisation politiques, les interrelations entre les **heartlands** (centres) et les **hinterlands** (arrière-pays), les actions pour redistribuer socialement et territorialement la richesse, ainsi que le partage d'une identité, constituent des forces qui rassemblent les diverses unités d'un pays.

Dans le contexte du modèle État-nation, le rôle politique primordial de l'État est celui d'assurer la prééminence des forces centripètes sur les forces centrifuges à l'intérieur d'un territoire national. Cette fonction cruciale de l'État interpelle la géographie, notamment la géographie politique, dans la mesure où la géographie est la science du territoire et que le territoire est, dans le cas de l'État-nation, à la fois cadre et moyen de la reproduction économique, sociale et politique de la société. Il importe donc de se référer, ne serait-ce que rapidement, à cette notion fondamentale qu'est celle de territoire.

D'abord, il faut mentionner que la notion de territoire, avec celles d'espace, d'échelle et de région, fait partie des concepts de base de la géographie. Pourtant, sa définition n'est pas claire et elle a donné lieu à plusieurs significations. L'image « territoire national » est la représentation la plus courante du territoire, mais il y en a d'autres, telles celles du territoire des villes, celui des régions, mais aussi celui d'une caisse populaire, et même d'un gang de motards! Qu'y a-t-il de commun à ces cas? C'est qu'ils relèvent tous d'une relation de pouvoir sur un espace; le territoire résulte en fait d'un acte de pouvoir.

Quel est le véritable pouvoir de l'État-nation sur les réseaux de filiales, succursales et sous-traitants des entreprises supranationales?

Selon notre conception de la géographie, le territoire est la dimension spatiale du pouvoir. En tant que tel, il traduit les différences sociales et les rapports de force entre les groupes qui composent la société (groupes de revenu, groupes professionnels, groupes ethniques, groupes d'âge, groupes de pression, etc.). Mais en même temps, le territoire médiatise les rapports de l'individu au collectif, du privé au public, du civil au politique, et, de cette manière, il délimite les appartenances globales des citoyens. Comme l'État est au centre des diverses relations de pouvoir qui s'établissent dans la société contemporaine, il n'est pas étonnant que la première représentation qu'on se fasse du territoire soit celle de l'État national.

3.1.2. LA RÉFLEXION GÉOGRAPHIQUE ET LES RAPPORTS ÉTAT-TERRITOIRE

L'intérêt de la géographie pour les rapports de l'État au territoire ne date pas d'aujourd'hui et a donné lieu à une sous-discipline de la géographie appelée « géographie politique ». Bien qu'ils aient des points en commun, les auteurs qui contribuent à la géographie politique se différencient par leurs objets d'étude et par leur orientation. Au risque de trop simplifier, nous distinguerons deux approches dans la géographie politique : l'approche géopolitique, qui s'intéresse à l'étude de la place du territoire dans l'expansion et l'affirmation des États en tant que pays souverains, et l'approche politico-territoriale, qui aborde la territorialité des rapports de pouvoir dans une perspective plus globale. Présentons brièvement ces deux approches.

L'approche géopolitique : la géographie des États et de leurs interrelations

Bien que le premier à avoir utilisé le terme soit l'auteur suédois Rudolf Kjellén, qui s'intéressait à ce qu'il considérait comme la lutte des États pour leur survie, la fondation de la géopolitique revient à l'un des pionniers de la géographie contemporaine, au géographe allemand Friedrich Ratzel (1844-1904). Ratzel a défini la géographie politique comme l'étude des rapports entre les facteurs géographiques et la politique territoriale des États. Combinant le courant de pensée naturaliste et le courant sociologique, Ratzel voit le comportement de l'État comme le résultat de deux types de facteurs : les facteurs de géographie physique et les facteurs de géographie humaine. Les facteurs de géographie physique dont il parle sont la répartition des terres et des océans, les formes du relief, les cours d'eau et les ressources naturelles. Quant aux facteurs de géographie humaine, il s'agit de la population (structure démographique et distribution), du peuplement et des groupes ethniques (langue, religion, histoire).

La réflexion de Ratzel se concentre sur l'État moderne, c'est-à-dire sur l'État national, et elle se fait dans une perspective comparative de la situation nord-américaine et européenne. Ratzel observe le processus de structuration de l'État-nation aux États-Unis, dont il retient l'idée d'espace continent, les dynamiques progressives d'occupation du territoire, la faible importance des obstacles naturels pourtant imposants et la doctrine expansionniste. Concernant l'Europe, il s'attarde notamment à la situation allemande. Il attribue le retard économique observé à la fin du XIXe siècle dans ce pays – il ne faut pas oublier que l'industrialisation allemande est très tardive – à sa fragmentation, et ce, malgré l'unité politique réalisée par Bismarck en 1871 et nonobstant la volonté du gouvernement de celui-ci d'unifier le peuple et de créer un sentiment de loyauté à l'égard de la nation. Ce fractionnement est attribué, entre autres, à l'absence de centralité.

Inspirée par Ratzel, la géopolitique véhicule une conception totalisante, voire totalitaire de l'État, celle d'un État tout-puissant au comportement synchrone et homogène, situé au-dessus des conflits sociaux et des rapports de pouvoir. Ce point de vue est raffiné dans une perspective expansionniste par le général Karl Haushofer, qui était aussi géographe (on ne choisit pas ses collègues...!), qui met les connaissances géographiques au service de la conquête territoriale de l'État nazi, ce qui stigmatise la géopolitique à partir de la Seconde Guerre mondiale. Ainsi, ce type de géographie politique est délaissé et n'est repris que dans les écoles militaires, ressortant sur la place publique dans les années 1960 et 1970 en Amérique latine, mais dans une nouvelle version, celle de la doctrine de la sécurité intérieure. Inspirés par cette doctrine, les militaires, en représentation des oligarchies économiques et des élites politiques, prennent l'État d'assaut et le tournent contre le peuple, soit contre ce que les oligarchies et les élites considèrent comme les ennemis internes[2].

Parallèlement, dès les années 1970, voit le jour une puissante géographie politique critique, qui plutôt que de contribuer à faire la guerre aux ennemis internes ou externes de l'État, cherche à la dénoncer. En 1976, Yves Lacoste publie un livre qui a eu un grand impact : *La géographie, ça sert d'abord à faire la guerre*. Dans ce livre, Lacoste montre comment les techniques géographiques sont utilisées pour mener des opérations militaires et pour mieux contrôler les citoyens sur lesquels l'État exerce son autorité. L'une des interventions les plus significa-

---

2. Un excellent exemple de l'utilisation de la géopolitique par les militaires latino-américains est celui du dictateur chilien Augusto Pinochet, qui a même écrit un livre intitulé *Geopolítica*.

tives et les plus percutantes de Lacoste a été celle qui l'a amené à démasquer l'utilisation des connaissances géomorphologiques à l'intérieur d'un plan états-unien de destruction systématique mais déguisée d'un réseau de digues construites pour protéger les établissements humains dans les plaines du delta du fleuve rouge au Viêtnam. Cette enquête a donné une grande autorité de même qu'une grande notoriété à Yves Lacoste, qui a réintroduit le terme de géopolitique dans la réflexion géographique grâce, entre autres, à la publication de la revue *Hérodote*.

L'approche politico-territoriale : la géographie du politique

Dans une autre perspective, celle de l'étude des rapports politiques qui assurent la cohésion et la reproduction des systèmes sociaux, émergent les analyses qui se concentrent sur la territorialité de l'exercice du pouvoir, changeant ainsi l'objet d'étude. Le centre d'intérêt se déplace alors vers l'intérieur du pays, soit vers la consistance même de l'État-nation. Une telle approche n'exclut pas l'analyse du rapport entre les États nationaux, c'est-à-dire la perspective internationale, voire mondiale. Peter Taylor (1989) disait, avec raison, que l'analyse des États devait se situer à l'intérieur de l'étude des systèmes-monde. Mais elle ne s'y limite pas. Au contraire, les rapports de pouvoir structurés à l'échelle internationale « informent » les conflits locaux de pouvoir, les influencent, mais ne les déterminent pas.

On doit à des auteurs tels Claude Raffestin, Michael Dear, Kevin Cox et Jacques Lévy la démonstration de l'insuffisance du niveau État pour comprendre le rôle du territoire dans les rapports politiques ainsi que l'élargissement de l'objet d'étude à la dynamique du pouvoir dans son ensemble. Trois types d'enjeux sont en cause dans cette dynamique : les rapports de pouvoir entre les groupes humains (classes, ethnies, sexes, régions, etc.), les rapports de pouvoir entre les groupes humains et l'État, les rapports de pouvoir entre les États et les forces économiques externes et internes.

Cette approche analyse l'influence des rapports territoriaux de pouvoir sur la vie des collectivités et des communautés, l'ancrage territorial des options politiques, les effets des divisions du travail (sociale, technique, sexuelle) sur les rapports de pouvoir, ainsi que la répartition spatiale des opinions politiques et les délimitations et maillages façonnant le territoire (Lévy, 1991). Elle ne focalise pas sur l'État mais sur les rapports conflictuels entre les groupes qui composent la société et entre ceux-ci et l'État (Wolch et Dear, 1989).

3.2. L'ÉTAT-NATION: UNE STRUCTURATION SPÉCIFIQUE DES RAPPORTS ÉTAT-TERRITOIRE

La situation actuelle exige le recours à ces deux approches, tout en recentrant la question du pouvoir sur le rôle extérieur et intérieur de l'État. C'est que, en se plaçant au centre des conflits sociaux et donc en rendant cohérents et compatibles les rapports conflictuels de pouvoir dans la société, l'État avait assuré la primauté des forces centripètes sur les forces centrifuges dans les différents pays ainsi que les liens hiérarchiques et inégaux entre différents États nationaux, dans un système-monde hiérarchisé, comme le montrent les travaux de Michel Beaud. C'est parce que l'État n'assume plus ce rôle qu'on parle de crise de l'État-nation.

Certes, il peut paraître aventureux de parler ainsi alors que le nombre d'États souverains augmente sans cesse. En effet, lorsque l'Organisation des Nations Unies (ONU) a été créée en 1945, le monde comptait une soixantaine d'États, alors qu'aujourd'hui, l'ONU reconnaît l'existence de 184 pays indépendants. Et l'augmentation du nombre d'États souverains n'est pas terminée[3]. Largement entamée avec la décolonisation des années 1950 et 1960 en Asie, en Afrique, et redynamisée avec l'éclatement de l'Union soviétique et de l'ancienne Yougoslavie, la multiplication d'États souverains devrait donc se poursuivre. D'ailleurs, des formules mitoyennes apparaissent, ce qui permet à certaines collectivités nationales de s'ériger en « quasi-État-nation », comme c'est le cas du Québec, par exemple. Alors, comment prétendre qu'une formule aussi populaire soit en crise?

Plusieurs auteurs évoquent ce type d'arguments pour contester la validité de la thèse selon laquelle l'État-nation serait en crise. Le plus célèbre d'entre eux est sans doute le géographe Yves Lacoste. « Tous ces nouveaux États européens et ces revendications de peuples qui jusqu'à présent n'avaient pas été en mesure de se constituer chacun en État indépendant ne sont-ils point, au contraire, les preuves du triomphe de l'idée d'État-nation? », demande Lacoste dans son *Dictionnaire de géopolitique* (1993). Non, faut-il répondre. La multiplication du nombre d'États indépendants, d'États nationaux, n'empêche pas l'émergence d'organisations, de

> *Plusieurs décisions relèvent maintenant de structures continentales ou mondiales.*

---

3. Si l'on en croit l'article rédigé par François G. Roussel (1996). « L'insaisissable communauté internationale », *Le monde diplomatique,* juillet.

structures, de réseaux et d'entreprises supranationales qui limitent largement leur capacité d'exercice de la souveraineté. De larges pans de la souveraineté nationale sont transférés soit à des structures continentales ou mondiales, soit à des collectivités infranationales, et, partant, échappent à la maîtrise des États. De plus, les États, nouveaux et anciens, s'éloignent de plus en plus du modèle « État-nation ». La crise de l'État-nation ne concerne pas l'indépendance juridique des États mais plutôt leur capacité d'assurer les pouvoirs inhérents à l'exercice de leur rôle, des pouvoirs qui en faisaient le principal dispositif de régulation économique et sociale. « Discuté dans sa géométrie, dans sa souveraineté, dans son monopole des prestations sécuritaires, l'État-nation perd ses principaux attributs », affirmait avec raison Bertrand Badie (1993). C'est que le rôle de l'État a changé et ne s'ajuste plus au modèle de l'État-nation. Examinons ce modèle de plus près, pour mieux comprendre les raisons de sa crise.

3.2.1. ÉTAT-NATION ET IDÉAL DE SOCIÉTÉ

L'État-nation est associé à une vision de la société, à une conception de la citoyenneté et à la capacité de l'État d'exercer une certaine maîtrise de l'économie sur son territoire. Sa conception remonte au célèbre *Contrat Social* de Jean-Jacques Rousseau, publié en 1762 à l'aube de la Révolution française. Dans ce livre, l'État est désigné comme l'instrument favorisant l'avènement d'un ordre social plus juste par l'intermédiaire duquel le peuple doit décider collectivement de son propre destin. Dans l'idée fondatrice du concept d'État-nation, il y a donc coïncidence entre les limites de l'autorité de l'État et les limites de la souveraineté d'un peuple considéré comme une nation. Ces limites découpent le territoire où peuple et État se confondent. Peuple, État et territoire, solidement imbriqués, voilà les trois éléments constitutifs de l'État-nation.

L'État-nation implique une modalité territoriale de définition d'un peuple, c'est-à-dire une citoyenneté territoriale : font partie du peuple ceux qui sont nés sur le territoire sur lequel ce peuple exerce sa souveraineté à travers l'État ou ceux qui remplissent les conditions pour acquérir la citoyenneté lorsqu'ils n'y sont pas nés. C'est ce que l'on appelle en droit le *jus soli* (droit du sol). Cette vision a remplacé ce qu'on appelle le *jus sanguinis* (le droit du sang) qui prévalait avant l'émergence de l'État-nation et qui est encore présente dans certains États, où la citoyenneté se transmettait de père en fils, c'est-à-dire, si on se place dans un contexte social, par l'appartenance à une ethnie.

Mis en œuvre d'abord par les révolutions états-unienne et française, qui donnent lieu aux deux premiers États nationaux, le modèle État-nation s'enrichit au XIXe siècle par l'ajout d'autres principes. Parmi eux, rappelons ceux de l'égalité juridique des citoyens, de la standardisation de la gestion du territoire, de la cohésion sociale et économique, tous des éléments qui consacrent la « nationalisation de la vie politique » ainsi que la conséquente disparition progressive des particularismes internes et des régionalismes (Agnew, 1991).

À partir des années 1930, le dispositif État-nation acquiert toute sa maturité en intégrant la dimension économique. « Les deux vices marquants du monde économique où nous vivons, disait Keynes en 1936 au sujet du capitalisme des années 1930, sont, le premier, que le plein emploi n'y est pas assuré, et le second, que la répartition de la fortune et du revenu y est arbitraire et manque d'équité. » Inspirés par Keynes, les États se dotent d'un mode de croissance basé sur le marché intérieur, de mécanismes d'intervention de l'État dans le développement économique et d'une conception de la citoyenneté qui intègre la solidarité sociale.

Parallèlement, les mouvements sociaux, d'abord, le mouvement ouvrier, puis, ce qu'on a appelé les « nouveaux mouvements sociaux » (mouvement des femmes, mouvements urbains, mouvements environnementaux, etc.), luttant pour obtenir et maximiser les droits civiques, sociaux et économiques, ont forcé les compromis qui ont orienté la société de l'après-guerre et ont permis aux citoyens d'accumuler des acquis sociaux importants au regard de la sécurité d'emploi, de la protection du revenu, des services sociaux, voire de l'exercice de la démocratie (Klein, Tremblay et Dionne, 1997). Ce sont ces compromis qui structurent la régulation fordiste et la société de consommation de masse que Rostow considérait, en 1960, comme l'étape ultime de la croissance (nous y reviendrons).

3.2.2. DE FORD À KEYNES :
LES ATTRIBUTS ÉCONOMIQUES DE L'ÉTAT-NATION

Le fordisme* est un mode de régulation de l'économie qui s'inspire des principes qui avaient modernisé le capitalisme au début du siècle par la combinaison d'une segmentation accrue du travail et de l'augmentation des salaires. La segmentation du travail correspond à une vision particulière de l'organisation de la production, le taylorisme, conçu par l'ingénieur F.W. Taylor afin d'augmenter la productivité des travailleurs. L'augmentation des salaires, quant à elle, représente une stratégie d'écoulement des produits fabriqués en abondance. C'est Ford qui a combiné ces deux stratégies, d'où le nom de « fordisme ». Les deux grandes contributions de Ford sont l'application du taylorisme à la production, qui se traduit par l'implantation de la chaîne de montage, et l'implantation d'un régime salarial qui redistribue entre les travailleurs une partie des effets financiers de la productivité, faisant d'eux des consommateurs potentiels des produits Ford. Appliquée à l'ensemble de la société, la formule de Ford équivaut à une société où les rémunérations élevées rendues possibles grâce à la production de masse permettent une consommation également de masse. C'est sur ce principe que se structurent le mode de régulation fordiste[4] ainsi qu'un mode de gestion de la société inspiré des préceptes keynésiens.

Keynes soutenait que l'objectif à atteindre pour éviter les crises économiques était le plein emploi. Or, ajoutait-il, l'emploi dépend de la production et la production dépend de la demande. Ainsi, plus la demande est forte, plus on augmente les niveaux de production et, par conséquent, plus il y a d'emplois. Selon cette perspective, la clé pour créer l'emploi réside dans les investissements ; or, les investissements dépendent du niveau de consommation. La solution est donc simple : il faut augmenter la consommation, celle des individus, mais aussi celle des entreprises, afin de créer une dynamique progressive d'investissement et de création d'emplois. Mais ni les individus ni les entreprises augmentent leur niveau de consommation de façon spontanée, disait Keynes. Spontanément, ils ont plutôt tendance à épargner ; il fallait donc qu'ils soient poussés à consommer. Ainsi, il fallait encourager les individus et leurs entreprises à augmenter la part de leurs revenus destinée à la consommation comparativement à celle réservée à l'épargne.

C'est essentiellement cet objectif que poursuit l'intervention de l'État inspirée par Keynes. D'abord, en multipliant ses opérations, son personnel, ses interventions, l'État se révèle un consommateur de premier niveau, tout en influant sur le niveau général des salaires, un

---

4. La notion de régulation s'est imposée comme un outil analytique puissant pour expliquer l'évolution, les transformations et le déploiement du capitalisme. Michel Aglietta, auteur du livre *Régulations et crises du capitalisme* publié en 1976, pose les premiers jalons d'une école de pensée connue depuis comme l'école de la régulation. De nombreux auteurs y contribuent parmi lesquels nous citons R. Boyer, A. Lipietz, A. Scott, M.-J. Piore et C.-F. Sabel parce qu'ils ont défini des axes spécifiques à l'intérieur de cette école. Ces auteurs tentent de répondre à la question suivante : comment une cohésion sociale peut-elle exister malgré les déchirements provoqués par les conflits qui caractérisent la société capitaliste ? Il en découle une vaste réflexion au sujet des mécanismes, dispositifs et stratégies qui permettent au capitalisme de se reproduire malgré ses contradictions.

autre facteur qui permet d'augmenter la consommation. En deuxième lieu, les politiques de redistribution du revenu et de sécurité sociale permettent d'augmenter le nombre de personnes susceptibles de consommer. En troisième lieu, par des barrières tarifaires ou par des programmes d'appui à l'investissement, l'État applique des politiques de protection de la production nationale et limite les effets de la concurrence extérieure. Puis, en quatrième lieu, par des programmes d'aménagement du territoire, l'État modernise les régions les plus pauvres, surtout les régions rurales, et généralise donc la consommation à tout le territoire créant un espace de consommation « mur à mur ». Ainsi, l'État crée les conditions d'une augmentation progressive de la croissance dans la mesure où les effets des investissements publics se traduisent à la longue par l'augmentation des emplois dans un pays, par l'intensification du marché national et par l'augmentation des revenus aussi bien des travailleurs que (et surtout) des entreprises, tout cela évidemment dans les limites du territoire national. C'est ainsi que prend forme ce qu'on a appelé le « marché intérieur ».

3.2.3. L'ÉTAT-NATION COMME BASE D'UNE STRATÉGIE DE DÉVELOPPEMENT

Complété par des composantes économiques et sociales, l'État-nation devient un modèle associé à la croissance des pays industrialisés et à la consommation de masse. Il n'est donc pas étonnant qu'il soit devenu le fondement d'une approche de développement basée sur l'imitation des pays qui l'appliquaient pleinement. Plusieurs options, aux objectifs pourtant opposés mais toutes marquées par la foi en la capacité de l'État d'assurer l'affirmation nationale, convergent vers cette approche[5].

W.W. Rostow est certainement l'auteur qui a le mieux systématisé l'option des pays industrialisés face au tiers monde en proposant une démarche par étapes destinée à reproduire le parcours suivi par les sociétés ayant atteint le stade de la consommation de masse. Dans son célèbre ouvrage intitulé en anglais *The Stages of Economic Growth. A Non-Communist Manifesto*[6], dont la première édition a été publiée en

---

5. Pour une bonne synthèse des diverses stratégies de développement, voir Furtado (1976).
6. Il doit être souligné que les traductions en français et en espagnol n'incluent pas le sous-titre, pourtant fort révélateur de l'intention de l'auteur.

1960[7], Rostow, qui était aussi conseiller de la Maison-Blanche, analyse les étapes du parcours qui mène les pays occidentaux vers la société de consommation de masse, considérée comme l'idéal à atteindre.

Il distingue les cinq étapes suivantes : 1) la société traditionnelle, dont la structure est déterminée par des fonctions de production limitées, essentiellement agricoles, et dotées d'institutions étatiques faibles ; 2) la société en voie de transition, qui s'amorce lorsque l'organisation politique, la structure sociale, les valeurs morales et l'économie des sociétés traditionnelles sont modifiées de façon à permettre une croissance régulière et la société se dote d'un « État-national centralisé et efficace qui s'appuie sur des coalitions teintes d'un nationalisme nouveau, en opposition avec les intérêts régionaux traditionnels » ; 3) la société en démarrage, où le progrès technique s'introduit dans l'industrie et l'agriculture et le pouvoir politique accorde la priorité à la modernisation de l'économie ; 4) la maturité, où se généralise l'utilisation de la technologie moderne, la production croît à un rythme élevé, les industries se modernisent et le pays substitue aux anciennes importations les productions nationales tout en s'insérant davantage dans l'économie internationale ; 5) la société de consommation de masse, où l'élévation des revenus et la multiplication du nombre de consommateurs se combinent à l'affectation de ressources économiques à la « prévoyance et à la sécurité sociale », soit à l'État-providence.

Certes, la théorie du développement par étapes formulée par Rostow ainsi que la stratégie de rattrapage et d'imitation des pays riches qui en découle manquent de fondement scientifique. Il n'en demeure pas moins qu'une telle stratégie a été formulée et appliquée, et que la démarche rostowienne a marqué l'approche des gouvernements des pays riches à l'égard du tiers monde. Pour l'essentiel, cette approche a produit un concept monétarisé du développement, associé à la croissance économique. Il découle de cette conception du développement que le sous-développement est causé par les blocages à la réalisation de ces changements et que ces blocages résident dans la désarticulation économique ayant pour source « le dualisme* », c'est-à-dire la coexistence d'un secteur moderne, capitaliste, connecté avec le marché mondial, et d'un secteur traditionnel déconnecté du marché. Ce secteur traditionnel est vu comme un frein à l'action transformatrice du secteur moderne, et les politiques de développement visent sa modernisation,

---

7. Il s'agit d'un moment crucial de l'histoire économique et politique contemporaine marqué par la guerre froide, la décolonisation, le prestige du socialisme comme modèle de développement surtout auprès du tiers-mondisme en gestation et la révolution cubaine.

dans la perspective de produire la cohésion économique nationale et de créer les conditions favorables à la croissance du marché national, c'est-à-dire ce qu'on appelait le « marché intérieur ».

Une deuxième stratégie est formulée par l'économiste argentin Raul Prebisch dans la foulée de l'action des organismes internationaux de représentation officielle des pays du tiers monde. Cette stratégie, connue sous le nom de « desarrollisme* » (en français, « développementisme », mais l'hispanisme est tellement plus beau... !), analyse les problèmes sous l'angle des rapports commerciaux inégaux entre les pays du centre* et les pays de la périphérie, et attribue à l'État un rôle fondamental dans le développement des sociétés sous-développées. Keynésien de formation, Prebisch postule l'industrialisation par « substitution d'importations », c'est-à-dire la création d'une industrie nationale répondant aux besoins du marché national, et l'élargissement de ces marchés par des ententes d'intégration économique entre pays sous-développés, qui ne ferment pas la porte aux investisseurs étrangers mais qui établissent des limites à leurs profits. Cette stratégie a été appliquée par les pays latino-américains, notamment par le Mexique, l'Argentine, le Brésil, le Chili, mais aussi par d'autres pays du tiers monde comme l'Inde et l'Égypte.

La troisième option, d'inspiration marxiste mais nationaliste, tend à affirmer le rôle de l'État dans la production afin de faire primer les intérêts nationaux sur les intérêts étrangers et de faciliter la modernisation et l'industrialisation. Pour l'essentiel, la formule élaborée par cette vision postule la nationalisation des ressources naturelles, la réforme agraire, l'industrialisation nationale à partir de la transformation locale des matières premières et le changement des rapports sociaux en vue de réinvestir socialement les profits. Bien qu'elle s'inspire des œuvres de Marx et qu'elle soit profondément ancrée dans le mouvement populaire des pays du tiers monde – comme en témoignent les cas du Chili (1970-1973) et du Nicaragua (1979-1990) –, cette vision des choses n'est pas en contradiction fondamentale ni avec le desarrollisme de Prebisch, ni avec le développement par étapes de Rostow. En fait, elle emprunte la même démarche intellectuelle mais prise autrement. Qu'est-ce qui explique le développement des nations industrialisées ? C'est le réinvestissement des surplus (plus-value). Et, comme la caractéristique des pays du tiers monde est que ce surplus est accumulé par des monopoles étrangers et est réinvesti ailleurs, il est logique qu'il faille modifier les rapports avec les capitaux étrangers pour permettre le réinvestissement local des profits. Mais cette vision ne remet pas en question ni l'industrialisation par la substitution d'importations ni l'essentiel de l'idée de développement par étapes.

Ces trois options orientent la transformation politique et économique du tiers monde dans les années 1960 et 1970 et généralisent une stratégie basée sur l'État-nation, où le peuple, les institutions, les organisations sociales se recentrent par rapport à l'État, trop tard cependant, à un moment où, comme on le verra, celui-ci fait face à la crise politique provoquée par la mondialisation. Les stratégies élaborées à la lumière des approches desarrolliste et marxiste se heurtent donc aux exigences de l'ouverture économique et, par conséquent, à la fin des économies nationales. Par contre, l'application des politiques rostowiennes a eu des effets importants dans certains pays du tiers monde, où la modernisation de l'agriculture, connue sous le nom de « révolution verte », a créé les bases de la croissance industrielle des nouveaux pays industrialisés orientés vers la production de biens manufacturés pour l'exportation vers les pays riches. Mais avant d'aborder cet aspect du problème, concentrons-nous sur la crise de l'État-nation.

3.3. LA CRISE DE L'ÉTAT-NATION ET LA MONDIALISATION

La crise de l'État-nation n'est pas l'œuvre de la fatalité (Beaud, 1997). Elle résulte de l'application d'une stratégie économique et politique qui rend les États nationaux incapables d'assurer la souveraineté économique et même politique sur leur territoire, et qui rend caduque la stratégie keynésienne de croissance. Les investissements tendent à privilégier la technologie, ce qui réduit les emplois, et la mondialisation dissocie consommation et emploi. La consommation d'un produit donné au Canada peut se traduire par la mise en valeur de capitaux européens et par la création d'emplois en Asie.

Cela amène les États à revoir leurs priorités. Les programmes sociaux, l'utilisation des fonds publics pour rendre les citoyens solvables et accroître ainsi la consommation, l'appui économique aux régions en difficultés – qui constituaient en fait des investissements, car le tout visait la croissance des revenus et de l'emploi sur le territoire national –, deviennent des fardeaux dans la mesure où leurs effets ne se font plus nécessairement sentir à l'intérieur des territoires nationaux. Poussés par les grandes puissances économiques, c'est-à-dire les grandes firmes, les principaux détenteurs de capitaux, les institutions représentatives des grands holdings internationaux et les États s'engagent dans un processus de mondialisation qui finit par rendre impossible l'exercice de la souveraineté en plus de remettre en question le concept même de citoyenneté associé à l'État-nation.

3.3.1. TROIS PROCESSUS MENANT À LA MONDIALISATION

Selon la définition du Fonds monétaire international, le terme « mondialisation* » désigne l'interdépendance économique croissante de l'ensemble des pays du monde provoquée par l'accroissement du volume et de la variété des transactions transfrontalières de biens et de services, par l'augmentation des flux internationaux de capitaux, et par la diffusion accélérée et généralisée de la technologie. Il nous paraît que cette interdépendance est le résultat de trois processus distincts mais fermement imbriqués[8].

La mondialisation suit trois processus : la globalisation, l'universalisation et la transnationalisation.

Le premier processus peut être désigné par le terme « globalisation », par lequel tend à se constituer un système international caractérisé par des règles, des valeurs et des objectifs unifiés ; ce système est dominé par les marchés financiers et leurs institutions et échappe de plus en plus au contrôle des institutions politiques nationales et internationales (telle l'ONU, par exemple). Ce processus exige la mise en place de nouvelles modalités de régulation dont la principale caractéristique réside dans la primauté du marché des capitaux et des marchandises. Réduisant le rôle interventionniste que l'État a joué depuis les années 1930, les institutions économiques internationales imposent le « laisser-faire » qui caractérisait le capitalisme dans ses formes classiques d'avant Keynes, et, surtout, comme le rappelle Cassen (1997), le « laisser-passer », c'est-à-dire la prééminence du marché mondial sur les économies nationales.

Le deuxième processus concerne ce qu'on appelle l'« universalisation », par laquelle certains principes, certaines règles et certaines valeurs acquièrent des « vertus transculturelles » et se déploient à travers le monde, tels que la démocratie, la liberté des affaires, ainsi que le mode de vie occidental. Jadis, l'« exemple » occidental sur les pays pauvres ou l'« effet démonstration » était considéré de façon négative, car il créait des attentes dans la population des pays pauvres que leur économie nationale n'était pas en mesure de combler. Aujourd'hui, quand les nouveaux moyens de communication véhiculent l'information et les images occidentales dans l'ensemble du monde et en temps réel, l'exemple occidental est vu par plusieurs auteurs comme un moyen

---

8. Nous synthétisons, ici, l'argumentation de Badie (1994) sur les processus menant à la mondialisation et celles de Chesnai (1994) concernant la différence entre mondialisation et globalisation.

pour mener à terme les transformations économiques et technologiques nécessaires à la modernisation des structures productives et sociales.

Le troisième processus, celui de la « transnationalisation », a trait aux divers flux de communication, de capitaux, de services, de biens et de personnes qui abattent les barrières nationales et effacent les limites entre les différentes économies nationales. Ces flux amènent des formes d'intégration transfrontalière tout à fait inédites comme le montre Jacqueline Bonnamour (1994) dans son étude de la frontière entre le Mexique et les États-Unis (nous y reviendrons plus loin).

3.3.2. LA MONDIALISATION ÉCONOMIQUE : UN LONG PARCOURS

Mais avant d'examiner les nouveaux espaces d'intégration, analysons le parcours qui a conduit à la mondialisation économique. Certes, le monde actuel est beaucoup plus interrelié et interdépendant que celui d'autrefois, mais il serait erroné de penser que l'internationalisation de l'économie est récente. En fait, elle s'est construite de façon progressive, comme Beaud (1987) l'a bien montré. La mondialisation présente plusieurs facettes, qui se structurent d'ailleurs à travers des phases historiques distinctes, mais qui ont toutes laissé des traces dans le territoire, même si l'une d'entre elles apparaît aujourd'hui comme dominante.

> *La mondialisation a connu trois grandes phases, soit celle des empires coloniaux, celle de la multinationalisation des grands monopoles et celle de la mondialisation des marchés financiers.*

Les empires coloniaux et la division internationale du travail

Les antécédents de la mondialisation se trouvent dans les empires coloniaux du XVIe, XVIIe et XVIIIe siècle. Le commerce entre les métropoles européennes et les colonies d'outre-mer, y compris le commerce triangulaire (matières premières américaines, esclaves africains, armes européennes), a contribué à la formation des capitaux nécessaires à la révolution industrielle qui, à partir de l'Angleterre, à la fin du XVIIIe, s'étend vers l'Europe et l'Amérique du Nord. Mais le premier empire commercial de nature mondiale a été l'empire britannique du XIXe siècle, que l'Angleterre a d'ailleurs ardemment protégé contre toute tentative visant à entraver la circulation de ses navires et de ses produits. Les cas de l'Inde et du Paraguay, aux antipodes de l'empire, sont exemplaires à cet égard. Déjà au XIXe siècle, la stratégie de la liberté des échanges se heurtait aux thèses prônant la protection des territoires nationaux.

C'est à partir de cette époque que se structure la première «division internationale du travail*», conformément à l'argumentation célèbre de David Ricardo au sujet des «avantages comparatifs» que représentait la spécialisation de l'Angleterre dans l'activité industrielle du textile et celle du Portugal dans la production du vin. Il s'établit ainsi deux régimes de développement, l'un pour les économies spécialisées dans des secteurs industriels, comportant des hauts niveaux d'investissement ainsi que l'application de technologies avancées, et l'autre pour les économies spécialisées dans des productions de matières premières minières ou agricoles en vue de l'exportation, comportant des technologies faibles et des revenus modestes. La première division internationale du travail façonne la division économique du monde et annonce la différenciation entre le développement et le sous-développement, voire entre les pays considérés comme riches et le tiers monde.

Les compagnies multinationales et le développement inégal

Une deuxième phase du parcours qui mène à la mondialisation économique s'accomplit dans la constitution de grandes entreprises, des monopoles qui deviendront vite multinationaux. De grandes firmes monopolistiques, dont les capitaux provenaient des pays industrialisés enrichis par les conséquences de la première division internationale du travail, se forment, d'abord, pour assurer l'exploitation des matières premières et, ensuite, pour bénéficier des avantages de la situation monopolistique. Plusieurs cas classiques illustrent les effets de ce type de firmes mais probablement le plus clair, parce que caricatural, est celui de la United Fruit, une entreprise états-unienne qui dans la première moitié du XXe siècle constitue un véritable empire en Amérique centrale et dans les Caraïbes. Comme son nom l'indique, cette entreprise s'occupait de l'exportation de fruits, notamment des bananes. Les pays où cette entreprise était implantée n'avaient aucun pouvoir. Et, dans tous les cas, pour garantir le respect de ses intérêts, avec l'appui d'ailleurs du gouvernement des États-Unis, elle contrôlait toute leur vie y compris leur vie politique. C'est cette situation qu'exprime le nom caricatural de «Républiques de bananes» dont on affuble les pays de l'Amérique centrale et qui traduit ce qui est, encore aujourd'hui, la situation politique de bien des pays pauvres.

La domination des compagnies multinationales sur les pays dits « pauvres » du monde a eu plusieurs effets déstructurants. Le premier réside sans doute dans la profonde inégalité créée entre des pays dont l'exploitation des ressources ne laisse que très peu de retombées locales et ceux où s'accumulent et s'investissent les profits de l'exploitation de ces ressources. Le deuxième, tout aussi important, s'observe dans les différences spatiales et sociales créées à l'intérieur des pays où ses entreprises sont installées. Là se structurent deux secteurs économiques. Le premier est tourné vers l'exportation, attire des investissements et dispose de moyens, structurant ainsi le territoire selon ses besoins, surtout en ce qui concerne les structures urbaines et de transport. Le deuxième est centré sur la production locale et dispose de très peu de moyens. La structure actuelle des transports ferroviaires en Afrique, par exemple, constitue un héritage de cette phase.

Cette situation explique la formation de ce qu'on a appelé la division **centre-périphérie**, qui complète la notion de division internationale du travail. Ces notions s'insèrent dans l'approche du développement inégal développée dans les années 1970 pour expliquer l'existence de pays riches et de pays pauvres dans le monde par des auteurs tel Samir Amin. Cette approche distingue deux situations. D'une part, il y a les centres, soit les zones où s'accumule la richesse. La caractéristique principale des centres réside dans le fait que leur économie est autocentrée, c'est-à-dire que les orientations, les choix et les spécialisations économiques répondent à des intérêts nationaux. D'autre part, il y a les périphéries, constituées par les espaces dont la richesse est transmise au centre, soit directement par les compagnies sous forme de profits, soit indirectement à travers le commerce. La caractéristique principale des périphéries réside dans l'extraversion économique et donc politique, car, dans les faits, la gestion de la société dans leur cas répond à des intérêts extérieurs, ce qui modèle et conditionne les situations politiques internes et la capacité d'action des gouvernements.

C'est donc pour réagir à ce type de rapports internationaux que certains pays du tiers monde ont appliqué dans les années 1960 et 1970 des stratégies de développement qui, comme nous l'avons mentionné ci-dessus, étaient basées sur l'industrialisation nationale. Ces stratégies s'insèrent dans une conception qui associe le développement à la croissance économique et, directement ou indirectement, elles ont été influencées par une idéologie de rattrapage, voire d'imitation des pays industrialisés, ce qui est critiqué aujourd'hui par plusieurs analystes du développement.

La mondialisation des marchés et l'internationalisation de la finance

La phase contemporaine de la mondialisation est caractérisée par l'internationalisation de la finance et par le pouvoir accru des grandes firmes. Le marché financier est de plus en plus concentré. Le pouvoir financier est détenu par les grandes compagnies d'assurance, les grandes banques internationales, les administrations de fonds de retraite, c'est-à-dire des organismes qui jouissent d'une grande mobilité et qui parcourent le monde à la recherche des meilleures conditions de rentabilité. L'émergence et la constitution d'un capital financier plus mobile que les entreprises multinationales ou que les banques traditionnelles, ayant la capacité de faire basculer une économie nationale ou une monnaie nationale « dans le temps de le dire » (et ce n'est pas une figure de style comme le montrent la crise mexicaine de 1994 et celle des économies asiatiques en 1997), contribuent à la structuration d'une économie rentière et spéculative.

Le libre-échange imposé par les grandes entreprises et par les États les plus puissants, à travers des organisations tels le General Agreement on Tariffs and Trade (GATT), devenu l'Organisation mondiale du commerce (OMC) en 1995, ou le Fonds monétaire international, consacre l'ouverture économique et la disparition progressive des barrières entre les pays. Dans une économie aussi ouverte, où dominent les grosses firmes et où les marchés financiers sont contrôlés par des capitaux de plus en plus mobiles, les possibilités des États d'élaborer une politique macro-économique nationale disparaissent, notamment en ce qui concerne la valeur de la monnaie, la détermination des taux d'intérêts et les stratégies de développement.

Le libre-échange et les institutions qui le protègent, tel le Fonds monétaire international (FMI), obligent les États à se préoccuper davantage des indications du marché que des intérêts nationaux dans leurs politiques économiques. Les États doivent se soumettre aux impératifs d'équilibre fiscal ou d'ajustement structurel qui prennent le pas sur le bien de la nation, c'est-à-dire du peuple. En outre, les maîtres d'œuvre de ces politiques sont les banques centrales, sur lesquelles la collectivité a de moins en moins de contrôle.

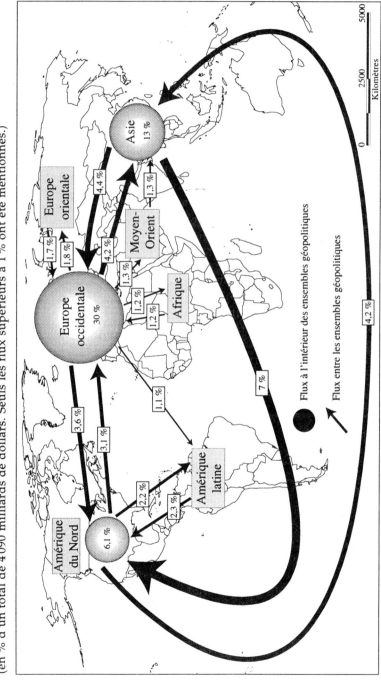

FIGURE 1
Les flux internationaux du commerce mondial en 1994
(en % d'un total de 4 090 milliards de dollars. Seuls les flux supérieurs à 1 % ont été mentionnés.)

Europe orientale

Asie
13 %

Moyen-Orient

4,4 %

1,3 %

1,7 %

1,8 %

4,2 %

1,3 %

Europe occidentale
30 %

Afrique

1,2 %

1,2 %

3,6 %

3,1 %

1,1 %

Amérique latine

2,2 %

2,3 %

Amérique du Nord
6,1 %

7 %

4,2 %

● Flux à l'intérieur des ensembles géopolitiques

Flux entre les ensembles géopolitiques

0   2500   5000
Kilomètres

Adapté de Chalmin, 1996, p. 35. Source : Organisation Mondiale du Commerce.

3.3.3. LES NOUVEAUX TERRITOIRES DE L'ÉCONOMIE MONDIALISÉE

Des géants tels le Japon, l'Europe, les États-Unis, s'affrontent dans un monde « oligopolistique multipolaire ». Les nouveaux agencements géopolitiques mondiaux, les nouvelles exigences de la concurrence internationale, l'élargissement des marchés, l'accroissement des capacités productives des entreprises grâce aux innovations technologiques, autant de facteurs qui modifient le « pattern » des territoires nationaux en réduisant et en transformant le rôle des frontières, en renversant les hiérarchies spatiales nationales et en créant de nouveaux cadres géographiques, et cela, en ce qui concerne aussi bien la gestion des sociétés que l'organisation de la production.

> *Mondialisation ne veut pas dire marché unique et uni, bien au contraire.*

La mondialisation des marchés et l'intégration géopolitique

En s'associant avec des partenaires commerciaux dans le cadre d'ententes de type continental comme l'Accord de libre-échange nord-américain et l'Union européenne, les principales puissances commerciales établissent les bases territoriales qui permettent à leurs entreprises de se protéger dans le contexte d'une concurrence chaque jour plus féroce. Ces ententes créent les conditions pour accroître la rentabilité des investissements (du capital) et pour répondre à la nouvelle donne de la concurrence internationale.

L'intégration continentale cherche à élargir les marchés pour rendre les entreprises plus compétitives et mieux aguerries face à la concurrence internationale. En exerçant leurs activités dans des espaces élargis, les entreprises obtiennent deux grands atouts. D'une part, en ayant accès à des marchés plus grands, elles peuvent réaliser des économies d'échelle, soit réduire le prix de vente de leurs produits grâce à l'augmentation du nombre d'unités produites. D'autre part, n'ayant plus à assumer de frais de douane, elles peuvent plus facilement organiser la production sur une base internationale, comme le montre le cas de l'industrie automobile, maximisant ainsi les atouts (qualité et coût de la main-d'œuvre, fournisseurs de matières premières, pièces et services, connaissances et recherche-développement, etc.) offerts par divers lieux, sans égard à leur situation nationale. L'intégration continentale suit deux grands modèles : le modèle nord-américain et le modèle européen.

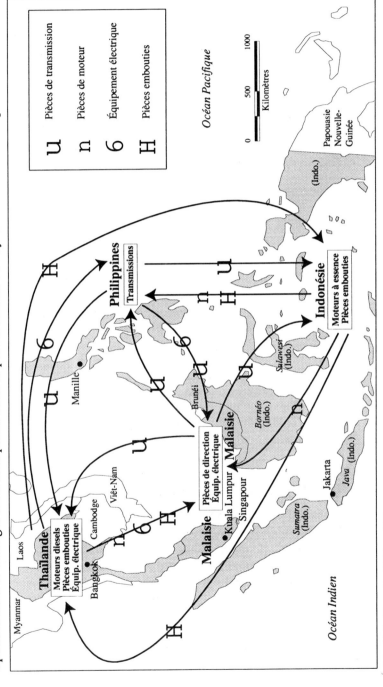

FIGURE 2
Spécialisation et échanges intra-entreprises réalisés par les filiales de Toyota du Sud-Est asiatique

Adapté de Chesnaix, 1994, p. 108.

Le modèle nord-américain mis en œuvre par l'Accord de libre-
échange nord-américain (ALENA), en vigueur depuis le 1er janvier 1994
entre les États-Unis, le Canada et le Mexique, est limité. Il ouvre les
frontières à la circulation des biens et services et à celle des capitaux,
mais ne concerne pas la main-d'œuvre. Ainsi, les entreprises ont la
liberté de se déplacer à la recherche de meilleures conditions de productivité et de rentabilité, mais la main-d'œuvre, elle, demeure con-
trainte à son espace national. Il en découle principalement que les
énormes disparités salariales existant entre le Mexique et ses deux
partenaires vont rester relativement stables pendant une longue période,
même si l'augmentation du pouvoir d'achat de la main-d'œuvre mexicaine représente un espoir caressé par les entreprises états-uniennes
et canadiennes. Évidemment, cela exerce une pression formidable sur
les travailleurs du Canada et des États-Unis, qui se voient souvent
contraints à négocier leurs conditions salariales sous la menace que
représente la mobilité accrue de l'entreprise. Par ailleurs, l'ALENA s'est
doté d'une structure de gestion très faible, et les conflits se soldent par
des arbitrages judiciaires, ce qui évidemment accroît le pouvoir des
intérêts économiques sur les intérêts sociaux ou politiques.

Le modèle européen – dont les antécédents remontent au traité
de Rome signé en 1957 par six pays et dont la configuration actuelle a
été établie par le traité de Maastricht entré en vigueur le 1er novembre
1993 – est complètement différent. D'une part, à la circulation des biens,
services et capitaux, l'Union européenne ajoute celle des personnes,
ce qui change la donne complètement. D'autre part, elle s'est dotée
d'une superstructure politique et économique qui comprend un par-
lement élu, une monnaie unique, une politique concertée de gestion
de l'immigration et des organismes d'appui au développement des
territoires en difficultés.

Les nouveaux agencements territoriaux de la production

La mondialisation ne concerne pas que les marchés ou les capitaux
financiers mais aussi la production, ce qui modifie la structure spatiale des rapports sociaux et économiques à l'intérieur des pays. Partout,
les hiérarchies spatiales marquées par des rapports centre-périphérie
de type national sont éclipsées par la configuration de réseaux inter-
urbains souvent transnationaux qui visent la création de nouveaux
espaces productifs. Les centres de certains pays deviennent les périphéries des nouveaux centres mondiaux qui monopolisent les échanges,
l'accumulation de la richesse et le pouvoir de décision.

En Europe, par exemple, le territoire de l'Union européenne est sillonné par des réseaux de communication et de circulation dont les nœuds apparaissent comme les nouveaux centres, donnant lieu à des espaces virtuels institués par des ententes plus ou moins contractuelles selon le cas. Ces réseaux sont souvent transfrontaliers (l'arc atlantique, corridor Barcelone–Montpellier). Les promoteurs de ces espaces tentent de faire contrepoids à la polarisation de la richesse, du pouvoir et de la population autour des grandes métropoles telles Londres, en Angleterre, Paris, en France, ou la conurbation de la Ruhr, en Allemagne.

En Amérique du Nord, les anciennes régions industrielles du nord-est, qui constituaient le Manufacturing Belt, déclinent alors que des villes situées dans les régions du sud et de l'ouest, devenues les composantes d'une zone non continue connue sous le nom de Sun-Belt, attirent davantage les entreprises et les investissements, surtout dans les secteurs de haute technologie et de haute valeur ajoutée. L'exemple le plus percutant des nouveaux espaces de production performants et de haute technologie est sans doute celui de la Silicon Valley. Des milliers de petites et moyennes entreprises fabriquant des microprocesseurs et des composantes électroniques, attirées par la proximité de l'Université de Stanford, par la qualité de l'environnement, ainsi que par les multiples liens et réseaux de production et de recherche, se sont établies dans la vallée de la rivière Santa-Clara, en banlieue de San Francisco, constituant ainsi le modèle d'un développement urbain et industriel nouveau qui a lieu en banlieue des agglomérations urbaines. Plusieurs villes états-uniennes du Sun-Belt, telles San Diego, Los Angeles, Phoenix, Dallas ou Denver, ainsi que les anciennes villes industrielles en voie de reconversion, telles Pittsburgh ou Boston, et plusieurs régions canadiennes, se structurent en prenant comme exemple la Silicon Valley, constituant de véritables districts productifs où des entreprises et des communautés de citoyens agissent en symbiose. '

3.3.4. LES NOUVELLES MAILLES DE L'ESPACE MONDIAL: DEUX CAS

Dans ce contexte, de nouveaux espaces financiers et productifs émergent, bouleversant l'organisation spatiale nationale, et ce, sans qu'il y ait une relation directe entre eux et l'ensemble du territoire national auquel ils appartiennent. Il s'agit de véritables mailles de l'économie mondialisée qui, en même temps, montrent les caractéristiques de la nouvelle économie archipel qui se superpose aux économies nationales. Deux exemples tout à fait différents mais significatifs nous aideront à mieux comprendre la place de ces nouveaux espaces financiers et productifs.

Le cas de la cité d'affaires de La Défense: un centre continental d'envergure mondiale

La Défense est une cité d'affaires construite à quelques kilomètres à l'ouest de Paris. Les promoteurs de ce qui est devenue une véritable cité internationale en parlent comme le premier centre d'affaires d'Europe et l'un des plus importants du monde. Cette cité s'étale sur 160 hectares. Elle comprend plus de 2,5 millions de mètres carrés d'espace de bureau, 1 200 entreprises où travaillent 120 000 employés, 10 000 logements, 21 000 habitants, le plus grand centre commercial d'Europe avec 250 magasins et 25 000 employés, 19 hôtels, 100 restaurants, 9 cinémas dont le dôme IMAX. Elle est desservie par un important réseau de transport dont le métro (deux stations), le train de banlieue (RER), le TGV, plusieurs lignes d'autobus et un important réseau autoroutier. Siège de 5 des 50 premières entreprises mondiales, et de 14 des 20 principales entreprises françaises, La Défense accueille des firmes dont le chiffre d'affaires atteint 1 000 milliards de francs, soit quelque 270 milliards de dollars canadiens. Il s'agit donc d'une véritable cité financière internationale comparable à d'autres cités du même genre tels le Wauchai District (Hong Kong), le Shinjuku (Tokyo), le World Financial Center (New York) et le Docklands (Londres).

Les entreprises présentes dans cette cité mènent des activités dans plusieurs domaines, les plus importants étant la chimie, le pétrole et l'informatique. Parmi les entreprises œuvrant dans le domaine de la chimie se trouvent celles de Hoechst, Roussel-Uclaf, Bayer, Exxon, Rhône Poulenc, Atochem et des nombreux laboratoires (Delalande, Upjohn, Nordisk, Farmitalia, Beecham Smithkline). Quant aux firmes présentes dans le domaine du pétrole, on compte 7 des 10 plus grandes sociétés du monde (dont Esso, la première). Et dans le domaine de l'informatique, on est en présence des principaux constructeurs mondiaux, dont IBM, Unisys, Olivetti, Apple, ainsi que d'importantes entreprises de services informatiques (dont Microsoft). On trouve aussi des firmes dans plusieurs domaines des services aux entreprises, dont de nombreux consultants, des salons de congrès et séminaires, tous les services de télécommunications, de publicité, etc.

Créée en 1958 par le gouvernement français, La Défense prend son envol définitif dès la fin des années 1960, après un début hésitant. Des tours de plus de 40 étages voient le jour, où s'installent des grandes sociétés internationales vouées à l'innovation technologique. Entre 1974 et 1978, il y a eu un temps d'arrêt provoqué par la surabondance d'espaces à bureau, et par les effets des chocs pétroliers. Pendant ce temps, on construit la première tour d'habitation, inaugurée en 1977. La troisième génération de tours commence en 1978. Des constructions considérées comme «plus intelligentes», des «espaces modulaires». (La tour Elf, mise en service en 1985, Centre commercial des Quatre Temps, inauguré en 1981, considéré comme le plus important centre commercial en Europe.) Le quartier acquiert une vie réelle, au-delà de la vie des affaires.

À l'issue d'un concours, La Grande Arche, de l'architecte Johan Otto von Spreckelsen est choisie pour couronner La Défense. L'œuvre, inaugurée en 1989 consiste en un cube, évidé de son centre, une réplique futuriste de l'Arc de triomphe.

La zone de la *maquiladora* : un cas d'internationalisation productive

Les *maquiladoras* constituent des usines de montage et d'assemblage de pièces détachées localisées dans le nord du Mexique, en étroite relation avec les entreprises du sud des États-Unis. Créées d'abord par les grandes firmes états-uniennes pour assurer la production ou le montage de pièces d'automobile, elles se sont multipliées et sont aujourd'hui en activité dans plusieurs domaines, dont, en plus de l'automobile, les articles de sport, le textile, les objets électroniques et les jouets. Quelque 1 800 *maquiladoras* se sont établies dans la région depuis les années 1960. Elles ont un chiffre d'affaires de deux mille milliards de dollars par année, qui repartent d'ailleurs presque entièrement à l'extérieur, laissant sur place seulement les bas salaires payés aux ouvriers mexicains.

Depuis les années 1960, la *maquiladora* marque le type de développement économique du Mexique, au point que l'activité économique réalisée dans cette zone constitue le deuxième poste économique mexicain, après l'industrie du pétrole. Limitée d'abord à une frange très proche de la frontière, la zone gagne en profondeur s'étendant aujourd'hui à tout le nord du Mexique, ce qui provoque la croissance de nouveaux pôles économiques telle la ville de Monterrey. D'ailleurs, le concept s'élargit, tout comme l'origine des investissements qui proviennent aujourd'hui d'autres pays, comme le Japon, les pays européens, et aussi du Mexique, même si les capitaux états-uniens sont encore largement majoritaires.

La zone de la *maquiladora* est un exemple (mais pas nécessairement un exemple à suivre... !) d'intégration économique transfrontalière. Elle résulte d'un pacte entre les gouvernements des États-Unis et du Mexique qui ont signé une entente douanière permettant l'importation de matières premières et la réexportation des produits assemblés.

Les entreprises états-uniennes bénéficient d'une taxation minime qui leur permet de profiter d'une main-d'œuvre dont le coût est largement inférieur à celle de leur pays. Les _maquiladoras_ se caractérisent par le non-respect des normes environnementales et des conditions de travail, ainsi que par les faibles salaires (comme le montre l'excellent film de Magnus Isacsson, _Le nouvel habit de l'empereur_, réalisé en 1995 à l'ONF).

L'intégration productive s'accompagne d'un réseau transfrontalier urbain et de transport de plus en plus dense. Cette intégration va, dans certains cas, jusqu'à la création d'instances de promotion conjointe de villes situées de part et d'autre de la frontière comme c'est le cas de Monterrey et de San Antonio. Ces formes de transnationalisation sont encouragées par les ententes économiques d'intégration continentale, dans ce cas-ci par l'ALENA, mais dans d'autres cas par l'Union européenne, par MERCOSUR en Amérique latine ou l'ASEAN en Asie du Sud-Est.

3.4. ET LES ESPACES D'EXCLUSION?

La discussion sur la pauvreté dans le monde dépasse les objectifs de ce chapitre. Mais nous ne pouvons passer sous silence le fait que la mondialisation et l'affaiblissement des capacités de l'État qu'elle a provoqué ont eu pour effet de créer un monde, certes, plus intégré mais pas plus équitable, bien au contraire. Comme le montre Michel Beaud (1997), le chiffre d'affaires des 500 plus grandes entreprises du monde (11 400 milliards de dollars en 1993) représente une somme plus de deux fois supérieure aux PNB de 107 pays considérés comme ayant des revenus faibles, lesquels comprennent quatre milliards et demi d'habitants. Ces mêmes 500 entreprises mobilisent une masse monétaire supérieure à la moitié de la somme des PIB de tous les pays de la planète, et leurs profits (320 milliards de dollars américains en 1993) dépassent l'ensemble des revenus des 43 pays les plus pauvres de la planète où habitent plus d'un milliard d'êtres humains.

Le rapport mondial sur le développement humain publié par le Programme des Nations Unies pour le développement (PNUD) en 1997 établit que l'écart entre le revenu moyen des pays les plus riches et les pays les plus pauvres a plus que doublé dans les 30 dernières années. Le rapport entre le revenu moyen des pays riches et celui des pays pauvres est passé de 30 contre 1 en 1960 à 78 contre 1 en 1994. Le cinquième (20 %) de la population mondiale appartenant aux pays les plus pauvres reçoit 1 % du revenu mondial, alors que le cinquième (20 %)

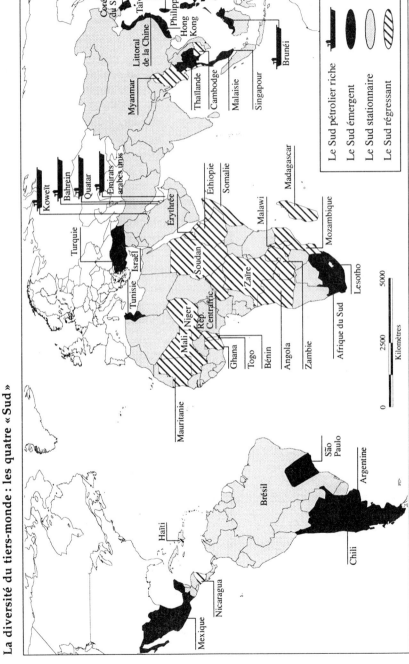

FIGURE 3
La diversité du tiers-monde : les quatre « Sud »

Révisé et adapté de Rouselet, 1995, p. 18.

de la population mondiale appartenant aux pays les plus riches en reçoit 67,6 %, et encore, on n'a pas tenu compte des inégalités intranationales de répartition des revenus. Alors, imaginons la distance entre le 20 % le plus riche des pays riches et le 20 % le plus pauvre des pays pauvres !...

Ce fossé qui ne semble cesser de se creuser entre le monde des riches et celui des pauvres ne se limite pas qu'aux revenus. Il indique l'exclusion* progressive de la population des pays pauvres, comme le montre le fait que dans les années 1980, la part de marché des 100 pays les plus pauvres du monde représentait 7,9 % des exportations mondiales et 9 % des importations, alors que dans les années 1990, ces pourcentages se limitent à 1,4 pour les exportations et à 4,9 pour les importations. En revanche, la part de la triade s'est accrue. Le pourcentage du marché contrôlé par l'Amérique du Nord, l'Europe et le Japon et sa zone d'influence est passé de moins de deux tiers, au début des années 1980, à trois quarts, dans les années 1990.

Et la prétendue « aide au développement » n'a aucunement soulagé la situation angoissante dans laquelle se trouvent les pays les plus pauvres, qui reçoivent une « aide » annuelle équivalente à ce qu'ils payent chaque année pour le service d'une dette extérieure qui a quadruplé en moins de 15 ans.

Il ne faudrait donc surtout pas conclure de l'analyse de la mondialisation et de l'attention qu'attirent les nouveaux pays industrialisés que tous les pays du monde en sortent gagnants. Bien au contraire, au-delà des pays de la triade, soit des pays traditionnellement considérés comme riches, la mondialisation n'inclut que des espaces très limités excluant un tiers monde qui stagne sur le plan économique, quand il ne régresse pas, et qui, paradoxalement, avec l'éclatement du bloc soviétique, semble destiné à s'étendre sur le plan spatial. Visiblement, la croissance sans précédents du commerce mondial et de la production de biens entraînée par la mondialisation s'est faite sans la participation des pays les plus pauvres. La mondialisation a, en fait, créé les conditions territoriales permettant aux pays les plus développés d'exclure les pays pauvres.

3.5. POUR UNE LECTURE MULTISCALAIRE DU SYSTÈME-MONDE

La mondialisation a amorcé la structuration d'un système-monde. Mais cela ne veut aucunement dire égalité et uniformité. Au contraire, le monde est plus atomisé que jamais et les sociétés arrivent difficilement à retrouver les agencements spatiaux qui pourraient reconstruire les liens sociaux indispensables au bon fonctionnement des systèmes politiques. La mondialisation a mis en œuvre une nouvelle territorialité où les responsabilités jadis assumées par l'État-nation se désagrègent et sont assumées par des institutions et organisations fonctionnant à diverses échelles dans une dynamique où les pouvoirs politiques tendent à s'incliner face aux pouvoirs économiques. En fait, les intérêts économiques tendent à primer sur les intérêts politiques et sociaux, même à l'intérieur des structures étatiques, ce qui explique l'engouement des gouvernements à réformer leurs programmes sociaux en fonction d'exigences financières.

Mais le système-monde ne se réduit pas à la mondialisation et surtout pas à celle des échanges économiques. Bien d'autres aspects y concourent, ou sont concernés sans y concourir, et ce sur les plans, bien sûr, économique, mais aussi politique, social et culturel. S'il est vrai que le système-monde englobe toute la société à l'échelle planétaire, ne serait-ce que pour mieux en exclure du partage de la richesse une partie importante, il est aussi vrai que d'autres agencements spatiaux, tels les États nationaux ou les espaces locaux, sont aussi à l'œuvre, avec leurs propres caractéristiques et leurs propres logiques, lesquelles sont certes informées par la logique de la mondialisation, mais ne disparaissent pas pour autant. Au contraire, elles se renforcent. C'est notamment la situation de l'échelle locale. Par conséquent, si l'on veut comprendre la nouvelle carte de la mondialisation, il faut, plus que jamais, combiner plusieurs échelles et plusieurs niveaux d'analyse.

En premier lieu, il y a l'« échelle mondiale » où se constituent les nouvelles institutions qui régulent l'action des États. Aux institutions classiques, créées au sortir de la Seconde Guerre en vertu des ententes de Bretton Woods* (signés en 1944) au New Hampshire mais dont la fonction a nettement évolué, telles l'Organisation des Nations Unies, avec ses nombreux organismes sectoriels et régionaux, la Banque mondiale, le Fonds monétaire international et l'Organisation mondiale du commerce, héritière de l'ancien GATT, s'ajoutent des organismes informels mais puissants, comme le Groupe de Davos, et même certains des groupes de pression qui agissent en porte-parole de certains mouvements sociaux, tels le mouvement écologiste, le mouvement des peuples aborigènes ou le mouvement des femmes (Tarrow, 1996).

En deuxième lieu, il y a l'« échelle continentale » ou semi-continentale. Cette échelle concerne les espaces formés par des traités d'intégration économique (ALENA, Union européenne, ASEAN en Asie du Sud-Est, MERCOSUR en Amérique latine, etc.) conclus par les différents pays pour être en meilleure position face à la concurrence accrue qu'a entraînée la mondialisation des échanges. C'est en fait à cette échelle que se structure cette mondialisation des échanges, laquelle oppose en fait des blocs économiques qui luttent pour l'hégémonie mondiale.

En troisième lieu, il y a l'échelle des États nationaux, qui conservent des responsabilités et des pouvoirs importants sur les plans économique et politique et, bien sûr, militaire, mais qui sont soumis de plus en plus à l'encadrement d'institutions supranationales ou qui réagissent de plus en plus à des pressions de nature internationale. L'État y est encore au centre des relations de pouvoir entre les différents acteurs sociaux et, en fonction de ces rapports, orientent le développement de leurs sociétés et de leurs économies. En étant au centre de la sphère publique, il constitue la scène de la régulation des rapports politiques. Il aura à gérer les rapports de l'économie globalisée et des sociétés nationales atomisées, et, partant, à assurer l'équité entre des citoyens et des milieux locaux dont les actions collectives se définissent de plus en plus en fonction de leurs environnements immédiats et de moins en moins en fonction des collectivités nationales.

En quatrième lieu, il y a l'échelle régionale qui se structure par l'émergence de nouvelles formes de pouvoir tantôt en relation avec la diversité nationale (c'est-à-dire cohabitation de plusieurs nations) de certains pays, comme en Belgique, en Espagne, en Russie et au Canada, tantôt comme expression de la désolidarisation de certaines régions riches par rapport à l'ensemble de la collectivité nationale, comme en Chine ou au Brésil, et tantôt comme résultat de la mobilisation sociale de communautés, ethniques ou non, qui se révoltent contre les inégalités sociales (Mexique, Indonésie, Inde). Certaines structures économiques régionales sont même transfrontalières, comme c'est le cas de l'intégration progressive de l'économie du nord du Mexique et celle du sud des États-Unis. C'est à cette échelle qu'a lieu la décentralisation, phénomène présent dans la plupart des pays et qui réside dans le transfert de certaines responsabilités étatiques à des collectivités plus proches du citoyen, notamment en ce qui concerne l'offre de services sociaux et le développement.

En cinquième et dernier lieu, il y a l'échelle locale. Cette échelle concerne les agglomérations urbaines et espaces ruraux où se structurent des liens privilégiés entre les citoyens et leur milieu (milieu municipal, districts productifs, quartiers des grandes métropoles, milieux urbains recomposés). Plusieurs tendances jouent dans la structuration d'une échelle locale. Il y a, d'une part, l'émergence de nouveaux espaces urbains, généralement en périphérie des métropoles, qui s'insèrent dans l'espace mondial en attirant des investissements et

FIGURE 4
Échelles et composantes du système-monde

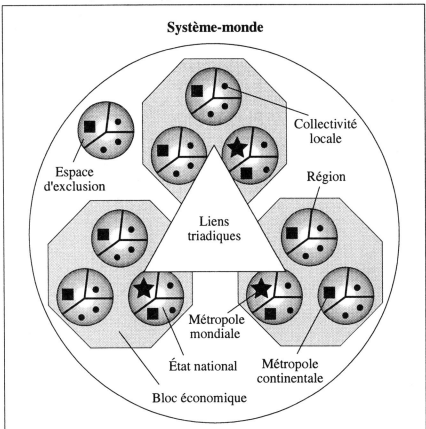

de nouvelles technologies, créant ainsi des milieux technopolitains innovateurs (Silicon Valley aux États-Unis et Sophia-Antipolis en France en sont des exemples). Il y a aussi des collectivités moins urbanisées, ce qui inclut les petites et moyennes villes, qui réussissent à mettre en valeur le savoir-faire local et qui s'insèrent aussi dans l'économie mondiale, telles l'Émilie-Romagne en Italie ou la Beauce au Québec. Enfin, il y a les zones en déclin, déclassées par les changements technologiques et par les restructurations sociospatiales et politico-territoriales provoquées par la mondialisation, qui, tant bien que mal, cherchent à se reconvertir, comme les anciens quartiers industriels de la ville de Montréal et la région du Saguenay–Lac-Saint-Jean, ou se mobilisent pour conserver la viabilité de leur habitat, comme bon nombre de collectivités rurales au Québec. C'est à cette échelle que se reconstruisent les liens sociaux fragmentés par la crise de l'État-nation et que se forgent des identités où la proximité géographique prime sur les distances sociales. C'est aussi à cette échelle que prennent forme le développement local et l'exercice de l'économie sociale.

Le citoyen du XXIe siècle sera un citoyen du monde, nous dit-on. Sa responsabilité est donc accrue. Il devra s'attacher à reconstruire les liens sociaux qui se sont relâchés sous la pression de la mondialisation en combinant le local et le mondial, l'individuel et le social, le privé et le public. La responsabilité lui reviendra de réenchâsser l'économie dans la société, ce qui signifie délimiter les espaces efficaces pour protéger le citoyen, mais dans une perspective collective et mondiale d'équité. C'est dans cette perspective que la contribution de la géographie s'avère cruciale. Concevoir des stratégies de développement aptes à combiner les intérêts des citoyens et du système-monde en construction, trouver des espaces sociaux pouvant regrouper des forces capables de faire contrepoids aux forces du marché, délimiter les territoires de l'action collective, voilà qui constitue un vaste programme. «Penser globalement et agir localement», dit le slogan célèbre : c'est plus vrai que jamais !

Figure 5
Échelles et acteurs dans le système-monde

L'échelle mondiale : où se constituent les nouvelles institutions qui régulent l'action des États, aussi bien les institutions classiques, tels l'ONU, la Banque mondiale, le FMI et l'Organisation mondiale du commerce, héritière de l'ancien GATT, que des organismes nouveaux tels le Groupe de Davos, les institutions de notation des États et même certains des groupes de pression qui agissent en porte-parole de certains mouvements sociaux, tels le mouvement écologiste, le mouvement des peuples aborigènes ou le mouvement des femmes.

L'échelle continentale ou semi-continentale : où opèrent les espaces formés par des traités d'intégration économique (ALENA, Union européenne, ASEAN en Asie du Sud-Est, MERCOSUR en Amérique latine, etc.) créés par les différents pays pour affronter de façon plus favorable la compétition accrue provoquée par la mondialisation des échanges et où agissent des blocs économiques qui luttent pour l'hégémonie mondiale.

L'échelle nationale : structurée par l'action des États qui conservent des responsabilités et des pouvoirs importants sur les plans économique et politique et, bien sûr, militaire, mais qui agissent de plus en plus sous l'encadrement des institutions supranationales ou qui réagissent de plus en plus à des pressions de nature internationale.

L'échelle régionale : où émergent de nouvelles formes de pouvoir, tantôt en relation avec la diversité nationale, tantôt comme expression de la désolidarisation de certaines régions riches par rapport à l'ensemble de la collectivité nationale, tantôt comme résultat de la mobilisation sociale de communautés qui se révoltent contre les inégalités sociales.

L'échelle locale : celle des agglomérations urbaines et des espaces ruraux où se structurent des liens privilégiés entre les citoyens et leur milieu, soit comme résultat de l'émergence de nouveaux espaces productifs qui s'insèrent dans l'espace mondial, soit en réaction au déclin dans certaines zones déclassées par la mondialisation, qui, tantôt avec succès, tantôt en vain, cherchent à se reconvertir, ou se mobilisent pour conserver la viabilité de leur habitat.

BIBLIOGRAPHIE

AGNEW, J. (1991). « Les lieux contre la sociologie politique », dans LÉVY, J. (dir.). *Géographies du politique*, Paris, Presses de la fondation nationale des sciences politiques, p. 145-160.

BADIE, B. (1993). « Réveil identitaire et crise de l'État-nation », *Universalia*, p. 112-116.

BADIE, B. (1994). « Mondialisation : les termes du débat », *L'État du monde*, Dossier Mondialisation : État des lieux, Paris, La Découverte.

BAILLY, A. (éd.) [1992]. *Encyclopédie de géographie*, Paris, Economica.

BARRAT, J. (1992). *Diversité des Tiers-Mondes*, Paris, Litec.

BEAUD, M. (1987). *Le système national/mondial hiérarchisé*, Paris, La Découverte.

BEAUD, M. (1997). « Soumission croissante des sociétés à l'économie humaine : fatalité économique ou responsabilité humaine », dans KLEIN, J.-L., TREMBLAY, P.-A. et H. DIONNE (dir.). *Au-delà du néolibéralisme : quel rôle pour les mouvements sociaux*, Sainte-Foy, Presses de l'Université du Québec, p. 49-62.

BEAUJEU-GARNIER, J., BONNAMOUR, J., CLAVAL, P., DEMANJEAOT, J. PHA, K.S. et M.-A. VEGANZONES (dir.) [1994]. *Le continent nord-américain à l'heure de l'Alena*, Paris, Sedes, coll. Images économiques du monde.

BENKO, G. et A. LIPIETZ (dir.) [1992]. *Les régions qui gagnent. Districts et réseaux : les nouveaux paradigmes de la géographie économique*, Paris, Presses universitaires de France.

BERRY, B., CONKLING, E. et M. RAY (1997). *The Global Economy in Transition*, 2e éd., Upper Saddle River, NJ.

BLANADET, R. (1992). *L'Asie du Sud-Est, nouvelle puissance économique*, Nancy, Presses universitaires de Nancy.

BONNAMOUR, J. (1994). « La frontière entre Mexique et États-Unis », dans BEAUJEU-GARNIER, J., BONNAMOUR, J., CLAVAL, P., DEMANJEAOT, J. Pha, K.S. et M.-A. VEGANZONES (dir.). *Le continent nord-américain à l'heure de l'Alena*, Paris, Sedes, coll. Images économiques du monde, p. 125-177.

BRÉMOND, J. *et al.* (1987). *L'économie du Japon ; une menace ou un modèle ?* Paris, Hatier.

BRUNET, R. et O. DOLLFUS (dir.) [1990]. *Mondes nouveaux*, Paris et Montpellier, Hachette et GIP Reclus, coll. Géographie Universelle, 551 p.

CARRÈRE D'ENCAUSSE, H. (1990). *La gloire des nations*, Paris, Fayard.

CASSEN, B. (1997). « Pour sauver la société », *Le monde diplomatique*, juin.

CHALMIN, Ph. (1996). *Les marchés mondiaux*, Paris, Economica.

CHARRIER, J.-B. (1994). *Transports et structuration de l'espace dans l'Union européenne*, Paris, Masson.

CHESNAIS, F. (1994). *La mondialisation du capital*, Paris, Syros.

DI MEO, G. (1991). *Les pays du Tiers Monde : géographie sociale et économique*, Paris, Sirey.

DURAND, M.-F., LÉVY, J. et D. RETAILLÉ (1992). *Le monde : espaces et systèmes*, Paris, Dalloz et Presses de la Fondation nationale des sciences politiques.

FURTADO, C. (1976). *Théorie du développement économique*, Paris, Presses universitaires de France.

GROUPE DE LISBONNE (1995). *Limites à la compétitivité. Pour un nouveau contrat mondial*, Paris, La Découverte.

JOHNSTON, R.J. (1982). *Geography and the State. An Essay in Political Geography*, New York, St. Martin's Press.

KEYNES, J.M. (1969). *Théorie générale de l'emploi, de l'intérêt et de la monnaie*, Paris, Payot (première version publiée en 1936).

KLEIN, J.-L., TREMBLAY, P.-A. et H. DIONNE (dir.) [1997]. *Au-delà du néolibéralisme : quel rôle pour les mouvements sociaux*, Sainte-Foy, Presses de l'Université du Québec.

KLEIN, J.-L. et B. LÉVESQUE (dir.) [1995]. *Contre l'exclusion : repenser l'économie*, Sainte-Foy, Presses de l'Université du Québec.

LACOSTE, Y. (1981). *Géographie du sous-développement*, Paris, Presses universitaires de France.

LACOSTE, Y. (1985). *La géographie, ça sert d'abord à faire la guerre*, Paris, La Découverte.

LACOSTE, Y. (1993). *Dictionnaire de géopolitique*, Paris, Flammarion.

LÉVY, J. (dir.) [1991]. *Géographies du politique*, Paris, Presses de la Fondation nationale des sciences politiques.

OHMAE, K. (1990). *The Borderless World*, London, Collins.

RAFFESTIN, C. (1979). *Pour une géographie du pouvoir*, Paris, Litec.

RAMONET, I. (1997). *Géopolitique du chaos*, Paris, Galilée.

RATZEL, F. (1987). *La géographie politique. Les concepts fondamentaux*, Paris, Fayard (première édition en 1897).

Rostow, W.W. (1963). *Les étapes de la croissance économique*, Paris, Éditions du Seuil.

Roussel, F. (1996). « L'insaisissable communauté internationale », *Le monde diplomatique*, juillet.

Rousselet, M. (1995). « Tiers-Monde, l'éclatement d'une idée », *Sciences humaines*, n° 50, mai.

Rupnick, J. (1995). *Le déchirement des nations*, Paris, Seuil.

Tarrow, S. (1996). *Fishnets, Internets and Catnets: Globalization and Transactional Collective Action*, Madrid, Centro de Estudios en Ciencias Sociales. Estudio/Working Paper 1996/78.

Taylor, P.J. (1989). *Political Geography: World Economy, Nation-State and Locality*, Londres, Longmans.

Veltz, P. (1992). « Hiérarchies et réseaux dans l'organisation de la production et du territoire », dans Benko, G. et A. Lipietz (dir.). *Les régions qui gagnent. Districts et réseaux: les nouveaux paradigmes de la géographie économique*, Paris, Presses universitaires de France, p. 293-314.

Wolch, J. et M. Dear (dir.) [1989]. *The Power of Geography. How Territory Shapes Social Life*, Winchester, Mass., Unwin Hyman.

CHAPITRE

**Mireille Bouchard
et Étienne Govare**

UNE VISION GLOBALE
DE NOTRE ENVIRONNEMENT:
LE GÉOSYSTÈME PLANÉTAIRE

La géographie est la science qui étudie les relations entre les espaces géographiques, les systèmes naturels, la société et leur **interdépendance** dans un espace donné. Les systèmes naturels influencent les activités humaines. En effet, l'humanité a besoin d'eau, d'énergie, de nourriture et de matériaux pour vivre : les systèmes naturels affectent donc les modes de vie. La géographie physique est l'analyse spatiale des éléments et processus physiques qui constituent l'environnement (eau, climat, relief, sols, plantes), mais elle considère aussi l'impact des activités anthropiques, soit les relations Homme–Nature. La complexité des problèmes environnementaux actuels exige une vision holistique et synthétique des systèmes naturels et des relations Terre–société (ex.: réchauffement global de la planète, catastrophes naturelles ou anthropiques telles que glissements de terrain, désertification, inondations, destruction des forêts, atteinte à la couche d'ozone).

4.1. GÉOGRAPHIE PHYSIQUE ET CONSCIENCE ENVIRONNEMENTALE

Une compréhension des processus qui interagissent dans les systèmes terrestres montre que la survie de l'Homme sur la Terre dépend en partie de lui-même. Après tout, nous ne sommes qu'un produit fortuit de l'évolution des primates, un accident de 3 à 4 millions d'années sur les 4,5 milliards d'années d'existence de la Terre. La planète Terre peut très bien se passer de nous !

Pourquoi l'éruption volcanique du mont Pinatubo en 1991 a eu tant d'effets sur le climat mondial ? D'où viennent et comment fonctionnent les cyclones dévastateurs tels que Hugo ? Quels liens ont-ils avec les températures de surface de l'océan et les alizés ? Pourquoi y a-t-il des tremblements de terre souvent dans les mêmes régions ? Les inondations du Saguenay à l'été 1996 étaient-elles inéluctables ?

La géographie physique est une matière passionnante qui nous permet de comprendre des événements de la vie courante et de l'actualité. En plus de répondre au pourquoi de ces événements, elle les situe sur le globe, apportant ainsi une dimension nouvelle, à savoir que leur localisation n'est pas aléatoire et rarement l'effet du hasard.

La géographie physique est un outil important de conscientisation sociale : elle fait ressortir la fragilité des systèmes qui agissent sur la planète Terre et l'interrelation des systèmes Terre–Air–Eau–Vie (ex. : l'utilisation abusive des arbres, puis des forêts, entraîne la désertification). Elle rend compte de la distribution dans l'espace des phénomènes physiques, initiant l'élève à son environnement, puis, à des milieux de vie différents du sien de l'équateur aux pôles et, enfin, à l'influence du milieu naturel sur l'utilisation du sol. Bref, la géographie physique, par son approche intégratrice, est une clé essentielle pour comprendre le système Terre.

C'est une discipline très concrète, basée sur l'observation de terrain pour en dégager des hypothèses de fonctionnement puis, après vérifications, si possible, des lois. En ce sens, elle s'appuie d'abord sur une démarche scientifique (figure 1). Il importe d'initier les élèves aux rudiments de cette démarche. Sensibiliser les élèves à leur environnement est aussi l'un des objectifs d'un cours de géographie physique.

Lorsqu'elles sont possibles, les sorties sur le terrain bien préparées par le professeur et les élèves, encadrées par suffisamment de personnes et se terminant en classe par des mises en commun dirigées,

FIGURE 1
La méthode scientifique : de la perception aux lois et théories

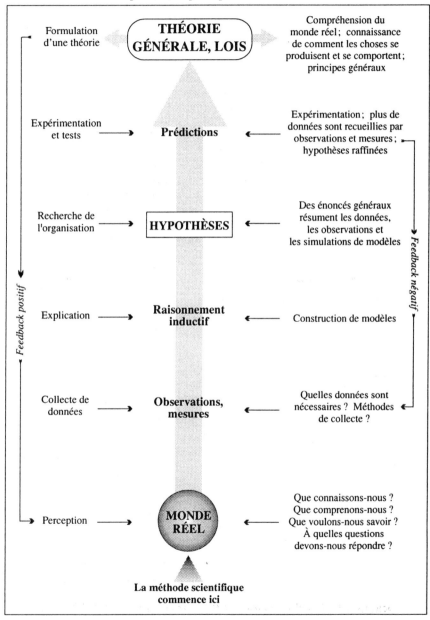

Adapté de Christopherson, 1997.

sont des moyens pédagogiques très efficaces. Nul besoin d'envisager des sorties complexes, on peut très bien commencer dans la cour de l'école! Il suffit de munir les élèves d'un carnet, d'une loupe et d'un crayon à mine; les talents d'observation des élèves feront le reste. De retour en classe, tout dépend de l'habileté du professeur à relier les observations aux concepts qu'il veut présenter. L'idée principale est de faire comprendre aux élèves que pour apprendre, il faut d'abord observer, puis analyser. Trop souvent, on s'obstine à penser qu'il suffit d'apprendre pour savoir.

La géographie physique peut aussi se raccrocher au réel en faisant appel aux études de cas, documentées de photographies et de cartes. Lorsque les sujets semblent plus abstraits, comme la création de l'univers et la tectonique des plaques, des animations sur CD-ROM et des vidéocassettes permettent de faire un bond en arrière de plusieurs millions d'années, et ainsi de mieux comprendre les processus et leur évolution.

La Terre est un géosystème complexe, composé de quatre grands systèmes en interrelations constantes (figure 2) :

1. L'**atmosphère**, la fine couche gazeuse qui entoure la planète. La climatologie est la science qui étudie le climat, c'est-à-dire la succession des conditions moyennes de l'atmosphère (températures et pluies) au cours de l'année (ex.: climat équatorial, climat tempéré).

2. L'**hydrosphère**, les eaux continentales et marines dans leur état liquide ou solide, dont l'étude fine relève de l'hydrologie, mais qui se rattache à la fois à la climatologie et à la géomorphologie (en tant qu'agent d'érosion).

3. La **lithosphère**, la croûte terrestre et une partie du manteau supérieur, objet d'étude de la géomorphologie. Elle est modelée de reliefs variés, habitats des plantes, des animaux et de l'Homme.

4. La **biosphère**, la couverture végétale et la vie animale qui lui est associée. L'étude de leur distribution et de leur évolution à la surface de la Terre est l'objet de la biogéographie.

On pourrait ajouter une cinquième sphère, qui englobe les quatre précédentes, soit la magnétosphère*. On ne connaît encore que peu de chose sur ses influences, mais elles semblent importantes (vent solaire capturé et aurores boréales, climats, glaciations, phénomènes internes, orientation des organismes migrateurs).

Dans ce portrait, la géographie physique semble bien compartimentée. C'est vrai que, comme tous les domaines du savoir, elle passe depuis 30 ans par une nécessaire spécialisation. Mais elle y perd un peu son âme ! En redécouvrant aujourd'hui la nécessité de comprendre les **interactions**, on redécouvre également l'essence de la géographie physique.

FIGURE 2
Les quatre grands systèmes de la géosphère

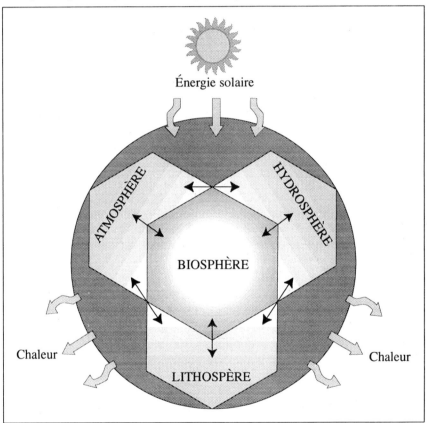

1. Atmosphère : le système énergie-atmosphère ;
2. Hydrosphère : le système eau-climat ;
3. Lithosphère : l'interface terre-atmosphère ;
4. Biosphère : sols, écosystèmes et biomes.   *Adapté de Christopherson, 1997.*

Les manuels proposés au secondaire sont encore très loin de cette approche. Par exemple, il y a de très fortes interactions entre le climat, le relief et la végétation. Ce n'est qu'en les étudiant sous cet angle que l'on peut comprendre le fonctionnement et l'organisation du milieu naturel actuel à l'interface Terre. Ainsi, la végétation est en partie liée au climat, elle influence l'érosion et, par conséquent, le relief (géomorphologie). Mais le relief agit aussi sur le climat, par l'altitude, l'exposition des versants, etc.

Cette approche est l'essence même de la géographie physique; c'est ce qui fait son originalité et sa force. L'essor fulgurant des outils d'analyse à références spatiales que sont les systèmes d'information géographique (SIG) est là pour en témoigner; ils sont en voie de devenir une nouvelle science en émergence. Souhaitons que comprendre et analyser les relations interagissant sur le géosystème nous permettra de mieux gérer notre environnement. C'est le but ultime d'une formation en géographie physique.

Une façon intelligible de rendre compte des interactions entre les quatre grands systèmes que sont l'atmosphère, l'hydrosphère, la biosphère et la lithosphère est d'aborder leur étude en tant qu'immenses **systèmes** ouverts. Ces systèmes, imbriqués les uns dans les autres, ont chacun leurs composantes et une source d'énergie qui leur est propre. Les processus agissent à des échelles variables dans le temps et dans l'espace, modifiant et diversifiant la surface de la Terre. Par exemple, la structure interne de la Terre qui régit la répartition des terres et des mers relève de l'échelle globale dont l'ordre de temps se chiffre en millions d'années. La distribution de la végétation s'exprime à l'échelle du globe par rapport aux grandes zones climatiques, alors qu'à l'échelle d'un paysage, la relation s'établit avec les sols, la pente et l'exposition des versants. Cette approche, d'abord descriptive, doit être orientée vers une compréhension des processus et de leurs interactions à l'interface Terre, créant des paysages ou milieux de vie différents.

L'activité humaine se manifeste partout sur la planète, les processus anthropiques interagissant avec les processus naturels. Avec la croissance démographique (1 milliard d'humains en 1850, 6 milliards en 1997, 10 milliards en 2050?), cet impact va en s'intensifiant. La géographie physique est une discipline de choix pour comprendre cette interaction. Pourquoi ne pas charger le jeune citoyen de la Terre qu'est l'élève de cette responsabilité? Une compréhension des processus naturels qui modèlent l'habitat humain, objet de la géographie physique, l'aide à remplir cette mission essentielle: l'humanité peut interagir avec le milieu naturel de façon constructive, en respectant les processus naturels, pour peu qu'on en prenne les moyens (ex.: proscrire le développement résidentiel et industriel dans une zone inondable ou propice aux glissements de terrain).

4.2. STRUCTURES ET SYSTÈMES INTERNES DE LA PLANÈTE

La géomorphologie est l'étude des systèmes de la lithosphère, soit les reliefs terrestres et les processus qui les créent, un élément physique qui exerce un contrôle certain sur l'occupation du territoire et sur l'utilisation du sol. L'échelle d'étude va du global au local, et c'est la **structure de la planète** Terre qui est d'abord introduite.

Le programme de géographie de la première année du secondaire comporte une part d'astronomie avec l'étude de l'Univers, de notre galaxie et de notre système solaire. On se doit d'introduire ce sujet, parfois complexe et abstrait. Créé à partir d'un supposé big-bang, il y a 15 milliards d'années, à l'origine de la formation des particules élémentaires, l'Univers va en se complexifiant. Tout repose sur la combinaison et la recombinaison des deux gaz les plus abondants de l'Univers que sont l'hélium et l'hydrogène. Formulé par le mathématicien Lemaître, cette reconstitution est la suite des travaux d'observations de Hubble (le Copernic du XXe siècle !), sur la classification des galaxies et la constatation de leur éloignement les unes des autres.

Comme le Soleil et les planètes de notre système solaire, la Terre est issue de la condensation d'une nébuleuse de poussière, de gaz et de comètes de glace, qui s'est produite il y a seulement 4,6 milliards d'années. Sa forme se rapproche d'une sphère un peu aplatie aux pôles. Sa densité moyenne est de 5,517 g/cm^3 ; or, les roches superficielles sont d'une densité moyenne de 2,65 g/cm^3. Le globe n'est donc pas homogène : il est constitué de matériaux de différents types. Il s'agit d'abord de donner un aperçu de la structure interne de la Terre, de l'énergie qui s'en dégage et de celle qu'elle reçoit du Soleil. Cela permet de comprendre la dynamique des continents, des océans, bref, de tout le géosystème. Lors de la création de notre planète, l'énergie provenant de collisions et de la compression des débris a été emmagasinée à l'intérieur de la Terre, de même que celle libérée par la désintégration des isotopes instables et autres éléments radioactifs : c'est l'énergie thermique interne. Au cours de la solidification de la Terre et sous l'influence de sa rotation, les matériaux ont été triés selon leur densité. Les substances les plus lourdes, comme le fer, se sont retrouvées vers le centre du globe alors que les éléments plus légers, comme la silice ou les gaz, ont migré vers les parties superficielles et se sont concentrés dans la croûte, dans l'atmosphère ou ont été éjectés dans l'espace. En conséquence, la Terre est constituée de couches concentriques successives qui ont des compositions chimiques et des températures différentes.

4.2.1. LE SYSTÈME DES PLAQUES TECTONIQUES

Notre planète est en perpétuel changement. La croûte terrestre n'est que la partie superficielle ; elle comprend une croûte océanique, composée de roches basiques, et une croûte continentale, surtout composée de roches acides (les granitoïdes). Le manteau, situé sous la croûte terrestre, est divisé en un manteau supérieur et un manteau inférieur. La partie superficielle du manteau supérieur, sur 60 à 100 km d'épaisseur, est constituée de roches rigides. L'ensemble de la croûte et de cette partie superficielle du manteau supérieur forme la lithosphère divisée en une dizaine de plaques principales. Le reste du manteau supérieur correspond à l'asthénosphère, qui est, contrairement à la lithosphère, visqueuse et capable de fluer ; cela permet le déplacement des plaques lithosphériques, qui « flottent » sur elle (figure 3). C'est le cycle de la tectonique des plaques qui explique les changements dans la configuration des continents et des océans au cours des temps géologiques, de même que la répartition des grands types de relief terrestre.

FIGURE 3
**Les mouvements de convection dans le manteau
et leurs influences sur les plaques tectoniques**

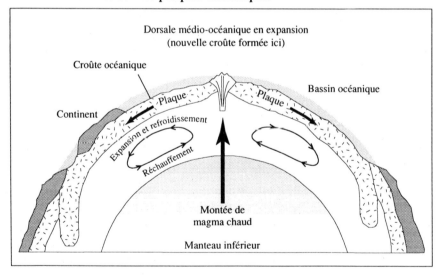

Ainsi, il y a 300 millions d'années, l'Amérique du Nord était proche de l'équateur, dans une ambiance tropicale humide (figure 4). Ce cycle explique aussi l'origine des chaînes de montagnes, la topographie générale de la Terre, la localisation des volcans et des tremblements

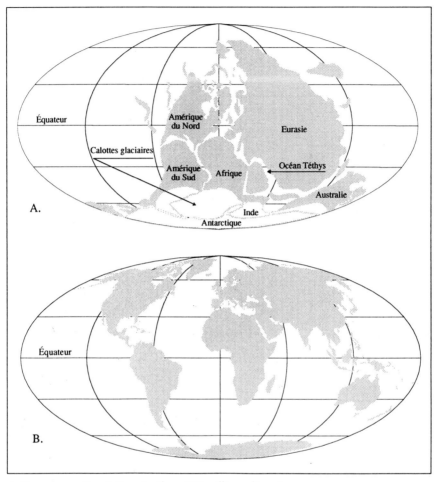

FIGURE 4
La dérive des continents

A. Le supercontinent, Pangée, il y a 300 millions d'années
B. L'organisation actuelle des continents

de terre, l'impact possible sur la circulation générale de l'atmosphère et des courants océaniques sur toute la planète, le niveau des océans par rapport aux continents. Ces forces endogènes sont également à l'origine des plissements et des failles. L'échelle des temps géologiques (figure 5) résume les événements qui se sont produits sur la planète Terre, des origines à nos jours, et permet de situer les grands déplacements de la lithosphère dans une séquence historique. Cette échelle, qui est aussi combinée à l'évolution de la vie, fait ressortir la très

FIGURE 5
L'échelle des temps géologiques

Les unités de temps de l'échelle des temps géologiques				Nombre estimatif d'années	Développement des plantes et animaux
Éon	**Ère**	**Période**	**Époque**		
Phanérozoïque	Cénozoïque	Quaternaire	Holocène	10 000	Développement des humains
			Pléistocène	1 600 000	
		Tertiaire	Pliocène	5 300 000	« Âge des mammifères »
			Miocène	23 700 000	
			Oligocène	36 600 000	
			Éocène	57 800 000	
			Paléocène	66 400 000	Extinction des dinosaures et de plusieurs autres espèces
	Mésozoïque	Crétacée	« Âge des reptiles »	144 000 000	Premières plantes à fleurs
		Jurassique		208 000 000	Premiers oiseaux
		Triassique		245 000 000	Les dinosaures dominent
	Paléozoïque	Permien	« Âge des amphibiens »	286 000 000	Extinction des trilobites et de plusieurs autres animaux marins
		Carbonifère — Pennsylvanien		320 000 000	Premiers reptiles
		Carbonifère — Mississippien		360 000 000	Marécages à charbon / Amphibiens abondants
		Dévonien	« Âge des poissons »	408 000 000	Premiers fossiles d'insectes / Les poissons dominent
		Silurien		438 000 000	Premières plantes terrestres
		Ordovicien	« Âge des invertébrés »	505 000 000	Premiers poissons / Les trilobites dominent
		Cambrien		570 000 000	Premiers organismes avec coquilles
Protérozoïque	Précambrien				Premiers organismes multicellulaires
Archéen		Couvre environ 87 % de l'échelle des temps géologiques		2 500 000 000	Premiers organismes unicellulaires
Hadéen				3 800 000 000	Âge des plus vieilles roches
				4 600 000 000	Origine de la terre

longue durée du Précambrien (dont on connaît peu de choses), l'importance des extinctions massives (au Paléozoïque, disparition soudaine de plus de 70 % des espèces sur les continents, dans l'air et dans les océans), souvent à la charnière de périodes géologiques (impacts météoritiques ou dégazages violents et soudains à l'aplomb de points chauds* ?), et l'apparition très très récente de l'Homme.

On distingue trois types de frontières de plaques (figure 6) :

1. Il y a **écartement des plaques** à partir des dorsales médio-océaniques, donc une expansion des fonds océaniques, avec apparition de matière nouvelle provenant du manteau (laves basaltiques).

2. Trois cas se présentent à la **convergence des plaques**. La confrontation d'une plaque océanique et d'une plaque continentale fait croître une chaîne de montagnes liminaires sur le continent (ex. : la cordillère des Andes). La plaque océanique se réchauffant lorsqu'elle plonge sous la plaque continentale, la roche fondue issue de la plaque en subduction* remonte à travers la plaque de l'Amérique du Sud et alimente des volcans ou des intrusions*. Le volcanisme est également associé à la rencontre de deux plaques océaniques, puisque l'une plonge sous l'autre. Ici, il y a construction d'arcs insulaires*, tel l'archipel des Philippines. Cela cause aussi des tensions et provoque des séismes, dont les foyers s'alignent sur le plan de la plaque plongeante. La « ceinture de feu » borde le Pacifique et marque les frontières de ce type. On parle plutôt de collision lorsque deux plaques continentales se rencontrent : une plaque glisse difficilement sous l'autre et il y a épaississement considérable de la croûte (ex. : les chaînes de collision Himalaya–Tibet), ce qui engendre des séismes.

3. Les **failles transformantes** sont liées à un coulissement latéral : deux plaques glissent l'une contre l'autre, ce qui provoque des séismes (ex. : la faille de San Andreas).

On accorde de plus en plus d'importance aux **points chauds**, des sites fixes d'ascension d'un magma profond provenant de la base du manteau, juste à proximité du noyau. Ce magma très mafique* monte vers la croûte, sur laquelle migrent les plaques, créant des séries de volcans alignés (ex. : l'archipel volcanique d'Hawaï). Ces points chauds, lorsque groupés ou à proximité l'un de l'autre, seraient à l'origine de la fragmentation des super-continents (ex. : le grand rift est-africain).

FIGURE 6
Les trois types de frontières de plaques

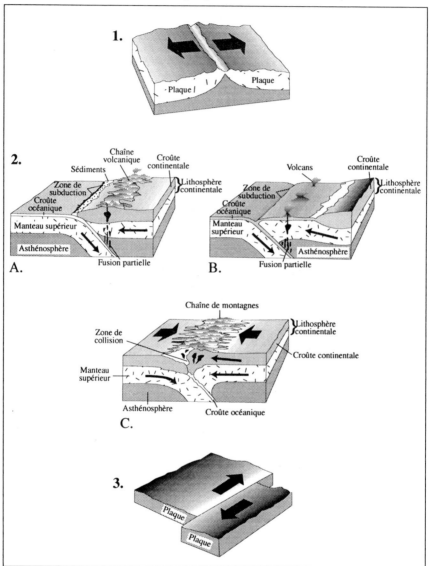

1. Frontière en expansion ou écartement des plaques
2. Convergence des plaques ou collision, soit :
   A. plaque océanique – plaque continentale
   B. plaque océanique – plaque océanique
   C. plaque continentale – plaque continentale
3. Coulissement latéral ou failles transformantes

Les mécanismes de la tectonique des plaques rendent compte de la répartition des grandes masses continentales et des déformations qui les affectent. Ils permettent de présenter un schéma cohérent de l'évolution de la surface de la Terre, des océans et des continents sur de longues périodes, comme la formation et la fragmentation de la Pangée*. On peut considérer la tectonique des plaques comme un cycle, dit de Tuzo Wilson (un Canadien!). Ce cycle présente les étapes d'une plaque tectonique, depuis la fragmentation d'un super-continent en passant par les stades d'océan étroit et large, puis, la manière dont ces fragments se réunissent au cours de gigantesques collisions continentales. Pour l'Atlantique, le début de son ouverture remonte à environ 200 millions d'années et la vitesse d'écartement actuelle entre l'Amérique du Nord et l'Europe n'est que de quelques centimètres par année! L'évolution de la Terre serait une succession de périodes de formation d'un super-continent, puis de sa fragmentation et de nouvelles collisions de plaques.

Diverses manifestations tectoniques (déformation de la croûte terrestre sous l'action de forces endogènes) sont liées à la tectonique des plaques: montée de magma, tremblements de terre, mais aussi plissements et failles. Les plis se produisent dans les zones de compression, là où des plaques lithosphériques convergent (ex.: l'Himalaya), et les failles, dans les zones de distension ou d'écartement des plaques (ex.: le grand rift est-africain). Les mouvements de glissement associés et ceux liés aux failles transformantes engendrent des tremblements de terre dont on mesure la magnitude (logarithme de l'amplitude en fonction de la distance à l'épicentre) avec l'échelle de Richter (tableau 1). Ces manifestations sont fréquentes et certaines zones sont bien documentées et propices à des études de cas en classe, comme la faille de San Andreas, le tremblement de terre de Chicoutimi en 1988 ou ceux, fréquents, en Charlevoix.

4.2.2. LE CYCLE DES ROCHES

Le cycle des roches explique comment les matériaux de la Terre se forment et sont constamment recyclés au cours des temps géologiques. De plus, les types de roches sont en lien avec l'économie et les richesses naturelles d'un pays, une des préoccupations de la géographie de 3e et 5e secondaire. Il s'agit d'abord de montrer que les roches sont un assemblage de **minéraux**. Les minéraux d'origine ignée, à l'origine de presque tous les autres, se répartissent en deux classes principales: les minéraux felsiques* (quartz, feldspaths potassiques, feldspaths calcosodiques) et les minéraux mafiques (micas, amphiboles, pyroxènes,

Tableau 1
La gravité des tremblements de terre

Magnitude selon l'échelle de Richter	Effets du tremblement de terre
moins de 3,5	secousses enregistrées, mais généralement non ressenties
3,5 à 5,4	secousses souvent ressenties, mais dégâts peu importants
5,5 à 6,0	dégâts légers aux immeubles
6,1 à 6,9	possibilité de destruction dans les secteurs habités
7,0 à 7,9	tremblement de terre important ; dégâts graves
8 ou plus	tremblement de terre d'importance ; destruction totale des localités voisines

Quelques tremblements de terre significatifs

Lieu	Morts	Magnitude	Commentaires
1906 San Francisco, U.S.A.	1 500	8,1-8,2	Les incendies ont causés des dommages importants
1923 Tokyo, Japon	143 000	7,9	Les incendies ont entraîné des destructions importantes
1925 Charlevoix, QC		6,7	Dommages considérables le long du Saint-Laurent, près de l'épicentre
1949 Îles de la Reine Charlotte, Canada		8,1	Le plus puissant tremblement de terre de l'histoire du Canada. Dégâts dans les îles de la Reine Charlotte
1960 sud du Chili	5 700	8,5-8,6	Peut-être le plus grand tremblement de terre jamais enregistré
1964 Alaska	131	8,3-8,4	
1970 Îles de la Reine Charlotte, Canada		7,4	
1976 Tangshan, Chine	240 000	7,6	
1979 Yukon-Alaska		7,2	Dégâts matériels légers
1985 Ville de Mexico	9 500	8,1	Dommages importants jusqu'à 400 km de l'épicentre
1988 Saguenay, QC		6,0	Dégâts aux édifices
1989 San Francisco, U.S.A.	62	7,1	Dommages de plus de 8 milliards de dollars
1990 Iran, nord-ouest	50 000	7,3	Glissements de terrain, dommages importants
1995 Kobe, Japon	5 472	6,9	Dommages de plus de 100 milliards de dollars

olivines). Cependant, certaines roches ne sont constituées que d'un minéral (quartzites), alors que d'autres sont d'origine biologique (charbon) ou proviennent de précipitation chimique (calcaires, dolomies).

L'utilisation de collections de roches permet de montrer les différences entre les types de roches. Il est indispensable de constituer une collection de roches dans chaque école ou classe, à partir d'échantillons de roches locales ou de la région. De cette manière, en quelques années, l'école possédera une véritable mine d'or pédagogique ! Cette collection réunit des échantillons, aussi modestes soient-ils, apportés par les élèves. C'est une occasion de stimuler leur sens de l'observation. On peut leur faire décrire la couleur, la texture, la dureté, la densité et, surtout, le milieu où ils ont prélevé leur échantillon. L'enseignant devient ainsi un véritable animateur qui profite des matériaux apportés par les élèves pour introduire des notions complexes du cours formel de géographie physique.

L'emplacement d'où provient l'échantillon est pointé sur des cartes topographiques et géologiques de la région et du Québec tout entier. Les processus de formation des trois grandes classes de **roches**, ignées, sédimentaires, métamorphiques, sont expliqués dans le contexte du cycle des roches : comment un type de roche passe à un autre (figure 7). L'étude des roches ignées fait la distinction entre roches extrusives (magma exposé à l'air libre, donc dans des conditions de température et de pression de surface) et intrusives (magma confiné à l'intérieur de la Terre, donc dans des conditions de très hautes températures et de très fortes pressions). Solidifiées sous la surface, ces dernières se consolident dans une variété de formes (ex. : les Montérégiennes sont d'anciennes montées magmatiques datant d'environ 124 millions d'années ; ce sont des batholites ; elles ont été dégagées par l'érosion plusieurs millions d'années après leur mise en place). Sous l'effet des processus exogènes, les roches sont ameublies, puis cette matière meuble est transportée par l'eau, le vent et la glace, et elle est ensuite sédimentée. Ces sédiments accumulés dans des bassins se compactent avec le temps et, par diagenèse, deviennent des roches : les roches **sédimentaires** détritiques (ex. : le grès).

Certaines roches sédimentaires ont été formées par une précipitation chimique (ex. : le calcaire qui résulte de la précipitation chimique des carbonates dissous dans l'eau). Les roches carbonées sont constituées de carbone organique (ex. : le charbon, constitué de débris végétaux ou de pétrole, est un hydrocarbure dérivant d'accumulations planctoniques). En effet, à divers endroits de la Terre et au cours de différentes périodes géologiques, les conditions étaient favorables à l'accumulation de grandes quantités de résidus végétaux, souvent dans

<small>FIGURE 7</small>
Le cycle des roches

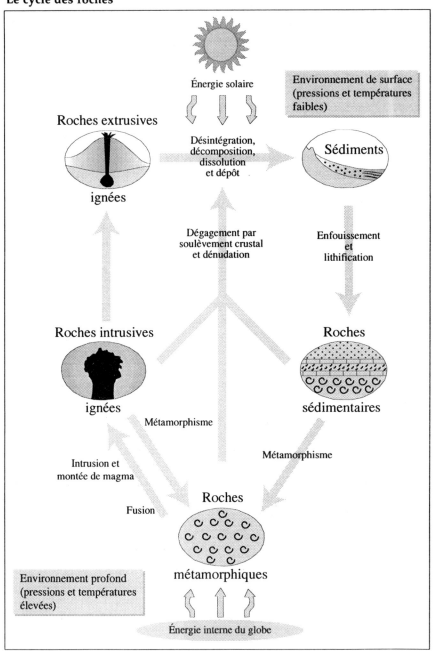

Adapté de Strahler et Strahler, 1996.

des marécages sous climat tropical. C'était le cas au Carbonifère, il y a 360 à 286 millions d'années. Suivirent la subsidence* du bassin, l'accumulation de sédiments détritiques par-dessus et la formation de charbon, par compaction et lithification*. Ces combustibles fossiles, principales sources d'énergie pour notre civilisation, ont mis plusieurs millions d'années à se former ; ce sont donc des ressources non renouvelables. Lorsque ces ressources seront épuisées, il n'y en aura pas d'autres. En effet, la quantité produite par les processus géologiques, même en mille ans, est minime comparativement à la quantité qui a été stockée au cours des temps géologiques. Le Canada et les États-Unis possèdent les plus grandes réserves de charbon au monde. On estime que si les taux d'extraction demeurent similaires aux taux actuels, les réserves seront épuisées dans 500 ans.

Les roches sédimentaires sont une importante source d'information sur l'histoire de la Terre, car à chacune d'elles correspond un environnement sédimentaire. L'étude des caractères lithologiques et biologiques des roches permet de reconstituer les conditions de la sédimentation et les paléo-environnements (ex. : les grès de Potsdam, les calcaires de Trenton dans les basses-terres du Saint-Laurent et leur environnement en cours de dépôt). Comme elles résultent d'une accumulation de matériaux, les roches sédimentaires se disposent en strates superposées, la plus basse étant la plus ancienne. L'étude des fossiles qu'elles contiennent permet d'établir des corrélations stratigraphiques. En outre, l'étude des lacunes sédimentaires* et des discordances* apporte aussi des informations précieuses sur les événements passés.

Les roches **métamorphiques** viennent de la transformation d'une roche, sédimentaire ou ignée, à l'état solide du fait d'une élévation de température et de pression, avec cristallisation de nouveaux minéraux et acquisition de textures et de structures particulières. Il y a le métamorphisme général, alors que les roches sont transformées à une grande profondeur dans la croûte, et les métamorphismes de contact, à proximité d'une masse intrusive (le pourtour des actuelles collines montérégiennes en contient de beaux exemples). La température et la pression augmentent avec la profondeur et la proximité des intrusions, ce qui provoque l'orientation des minéraux, d'où l'aspect feuilleté de certaines roches (schistosité*, foliation*). Ce sont les roches typiques de vieux boucliers, comme le Bouclier canadien. Le métamorphisme de contact peut être illustré par la carte géologique du mont Mégantic.

4.2.3. LES GRANDS TYPES DE RELIEFS

À l'échelle du globe, on retrouve trois grands types de reliefs : des **chaînes de montagnes** ou chaînes alpines (actives), mais surtout des zones stables, anciennes et inactives. Les chaînons montagneux actifs sont d'étroites bandes surtout localisées le long des marges continentales. Ces ceintures montagneuses ont été formées au Cénozoïque par volcanisme ou activité tectonique, ou par les deux. L'étude d'une éruption volcanique et de ses effets (nuée ardente, laves, cendres, lahars*) dans les stratovolcans* et les volcans-boucliers* est ici envisagée. Il faut insister sur l'importance des gaz. On comprendra pourquoi certains volcans ont des manifestations plus meurtrières et imprévisibles que d'autres (ex. : le mont St. Helens, 1980) ou pourraient en avoir (les volcans des Cascades).

Tous les continents ont des « noyaux » très anciens, depuis longtemps inactifs, à partir desquels ils ont crû (accrétion de fragments de croûte ou de sédiments). Ces noyaux sont des cratons, d'âge précambrien, et ils ont donc été érodés sur des épaisseurs de roches de plusieurs milliers de mètres depuis leur exposition aux agents d'érosion, donnant une topographie de basses collines et de plateaux. Les roches métamorphiques (gneiss) et ignées (ex. : le batholite de Morin dans les Laurentides) y sont omniprésentes. Les cratons peuvent avoir connu des transgressions marines à la suite d'une subsidence et ils sont recouverts de roches sédimentaires plus ou moins épaisses. Un soulèvement ultérieur amène l'érosion partielle ou complète de cette couverture sédimentaire. Souvent, le craton est exposé : on parle alors de **bouclier** (ex. : le Bouclier canadien). On retrouve également des restes de chaînes de montagnes, en fait, les racines d'anciennes chaînes alpines, aujourd'hui réduites à une altitude modeste. Ainsi, il y a 400 millions d'années, deux énormes plaques lithosphériques sont entrées en collision, formant des chaînes alpines : ce sont les Calédonides, une ceinture montagneuse qui s'étendait de la Nouvelle-Angleterre à la Scandinavie, en passant par les provinces maritimes, l'Écosse et la Norvège. Il y avait là des chaînons montagneux de roches sédimentaires plissées, roches qui ont subi un métamorphisme régional. Des milliers de mètres de roches ont été érodées de ces vieilles montagnes, et seules les structures inférieures demeurent. Actuellement, il n'en subsiste que des collines et des montagnes peu élevées.

Un deuxième système de ce type, plus jeune, s'est formé il y a 250 millions d'années : les Appalaches, dont on ne retrouve également, aujourd'hui, que les racines. On relève aussi, à l'intérieur des continents, des structures continentales de distension comme les **bassins sédimentaires** : des fossés d'effondrement comme le rift est-africain, localisé au-dessus de points chauds et qui disloque le continent africain, mais aussi des bassins comme le Bassin parisien qui a pris naissance grâce à deux fossés d'effondrement où se sont déposés des sédiments, provoquant, à la longue, la subsidence.

4.3. L'ÉVOLUTION DES FORMES DE RELIEF : LA GÉODYNAMIQUE EXTERNE

Nous changeons maintenant d'échelle en examinant des unités de relief d'échelle inférieure. L'élaboration du relief s'effectue à l'interface de la lithosphère, de l'atmosphère, de l'hydrosphère et de la biosphère. La roche en place, le climat, l'eau sous ses différentes formes, la végétation et la vie animale, les activités humaines sont donc responsables à divers degrés de son élaboration.

L'activité tectonique, qui a sa source d'énergie en profondeur, agit lentement et soulève (orogenèse*, surtout le long des limites de plaques) ou crée de nouveaux reliefs (activité ignée) : ce sont des reliefs originels. Ces derniers sont transformés par les processus exogènes qui ont leur source d'énergie en surface (énergie solaire) et sont en rapport

> *Les reliefs terrestres résultent de l'effet combiné de processus endogènes* et de processus exogènes*.*

avec l'action du vent, des glaciers, des eaux courantes et marines et l'activité anthropique. Il s'agit des processus d'érosion et de transport (météorisation, ruissellement, mouvements de masse), et les matériaux meubles sont pris en charge par les agents de transport que sont l'eau (rivières et océans), la glace (les glaciers) et le vent. Ils opèrent à une échelle spatiale et temporelle inférieure et apparaissent plus concrets. On peut donc animer les cours par des événements de l'actualité (ex. : coulées boueuses, glissements de terrain, érosion littorale, etc.).

4.3.1. LA MÉTÉORISATION

Il est logique d'envisager d'abord les processus d'ameublissement de la roche : la météorisation* physique ou chimique. La gélifraction est le principal processus physique qui brise la roche là où il y a alternance de gel et de dégel. La croissance de cristaux de glace dans les pores et fissures de la roche entraîne sa fragmentation sous formes de blocs ou de grains. Il y a formation de cônes de gélifracts quand la fourniture est abondante, surtout en région montagneuse. Ces talus sont instables, particulièrement dans les zones à sismicité active. La météorisation chimique s'effectue par altération* des minéraux dans la roche, ce qui la rend meuble (une altérite). Dans les climats tropicaux humides, les réactions d'altération sont exacerbées et l'altérite atteint souvent des profondeurs de plus de 100 mètres. Très évoluée d'un point de vue géochimique, elle est riche en oxydes d'aluminium et recherchée par les alumineries (extraction de bauxite*).

L'érosion des roches cohérentes et leur dénudation réduisent les reliefs. Cependant, certaines roches sont plus résistantes que d'autres à la météorisation et demeurent en relief : c'est l'érosion différentielle. Parmi les exemples étudiés, ce pourrait être : les collines montérégiennes, les Appalaches de Harrisburg, la cuvette de Saint-Sauveur, l'escarpement-cuesta du Niagara, les necks volcaniques au Nouveau-Mexique. Bref, la structure de la roche (sa lithologie et sa tectonique) contrôle le relief.

4.3.2. LA DYNAMIQUE DES VERSANTS (figure 8)

Sur les versants, la roche désagrégée peut se mouvoir vers le bas sous l'action de la gravité. Les **éboulis** sont des chutes de pierres, résultant du détachement de fragments ou de blocs à partir d'une paroi rocheuse. Les matériaux s'accumulent à la base des versants où ils pourront prendre la forme de cônes d'éboulis, au débouché de couloirs canalisant les débris ou, encore, de talus d'éboulis longeant le pied des escarpements. L'**éboulement** consiste en une chute affectant simultanément une masse importante de matériaux ; c'est un phénomène moins fréquent que le précédent. Il en résulte des amoncellements chaotiques de matériaux très grossiers au pied des versants, voire dans l'axe des vallées, où ils peuvent perturber le cours des rivières et créer des lacs de barrage. Ils sont provoqués par mise en surplomb de masses rocheuses par affouillement de roches sous-jacentes et par rupture le long des plans de diaclase*.

Les **glissements** sont une descente massive et relativement rapide de matériaux le long d'un versant. Par leur vitesse et leur ampleur, les glissements sont souvent des phénomènes catastrophiques (ex. : le glissement de Franck, en Alberta, en 1903, qui a enseveli une partie de la ville et causé la mort de 70 personnes). Le glissement s'effectue le long d'une surface, d'un plan de glissement facilitant l'intervention de la gravité. En séries sédimentaires, le plan de glissement peut correspondre à un plan de stratification, si elle est parallèle à la surface topographique : on a alors un **glissement en planche**. La surface de glissement peut aussi correspondre à un plan argileux ou marneux, imperméable et donc saturé d'eau : c'est le cas des **glissements de terrain** dans les

FIGURE 8
Les types de mouvements de matériaux sur les versants

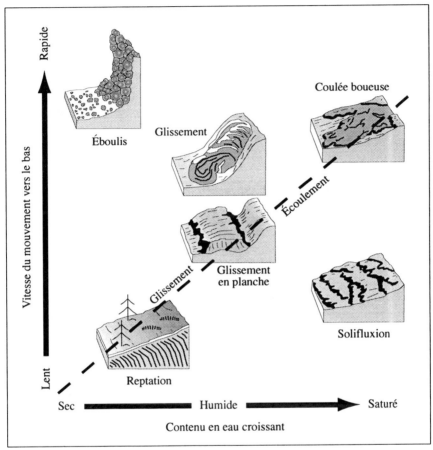

Adapté de De Blij et Muller, 1996.

argiles de la mer de Champlain, dans les basses-terres du Saint-Laurent. Les matériaux, selon leur cohérence, formeront des blocs basculés en sens contraire de la pente (matériaux plastiques) ou un amas chaotique (matériaux liquides). Dans ce dernier cas, on parle parfois de coulée **boueuse**. Au Québec, des coulées boueuses affectent les terrasses d'argiles, le long des cours d'eau, saturées d'eau au printemps. L'argile gorgée d'eau se liquéfie et glisse rapidement dans le cours d'eau (ex. : Saint-Jean-Vianney, en 1971 ; Rigaud, en 1978). Les tremblements de terre en région montagneuse sont des déclencheurs de mouvements de masse (ex. : le glissement de Madison, au Montana, en 1959). Ces mouvements de masse sont parfois aggravés par les activités humaines.

À Palos Verdes, dans la banlieue de Los Angeles, chaque année, c'est une perte d'une bande de terre de 10 mètres de large qui descend dans la mer. La saturation du schiste argileux, qui devient plastique lorsque saturé d'eau, semble favorisée par l'infiltration d'eau des fosses septiques et par l'arrosage abusif des terrains. Les terrains sus-jacents se mettent alors en mouvement, heureusement, lent.

Le **ruissellement** sur les pentes entraîne des particules solides et dissoutes : c'est l'érosion des terres qui se produit lors des précipitations et cela se fait généralement lentement sous végétation naturelle. Cependant, cette érosion peut être accélérée par certaines activités anthropiques, par modification du couvert végétal et de l'état physique du terrain (compaction par des machineries lourdes). L'impact des gouttes de pluie sur les terres à nu brise les agrégats, provoquant la réduction de l'infiltration et l'entraînement des particules vers les cours d'eau, ce qui a pour effet de dégrader les terres.

4.3.3. LES PROCESSUS ET LES FORMES FLUVIATILES

Les fragments produits par les différents processus de la météorisation et qui ont été transportés par les agents élémentaires de transport sur les versants finissent par être pris en charge par les cours d'eau qui les évacueront vers les aires de sédimentation marines ou continentales. Les cours d'eau sont organisés en réseaux drainant un bassin versant et transportent des sédiments de toutes grosseurs, selon la vitesse du courant. Le transport de la charge solide se fait de différentes façons. Ainsi, les particules les plus fines sont en suspension. Nous en avons, pour exemple, le fleuve Jaune, en Chine, qui transporte une forte charge en suspension, d'où sa couleur brun rouille. Une grande partie de son bassin versant est cultivée et une très faible part est boisée, exposant des limons facilement pris en charge par le ruissellement et par le vent.

Plus près de nous, à une moindre échelle, la rivière de l'Achigan présente des caractéristiques similaires. C'est lors des crues que les rivières peuvent transporter de grandes quantités d'alluvions et déplacer des matériaux très grossiers qu'elles ne sauraient mobiliser autrement. Durant ces périodes de crues, les rivières peuvent déborder de leur lit et inonder la plaine où il y a alors sédimentation de limons de débordement. Des crues exceptionnelles peuvent provoquer l'inondation de zones colonisées par la végétation et cultivées, où des villes se sont installées malgré les risques d'inondation. Il est vrai que ces terrains plats, fertiles et à proximité de l'eau sont attrayants. La détermination de l'intervalle de récurrence pour une crue donnée tente de prévoir l'extension et la fréquence des débordements.

Ces remarques soulignent la superposition de deux échelles de temps en géomorphologie : les phénomènes continus, qui relèvent de processus graduels, et les phénomènes rapides, voire catastrophiques, qui ont souvent beaucoup plus d'ampleur et des effets morphologiques très importants. Les études environnementales ignorent, ou du moins sous-estiment, les phénomènes catastrophiques, de loin les plus dommageables pour les installations humaines. Les inondations au Saguenay, à l'été 1996, et celles du Mississippi, en 1993, sont des études de cas à considérer.

Le cours d'eau est également un agent d'érosion (sapement des berges) et de sédimentation (alluvions) ; les rivières à méandres illustrent bien ce phénomène. La rive concave est celle des plus grandes vitesses, d'où prise en charge des matériaux de la rive et érosion. Le courant est plus lent sur la rive convexe, entraînant la sédimentation. Ainsi, graduellement la rivière migre latéralement en sapant sa rive concave et en construisant une barre sur sa rive convexe. Elle dépose des sédiments de fond de chenal et de barres de méandres sur les rives convexes. Lors des crues, la rivière sort de son lit et dépose des sables sur les levées alluviales des rives concaves à la faveur de la perte de vitesse du courant lors de l'étalement des eaux. Elles se raccordent par une faible pente aux bassins d'inondation, où il y a sédimentation de limons et d'argiles dans des eaux plus calmes.

Alors que la plaine alluviale correspond à une forme d'accumulation et au lit de la rivière, la **terrasse** fluviatile correspond à un ancien niveau du lit de la rivière, niveau qui est désormais perché à la suite de l'encaissement du cours d'eau dans son lit. Ces terrasses sont un lieu de prédilection pour l'activité humaine. En effet, elles ne sont que rarement inondées, contrairement au fond de vallée, et la qualité culturale des terres y est meilleure que sur les versants plus élevés, souvent rocheux et en pente trop forte.

Plusieurs modes de formation expliquent leur présence. Des **terrasses alluviales** se forment par érosion sur une rive et, en même temps, par sédimentation sur l'autre, la rivière migrant de part et d'autre de la vallée. Les sédiments de bancs deviennent plus tard la surface de la terrasse d'alluvions. Les **terrasses d'accumulation**, ou emboîtées, se forment en deux temps (figure 9). Il y a d'abord un épisode de comblement du fond de la vallée par des alluvions, qui a lieu lorsque la quantité de sédiments produits dans le bassin-versant est supérieure à ce qui peut être évacué par la rivière (ex. : les dépôts fluvioglaciaires). Par la suite, un abaissement du niveau de base* amène le cours d'eau à s'enfoncer dans ses alluvions. L'ancien fond se trouvera à dominer le nouveau talweg. Ce dernier type de terrasses est fréquent au Québec et date de la dernière déglaciation. L'enfoncement croissant des cours d'eau entraîne l'échelonnement de plusieurs terrasses, d'autant plus anciennes que leur altitude relative mesurée au-dessus du lit actuel est élevée.

FIGURE 9
La formation de terrasses d'accumulation

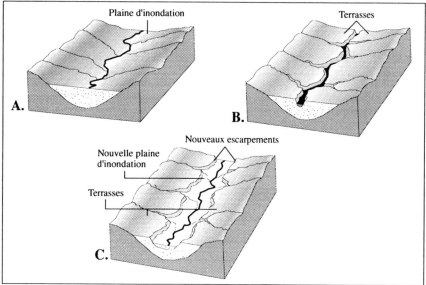

L'abaissement du niveau de base a amené le cours d'eau
à s'encaisser dans ses alluvions.

4.3.4. LES LITTORAUX OU L'ACTION COMBINÉE DU VENT ET DES VAGUES

Les sédiments transportés par les cours d'eau se retrouvent ultimement dans la mer qui couvre d'ailleurs 70 % de la surface de la Terre. Le littoral est soumis à des processus géomorphologiques particuliers et présente une variété de formes. C'est aussi un milieu mobile et fragile. Le niveau marin est affecté de variations à long terme dont la connaissance est indispensable pour comprendre la morphologie et l'évolution des littoraux. En outre, un refroidissement du globe entraîne une expansion des inlandsis* et une baisse de la quantité d'eau dans les océans, alors que là où ils sont couverts de glace, les continents s'affaissent. Les littoraux sont donc sujets à des transgressions et à des régressions marines. Il y a 18 000 ans, à la suite de la croissance des inlandsis sur les continents, le niveau marin était à une centaine de mètres au-dessous du niveau présent. Actuellement, depuis un siècle, le niveau marin se relève peut-être à cause du réchauffement de la planète amorcé depuis le milieu du XIXe siècle. La côte est américaine est particulièrement affectée : c'est une étude de cas intéressante. Ainsi, cette côte comporte des flèches littorales*, au large et parallèles à la côte, qui proviennent de la submersion partielle d'un cordon littoral dunifié lorsque le niveau marin était plus bas.

La morphologie du trait de côte est tributaire, dans un premier temps, de l'énergie des vagues. À l'approche de la côte, la vague change de direction et tend à devenir parallèle aux isobathes*. Souvent, en avant des caps, plus profonds que les baies, le freinage des vagues est moindre. Les caps sont alors sapés et livrent des débris qui sont entraînés par la dérive littorale, un courant qui transporte des sédiments parallèlement à la côte. Dans la baie, l'énergie est moindre et les sables se sédimentent, formant des plages de fond de baie. L'effet global est le comblement des baies, le recul des caps et la régularisation des côtes. Une dérive littorale bien alimentée peut édifier des flèches littorales qui souvent s'adossent à des affleurements rocheux et unissent parfois une île à la côte voisine (tombolo).

Les littoraux sont des milieux favorables à la formation de dunes, des formes d'accumulation d'origine éolienne constituées de sables. Dans plusieurs pays, on a compris l'importance de protéger la dune bordière, élément essentiel à l'équilibre dynamique d'une plage : c'est une réserve de sable. En effet, lors des grandes tempêtes, les vagues atteignent la dune, y prélèvent du matériel et le déplacent vers l'avant-plage où le sable s'accumule sous la forme de barres immergées. Ces barres obligent les vagues à déferler plus tôt, en avant du rivage, d'où amortissement de leur impact sur le haut de la plage qui est ainsi préservé d'une plus forte érosion. Puis le sable remonte sur l'estran*, le vent en prélève et nourrit la dune bordière (voir les îles de la Madeleine). Les deltas sont une accumulation sous l'eau par suite du ralentissement marqué de la vitesse du courant à l'endroit où une rivière ou un fleuve rencontre la mer ou un lac. Il y a dépôt de la charge de la rivière. Lorsque le cours d'eau amène une grande quantité de sédiments, le delta s'avance dans la mer (ex. : le delta du Mississippi où le lobe Atchafalaya ajoute 6,5 km^2 de nouvelle terre par an depuis 1970).

Le dessin général du **trait de côte** est varié. Les côtes à rias, typiques de la côte atlantique de New York au cap Hatteras, sont une succession d'anciennes vallées fluviales envahies par la mer, dont le niveau remonte encore actuellement. Il s'agit de côtes de submersion, créées par la remontée du niveau marin. Les côtes à fjords, telles celles de la côte Nord et du Labrador, sont spectaculaires ; elles doivent leur aspect au surcreusement de la vallée par les glaciers. Cela a donné des bras de mer étroits et profonds qui pénètrent fort loin dans les terres.

4.3.5. LES SYSTÈMES GLACIAIRES

Au cours de la dernière glaciation, d'énormes masses de glace ont recouvert l'Amérique du Nord. Ces glaciers ont joué un rôle très important dans le paysage. Cela a souvent déterminé la capacité culturale des terres, par le type de sédiments qui ont été déposés. Les basses-terres du Saint-Laurent, à l'emplacement de l'ancienne mer de Champlain, sont propices à la culture grâce à leur planéité, à leurs argiles parfois couvertes de sables fins, tout le contraire des Laurentides avec leurs tills* minces et caillouteux. Les sables et graviers, qu'on retrouve dans des paléo-deltas et les eskers*, sont souvent utilisés comme source de remblais pour la construction de routes et comme matières premières dans la composition des bétons.

Quel rôle ont joué les glaciers dans la formation du paysage ?

Les glaciations continentales sont des phénomènes qui se sont produits à plusieurs reprises au cours de l'histoire de la Terre, et qui ne sont pas limités au Pléistocène. Depuis 2 millions d'années, la Terre a connu des alternances de glaciations et d'interglaciaires. Il y aurait eu plus de 30 glaciations au cours du Cénozoïque supérieur, séparées par des intervalles de 90 000 ans. Mais par convention, le Quaternaire débute à 1,64 million d'années. Il est fort probable que l'Holocène, c'est-à-dire la période géologique actuelle, ne soit en fait qu'un nouvel Interglaciaire.

La notion d'héritage intervient de façon évidente lorsqu'on fait l'étude des paysages du domaine des grands inlandsis du Quaternaire, notamment au Québec. Au cours de la dernière glaciation, la glace continentale (ou inlandsis) a recouvert tout le Canada et le nord des États-Unis jusqu'à la latitude de New York ! Long Island et le sud de Cape Cod ne sont que des gigantesques moraines frontales. Cet énorme inlandsis sur l'Amérique du Nord représentait plus de 80 % des glaces de toute la planète ! Alors que les inlandsis ont recouvert le tiers des terres émergées, il n'en reste maintenant que 10 % : l'Antarctique et le Groenland. Le retrait final s'est achevé, au Québec, il y a environ 6 000 ans.

Les glaciers sont une accumulation de glace issue de la transformation de la neige et soumise à un lent écoulement sous l'action de la gravité. Ils croissent sous climat froid et humide, possiblement durant des phases où les étés sont plus courts. Ainsi, une partie de la neige tombée durant un hiver reste jusqu'à l'hiver suivant. Les inlandsis sont des glaciers en forme de calotte recouvrant un continent, ou une grande partie d'un continent. La masse de glace noie complètement le relief. Le glacier de vallée est un glacier encadré par des versants rocheux qui le dominent et lui fournissent une part appréciable de sa charge solide. Toutes les actions glaciaires, érosives et sédimentaires, sont ici concentrées dans une vallée dite « glaciaire » qui canalise l'écoulement de la glace. Ces glaciers de vallées débutent dans des amphithéâtres rocheux qui deviennent des cirques glaciaires*. Ces formes, surtout développées au cours des englaciations, constituent des indicateurs sur la localisation de zones précocement englacées. Au Québec, on en retrouve, entre autres, quelques-uns en Charlevoix, en Gaspésie, sur les monts Kapatahkanahiu, Groulx et Otish, alors que ces zones étaient complètement englacées au pléniglaciaire*.

L'**érosion** de la roche par la glace en mouvement, chargée de sédiments fins, donnera le poli glaciaire et des stries qui sont des lignes entaillant de quelques millimètres la surface de la roche. À une autre échelle, l'érosion d'une vallée par les langues glaciaires leur confère un profil en travers typique, en forme de U. Les vallées suspendues y sont fréquentes : le surcreusement de la vallée principale par l'érosion glaciaire se faisait plus rapidement que celui des vallées affluentes.

Les glaciers transportent et déposent des **sédiments** (figure 10). La moraine de fond résulte du dépôt du till de fond, donnant des plaines légèrement ondulées. La moraine terminale, quant à elle, est construite au terminus du glacier lors d'une halte. Les crêtes arquées, semi-circulaires reflètent la forme lobée de la marge du glacier. Les drumlins sont de petites collines allongées, souvent groupées en champs, l'axe allongé étant parallèle à la direction de l'écoulement glaciaire. S'il y a réchauffement climatique, des formes seront construites à partir des eaux de fonte qui circulent à l'intérieur et à l'extérieur de la glace. Ces eaux transportent des quantités parfois volumineuses de matériaux (sables, graviers, cailloux) qui finissent par se déposer, suivant les différences de compétence des courants d'eau. En outre, les formes de fusion glaciaire sont constituées de matériaux stratifiés, consistant en une alternance régulière de lits, de strates, en réponse aux fluctuations de compétence des eaux de fusion. Les kames sont des buttes isolées, à pentes raides, composées de sables et de graviers stratifiés, créées par sédimentation dans des crevasses de glace. Les terrasses de kames proviennent de l'accumulation continue sur le versant d'une vallée, constituée de sédiments stratifiés transportés par les eaux de fonte s'écoulant entre la glace et le flanc de la vallée. Les eskers sont des crêtes allongées rectilignes ou sinueuses, formées de dépôts fluvioglaciaires (sables et graviers). Ce sont les sables et les graviers déposés sur les lits de cours d'eau dans des tunnels à la base du glacier, dans le glacier ou sur le glacier. La plaine d'épandage est en avant du front du glacier, à la sortie des cours d'eau sous-glaciaires : elle donne une topographie calme surtout composée de sables. La présence d'anciens lacs glaciaires peut être retracée par des dépôts de fond de lac, des sédiments fins (limons, argiles), qui, en général, forment des varves, soit une couche fine foncée et une couche plus grossière pâle, le tout représentant un an de dépôt.

FIGURE 10
Les principaux types de formes et sédiments laissés par les inlandsis

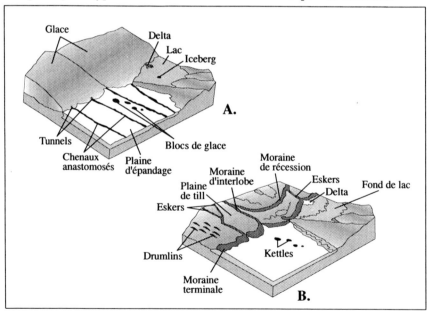

A. Front glacier stabilisé et glace stagnante. B. Après la fonte glaciaire.
Adapté de Strahler et Strahler, 1996.

Au Québec, la fin de la dernière glaciation au Wisconsin supérieur est marquée par l'invasion de la mer alors que le continent était encore affaissé par glacio-isostasie*. La **transgression marine finiglaciaire** a affecté plusieurs régions au Québec : la mer de Champlain dans les basses-terres du Saint-Laurent, le golfe de Laflamme dans les basses-terres du lac Saint-Jean, la mer de Goldthwait dans l'estuaire et le golfe du Saint-Laurent, la mer de Tyrell dans la baie d'Hudson et la mer D'Iberville dans la baie d'Ungava. Cela explique la planéité de ces régions où se sont sédimentés des argiles, des limons marins et des sables littoraux.

4.3.6. L'APPROCHE DE LA GÉOMORPHOLOGIE PAR SYSTÈMES MORPHOCLIMATIQUES

Les facteurs climatiques sont souvent prédominants dans l'élaboration des formes du relief. Le contexte climatique détermine la présence ou l'absence de tel ou tel processus morphogénique, et les modalités de son action. Le climat règle aussi les caractéristiques de la couverture végétale qui, à son tour, influence la formation du relief (ex. : l'érosion des sols et la désertification au Sahel dues au surpâturage, à la surcoupe de bois, etc.). Il est plus approprié à ce stade de travailler à l'échelle du globe, selon les grandes zones morphoclimatiques. Il s'agit de **géographie physique mondiale**.

On ne peut fournir qu'une introduction au futur enseignant quant à cette approche, l'approvisionnant surtout en références bibliographiques en comptant sur sa capacité d'autoformation. Mieux encore, en l'encourageant à suivre un cours du type « Les grandes régions naturelles du globe », qui privilégie l'approche par système morphoclimatique. C'est l'ensemble des divers processus interdépendants qui contribuent à façonner le relief et le modelé sur une aire déterminée, où l'accent est mis sur le rôle du climat, à la fois par ses processus propres et par l'influence qu'il exerce sur la nature des processus d'érosion en général (ex. : les milieux froids des hautes latitudes, les milieux tempérés des moyennes latitudes, les milieux tropicaux, secs ou humides, etc.). Nous sommes ainsi au cœur des relations qui existent entre les différents facteurs du milieu biophysique. Cette approche, qui ne peut être adoptée qu'après avoir acquis les bases essentielles de la climatologie, de la biogéographie et de la géomorphologie, donne une ouverture sur le monde ; elle constitue la base d'une conscience environnementale solide.

Par ailleurs, certaines formes du terrain peuvent représenter des héritages de périodes anciennes où le climat n'était pas le même. Comme la Terre est une planète dynamique, où les changements climatiques sont parfois très rapides à l'échelle des temps géologiques, les élèves ont intérêt à connaître d'autres types de zones morphoclimatiques. Par exemple, presque tous les paysages du Canada sont composés de formes et de dépôts hérités des nombreuses périodes froides du Quaternaire. Ces paysages sont pourtant aussi composés des formes et parfois des dépôts hérités des climats chauds du Tertiaire, alors que sur presque toute la planète régnait un climat tropical humide.

CONCLUSION

Dans ce chapitre, nous avons présenté un aperçu du contenu, mais surtout de l'approche que nous préconisons dans le cadre d'un cours de géographie physique destiné aux futurs maîtres qui formeront les élèves au secondaire, ces citoyens de demain. Ces maîtres sont chargés d'une mission très importante. En effet, il est essentiel pour les élèves de réaliser que notre planète est un vaste géosystème, et que les systèmes Terre–Air–Eau–Vie interagissent, conditionnant et modifiant les habitats de tous les êtres vivants de la Terre, plantes et animaux.

Pourquoi est-ce si essentiel ? La géographie physique, en plus de faciliter la compréhension des composantes et des phénomènes de son **milieu local**, en fournissant des explications à des événements de l'actualité régionale (inondations, tremblements de terre, dégradation des sols, etc.),

> *L'élève prendra conscience qu'il est aussi un citoyen de la Terre par sa compréhension des grands enjeux planétaires, tels que le réchauffement global de la planète ou la désertification.*

présente à l'élève des **milieux de vie différents du sien**, lui permettant de mieux comprendre l'actualité mondiale. En effet, le monde ne se réduit pas qu'à une planisphère sur laquelle figurent frontières et capitales : le monde est une mosaïque de milieux de vie changeants, qui expliquent les catastrophes naturelles, mais aussi certaines disparités économiques qui entraînent souvent des guerres (ex. : la sahélisation et la lutte pour un territoire viable ou plus riche).

L'état actuel de notre planète est fragile ! Certes, l'élève saura qu'au cours de ses 4,5 milliards d'années, la Terre en a vu d'autres. Son histoire est tourmentée et variée : les continents se sont déplacés, les climats ont changé. Mais, pour la première fois, l'humanité influe sur les relations atmosphère–biosphère–hydrosphère–lithosphère. Quels seront les effets pour les prochaines décennies ? La géographie physique, par son approche intégratrice, offre une clé pour comprendre ce géosystème complexe.

La connaissance de la géographie physique entraîne une **responsabilisation sociale** : l'avenir proche de la planète dépend des citoyens de cette planète et une compréhension du géosystème planétaire leur permettra de réaliser qu'ils peuvent influencer le cours des choses. L'humanité **peut** interagir avec le milieu naturel de façon constructive.

BIBLIOGRAPHIE

ADOUTTE, A., ALBARÈDE, F., BRAHIC, A., COPPENS, Y., COURTILLOT, V. *et al.* (1992). *La mémoire de la terre*, Paris, Éditions du Seuil, 273 p.

ALLÈGRE, C. (1992). *Introduction à une histoire naturelle*, Paris, Éditions Fayard, 410 p.

COURTILLOT, V. (1995). *La vie en catastrophes*, Paris, Éditions Fayard, coll. Les chemins de la science, 278 p.

DUPLESSY, J.-C. et P. MOREL (1990). *Gros temps sur la planète*, Paris, Éditions Odile Jacob, 296 p.

ENVIRONNEMENT CANADA (1991). *L'État de l'environnement au Canada*, Ottawa, Ministère de l'Environnement.

ENVIRONNEMENT CANADA (1996). *L'écosystème du Saint-Laurent, L'état du Saint-Laurent*, Ottawa, Ministère de l'Environnement.

FOUCAULT, A. (1993). *Climat, histoire et avenir du milieu terrestre*, Paris, Éditions Fayard, 328 p.

HERRMANN, J. (1995). *Atlas de l'astronomie*, Paris, Librairie Générale, coll. Livre de poche, 288 p.

JAEGER, J.-J. (1996). *Les mondes fossiles*, Paris, Éditions Odile Jacob, 273 p.

LENOIR, Y. (1992). *La vérité sur l'effet de serre*, Paris, Éditions La Découverte, 173 p.

LOVELOCK, J. (1990). *Les âges de Gaïa*, Paris, Éditions Robert Laffont, 292 p.

NIVIKOV, I. et A. SHAROV (1995). *Hubble, l'inventeur du Big Bang*, Paris, Éditions Flammarion, 122 p.

OUVRAGE COLLECTIF (1992). *La planète de la vie*, Encyclopédie Larousse, Paris, Larousse, 331 p.

OUVRAGE COLLECTIF (1994). *Life in the Universe, Scientific American : A Special Issue*, San Francisco, Freeman and Co., 122 p.

PACCALET, Y. (1991). *La terre et la vie, chronique de l'univers des origines au XXIe siècle*, Paris, Larousse, 224 p.

Dictionnaires

Foucault, A. et J.-F. Raoult (1995). *Dictionnaire de géologie*, Paris, Édition Masson, coll. Guides géologiques régionaux, 334 p.

Michel, J.-P. et R. Fairbridge (1992). *Dictionary of Earth Sciences*, Toronto, Wiley & Sons, 299 p.

Manuels

Birkland, P.W. et E.E. Larson (1989). *Putnam's Geology*, New York, Oxford University Press, 646 p.

Christopherson, R.W. (1997). *Geosystems, An Introduction to Physical Geography*, Upper Saddle River, N.J., Prentice-Hall, 656 p.

Debelmas, J. et G. Mascle (1993). *Les grandes structures géologiques*, Paris, Masson, 299 p.

De Blij, H.J. et P.O. Muller (1996). *Physical Geography of the Global Environment*, Toronto, John Viley & Sons, 599 p.

Dercourt, J. et J. Paquet (1995). *Géologie, objets et méthodes*, Paris, Dunod, 404 p.

Landry, B. et M. Mercier (1992). *Notions de géologie*, Montréal, Modulo, 565 p.

Marsh, W.M. (1987). *Earthscape. A Physical Geography*, Toronto, John Wiley & Sons, 510 p.

Strahler, A.N. et A.H. Strahler (1992). *Modern Physical Geography*, Toronto, John Wiley & Sons, 638 p.

Strahler, A.H. et A.N. Strahler (1994). *Introducing Physical Geography*, Toronto, John Wiley & Sons, 537 p.

Strahler, A.H. et A.N. Strahler (1996). *Physical Geography, Science and Systems of the Human Environment*, Toronto, John Wiley & Sons, 636 p.

Tarbuck, E.J. et F.K. Lutgens (1997). *Earthscience*, Toronto, Prentice-Hall, 638 p.

Cartes

Diverses cartes peuvent être consultées, commandées ou téléchargées à la Commission géologique à Ottawa : http://www.emr.ca/gsc/gschp.html

BERGER, A.R., BOUCHARD, A., BROOKES, I.A., GRANT, D.R., HAY, S.G. et R.K. STEVENS (1992). *Géologie, topographie et végétation,* Parc national du Gros-Morne, Commission géologique, Rapports divers 54, 1/150 000.

FULTON, R.J. (1995). *Matériaux superficiels du Canada,* Commission géologique, carte 1880A, 1/5 000 000. Version CD (1997).

WESSEL, G.R. (1986). *The Geology of Plate Margins,* The Geological Society of America, Map and Chart, Series MC-59.

WHEELER, J.O., HOFFMAN, P.F., CARD, K.D., DAVIDSON, A., SANFORD, B.V., OKULITCH, A.V. et W.R. ROEST (1996). *Carte géologique du Canada,* Commission géologique du Canada, carte D1860A, échelle 1/5 000 000. Version CD (1997).

GUIDES D'IDENTIFICATION

BOB'S ROCK SHOP. Tucson, Arizona. http://www.rtd.com/~bkeller/ rockshop/rockshop.html

GIRAULT, J. et R. LEDOUX (1991). *Guide pratique d'identification des minéraux.* Québec, Ministère de l'Énergie et des Ressources, 114 p.

HÉBERT, Y. et R. HÉBERT (1994). *Guide pratique d'identification des roches : notions élémentaires de pétrologie,* Québec, Ministère des Ressources naturelles, 133 p.

Information for collectors et Rocks and Minerals for collectors. Voir la Commission géologique du Canada.

Rockhounds Information Page. http://www.rahul.net/infodyn/ rockhounds/rockhounds.html

ATLAS

BATTERSON, M. et D. LIVERMAN (1995). *Landscapes of Newfoundland and Labrador, A Collection of Aerial Photographs,* Geological Survey, 133 p.

SCOVEL, J.L. (1996). *Atlas of Landform,* New York, John Wiley, 164 p.

CHARTE DE SYNTHÈSE DE L'HISTOIRE DE LA TERRE

PAN TERRA INC. (1994). *A Correlated History of Earth* (P.O. Box 392, Afton, Mn, 55001, (1-800) 216-8130).

LOGICIELS et CD-ROMS

GEOSTRUCTURES, HyperMap-1, voir excellent répertoire de SciTech International, Inc., 2525 N. Elston Avenue, Chicago, IL 60647-2003 USA. http://www.scitechint.com/scitech/

EUROMEDIA INC. *Shapeschifter Series and Project Water*, 2800 Woodlawn Avenue, Honolulu, Hawaï 96822. enviro@aloha.com

GEODYNAMICS MULTIMEDIA DATABASE, EME Corporation, 41 Kenosia Avenue, P.O. Box 2805, Danbury CT 06813. U.S.A.

LMSOFT (1994). *Geoscope*, 1280, Bernard Ouest, Montréal, H2V 1V9. (514) 948-1000.

RAPID IMAGING SOFTWARE INC. *LandForm 95*, Télécopieur (505) 265-7054. http://www.landform.com

SMALL BLUE PLANET (1995). *The Real Picture World Atlas ; The Satellite Atlas*, (415) 394-5015, 500 Sansome Street. San Francisco. CA 94111

SPACE TELESCOPE SCIENCE INSTITUTE. ExInEd (Exploring in Education), 3700 San Martin Drive, Baltimore MD 21218. http://www.stsci.edu/exined-html

TASA GRAPHIC ARTS INC. (1995). *The Theory of Plate Tectonics, Explore the Planets*, (11930 Menaul Blvd. N.E., Albuquerque, NM 87112-2461. (505) 293-2727). http://www.swcp.com/~tasa

CHAPITRE

Aurel Ceciu

LE CLIMAT DE LA TERRE : LA PERCEPTION HUMAINE D'UN FAIT NATUREL

À l'époque de l'explosion de l'information et des moyens de communication, nous sommes témoins de plus en plus souvent et en direct de catastrophes naturelles : cyclones, tornades, sécheresses, inondations. Est-ce le climat de la Terre qui change ? Est-ce la perception des gens, de plus en plus branchés sur des événements de toutes sortes, qui est en profonde mutation et déforme une réalité plus ancienne que la civilisation ? Est-ce tout simplement la réaction de la nature, de plus en plus agressée par certaines interventions humaines et certains modes de gestion des ressources ? Bref, sommes-nous juste les spectateurs d'un impressionnant déséquilibre des conditions climatiques terrestres qui poursuivent la ronde des cycles naturels, ou bien les acteurs d'un drame qui se dénoue sous la pression des stratégies que nous avons mises en œuvre pour harnacher l'environnement ? Ce sont quelques questions qui préoccupent, aujourd'hui, en plus des spécialistes, les décideurs de nombreux pays et des populations entières.

5.1. LA DÉCENNIE DE LA TERRE

Dans le domaine des sciences naturelles et des sciences de l'environnement, les années 1980 ont été marquées par l'émergence de plusieurs sujets ayant connu un développement spectaculaire et produit un grand impact sur les populations. Ainsi, des formules telles que « le trou de la couche d'ozone », « les pluies acides », « le réchauffement de la Terre », « l'effet de serre » ont vite gagné une notoriété difficile à atteindre par la plupart des domaines de la recherche scientifique. Elles ont rapidement attiré l'attention des médias qui, ensuite, par la pression du flux d'information, ont considérablement accéléré la mise en marche d'importants mécanismes de recherche scientifique. Ces formules, devenues presque magiques, ont fait l'objet en un temps record de nombreuses publications scientifiques, de réunions à caractère scientifique, d'importantes actions de vulgarisation destinées au grand public, d'innombrables documentaires scientifiques, et, surtout, elles ont fait la manchette des journaux.

Une catastrophe qui nous vient d'ailleurs.

Qu'est-ce qu'il y a de plus percutant, de plus spectaculaire et de plus convaincant à la fois que cette image de forêts de feuillus ou de conifères complètement brûlées par une pluie parfois aussi acide qu'un jus de citron ? Pour accentuer l'image de la tragédie, on présente souvent d'autres conséquences du phénomène sur des écosystèmes terrestres : des lacs de montagne complètement dépourvus de vie, ou bien peuplés de tristes vestiges d'espèces de poissons, difformes, la colonne vertébrale tordue selon un algorithme cauchemardesque qui engendre des formes incroyables ; on dirait des personnages sortis directement du monde d'Orwell !

La contribution des médias dans la diffusion des effets néfastes de l'acidification des précipitations* a surtout consisté à sensibiliser les populations touchées parfois directement par la disparition des belles forêts verdoyantes, autrement dit, par la dégradation de la qualité de l'environnement et, dans certains cas, par la baisse ou même la disparition de certaines activités traditionnelles importantes pour l'économie locale, comme la pêche ou le tourisme.

Une meilleure circulation de l'information a permis aux populations locales de mieux prendre conscience d'une réalité d'ailleurs inquiétante, d'identifier les causes – soit certains types de polluants atmosphériques tels que les oxydes d'azote NO_x et de soufre SO_x –, de s'organiser pour mieux défendre leurs intérêts et, en même temps, d'appuyer les groupes environnementaux de pression. Cette dynamique a eu pour effet d'imposer des technologies moins polluantes, de revoir certaines politiques de production et de consommation énergétique, de mettre en œuvre des solutions techniques capables de contrôler à la source les facteurs en cause.

Il est impossible de ne pas constater le glissement progressif qui s'est produit entre diverses échelles spatiales d'intervention afin de résoudre le problème. Au départ, les intervenants se sont limités à rehausser la taille des cheminées des fonderies et des centrales thermoélectriques pour protéger les populations locales contre les effets néfastes des rejets polluants dans l'atmosphère. Cette stratégie simpliste d'intervention sur le plan local, conçue pour « lutter contre la pollution », s'est traduite à moyen terme par le déplacement des problèmes en aval. Ainsi, les effets se font ressentir à des distances de plusieurs centaines, voire à des milliers des kilomètres, là où les vents dominants emportent les particules solides et les gaz empoisonnés par l'utilisation des combustibles fossiles. Des milliers d'hectares de forêt de l'Europe centrale et de la Scandinavie doivent leur déclin, sinon leur dépérissement, à des industries situées loin de leurs propres frontières.

En Amérique du Nord, le problème n'est pas moindre. Au Québec, par exemple, le dépérissement des érablières ainsi que les phénomènes d'eutrophisation* et d'acidification des lacs ont atteint leur apogée au milieu des années 1980. Un fait important à noter, c'est que près de 80 % des rejets toxiques responsables provenaient des industries du Middle-West des États-Unis et de l'Ontario. La prise de conscience et l'action des scientifiques et des populations affectées par ce phénomène transfrontalier ont contribué à orienter les décisions des intervenants aux différents paliers d'intervention des gouvernements national, fédéral et provincial en faveur de stratégies à moyen terme. Ainsi, la concertation entre les multiples intervenants aux États-Unis et au Canada a permis d'assurer un degré convenable de contrôle des émissions de gaz à l'origine des pluies et des neiges acides.

Au début des années 1990, les analyses démontraient une importante amélioration de la situation dans le cas des érablières. Cependant, des dizaines de lacs naturels, jadis abondamment peuplés par diverses espèces de poissons, sont toujours déserts. Il est possible que les conséquences, souvent irréversibles, des précipitations acides sur l'équilibre des écosystèmes naturels déjà affectés ne soient neutralisées qu'après de longues années. La plupart des stratégies d'intervention mises en œuvre pour diminuer les effets (le chaulage des sols et des lacs, par exemple) se sont révélées souvent peu efficaces et onéreuses. Cet exemple de déséquilibre attribuable aux activités humaines laisse croire déjà que la meilleure solution reste la prévention.

_____
Et si le ciel
nous tombait
sur la terre?
_____

L'épisode de l'ozone est lui aussi une page remarquable des sujets scientifiques qui ont fait la manchette depuis la fin des années 1980. Presque du jour au lendemain, bon nombre de chercheurs, de scientifiques et surtout le grand public sont devenus préoccupés de l'imminente disparition de l'ozone. La cause? Entre autres, ont été pointés du doigt les bombes aérosol, les systèmes de climatisation et les réfrigérateurs pour l'agent de refroidissement utilisé. Ainsi, des mots comme « CFC », « oxygène triatomique » et « ozone » ont subitement gagné en popularité et sont devenus la cible de nombreuses manifestations du savoir scientifique. Encore une fois, le scénario catastrophe a été véhiculé par les nombreux médias qui ont expliqué pour le grand public, de façon plus ou moins claire, le phénomène, tout en mettant l'accent sur les conséquences. La première et la plus grave des conséquences serait l'augmentation en flèche des cas de mélanomes et de cancer de la peau. La prise de conscience est rapide et des solutions de rechange sont trouvées. Bientôt, le marché est envahi par de nouveaux produits de remplacement, soit les HCFC, qui affecteraient moins ou pas du tout la couche d'ozone.

Mais revenons un peu sur le sujet de l'ozone. Parmi nous, plusieurs étaient heureux de pouvoir voyager pour faire de la randonnée en montagne à la recherche d'air pur, frais, chargé d'ozone. Oui, l'ozone par sa présence garantissait la meilleure qualité de l'air qu'on pouvait respirer. Entre autres, l'ozone était déjà réputé pour ses qualités bactéricides. Certains lui attribuaient aussi une odeur particulière, la même signature olfactive, ou presque en tout cas, que l'ail. Difficile à vérifier pour madame ou monsieur Tout-le-monde, mais surtout convaincant du moment que certaines croyances populaires attribuaient à l'ail des pouvoirs magiques, comme celui de chasser la maladie ou les mauvais esprits.

La chimie nous apprend que l'ozone n'est ni plus ni moins qu'un gaz, un gaz rare, dont la molécule est constituée de trois atomes d'oxygène. La molécule d'oxygène ordinaire ne compte que deux atomes. Dans la composition de l'atmosphère, l'ozone joue un rôle très important. On relève d'abord la présence de ce gaz rare dans la composition de l'atmosphère qui se situe à l'extérieur de l'espace troposphérique*, entre 15 000 et 55 000 mètres d'altitude, soit, au-delà du double de l'altitude de la plus haute chaîne de montagne terrestre, l'Himalaya. C'est peu encourageant pour ceux et celles qui chercheraient à respirer de l'ozone lors de leur randonnée pédestre, que ce soit dans les Appalaches ou dans les Alpes suisses !

Une chose est certaine : toute cette masse d'ozone stratosphérique qui s'étend sur presque 40 kilomètres autour de la Terre est le résultat de l'action des rayons cosmiques. Ces rayons nourrissent en énergie la formation des molécules d'oxygène composées de trois atomes et constituent une gigantesque éponge qui absorbe les rayons ultraviolets nuisibles, ayant des longueurs d'onde inférieures à 0,28 µm. On se croirait ainsi bien protégés par un énorme coussin rempli de gaz, l'ozone, contre les rayons UV qui, sinon, nous brûleraient la peau en peu de temps. En réalité, tous ces 40 000 mètres d'épaisseur de couche de gaz raréfié et chargé d'ozone, une fois ramenés à la pression atmosphérique ordinaire, celle de l'air qu'on respire, formeraient une pellicule d'ozone de 3 millimètres à peine.

C'est pour la fragilité de la couche d'ozone et pour son importance dans le maintien de conditions acceptables de vie sur Terre que les scientifiques, en concertation avec les technologues et les décideurs de nombreux pays, ont mis en place des stratégies globales d'intervention afin de limiter et de contrôler la production des agents chimiques qui pourraient mettre en danger la couche d'ozone qui protège notre planète.

C'est un exemple de réussite, dans des limites acceptables, de la coopération entre la science et la technique, qui passe certainement par la volonté politique et par la concertation entre de nombreux pays à travers le monde, sans aucun rapport avec le degré de développement économique. Certains acteurs de poids dans le domaine de la production et de l'utilisation des CFC se sont toutefois abstenus de parapher la Déclaration de Montréal de 1987 visant à résoudre ce problème. C'est une preuve que, malgré son implication directe dans un déséquilibre majeur de l'environnement atmosphérique qui entraîne des graves conséquences sur la qualité des conditions de vie terrestre, l'humain est capable de se mobiliser pour corriger ses propres erreurs.

5.2. LE CLIMAT TERRESTRE, UN MÉCANISME DYNAMIQUE MAIS FRAGILE

L'intérêt des scientifiques pour le climat terrestre, dans une perspective de possibles changements dus aux activités humaines, a connu en 1970 un tournant décisif. Il s'agit de la publication de l'étude *Study of Critical Environmental Problems*, suivie, une année plus tard, de *Study of Man's Impact on Climate (SMIC).* À cette occasion, les scientifiques ont procédé à une évaluation approfondie de l'état actuel des connaissances sur les possibles interférences entre diverses activités humaines et le climat, à l'échelle régionale et mondiale. Il s'agissait plutôt d'évaluations qualitatives des éventuelles interactions et des possibles changements climatiques, car ni les modèles d'aujourd'hui, ni les moyens informatiques actuels n'étaient à la portée des chercheurs.

Des nombreuses études d'évaluation individuelle nationales et internationales se sont succédé jusqu'en 1979 où, à l'occasion de la Conférence climatique mondiale organisée à Genève, fut créé le Programme climatique mondial (PCM). Six ans plus tard, en 1985, lors du congrès de cet organisme tenu à Villach en Autriche, le premier signal d'alarme se fit entendre. Les scientifiques furent unanimes à affirmer que si la dynamique des effets anthropiques sur le milieu atmosphérique ne changeait pas radicalement en faveur d'une diminution prononcée des émissions de gaz à effets de serre (GES), l'humanité courrait inévitablement vers une catastrophe climatique. « L' accroissement de la concentration des GES au cours de la première partie du siècle prochain pourrait entraîner une hausse de la température moyenne mondiale d'une importance encore jamais enregistrée dans l'histoire de l'humanité. » L'une des principales conclusions qui s'est dégagée à cette occasion a mis en lumière la fragilité du mécanisme climatique terrestre.

5.3. UN REGARD SUR LE PHÉNOMÈNE D'EFFET DE SERRE ET SES MÉCANISMES

L'air qu'on respire est un mélange de gaz qui, selon le cas, appartiennent à deux catégories. Il y a ceux qu'on appelle les gaz permanents (GP), qui se trouvent en grande quantité (oxygène 21 % et azote 78 %), et il y a les gaz variables (GV), beaucoup moins présents au regard du volume, à peine 1 % de l'atmosphère, mais indispensables au maintien des conditions de vie terrestre auxquelles l'humain est adapté.

Dans la catégorie des gaz variables, on retrouve la vapeur d'eau (H_2O), le dioxyde de carbone (CO_2), le méthane (CH_4), l'ozone troposphérique et l'ozone stratosphérique (O_3), d'autres gaz tels que l'argon, des oxydes de soufre (SO_x) et d'azote (NO_x), et des particules solides en suspension dans l'atmosphère.

Bien que présents en très faibles proportions dans la composition de l'atmosphère, le gaz carbonique (à peine 0,033 %), la vapeur d'eau, le méthane, l'ozone troposphérique (en majeure partie un composé issu de la pollution industrielle et automobile) et les composés chlorofluorocarbonés (les CFC) se caractérisent par leur propriété d'absorber certains rayons du spectre solaire, les rayons infrarouges (IR), à grande longueur d'ondes, qui réchauffent la surface de la planète.

Le Soleil, par son rayonnement, « éclaire » la Terre par des rayons à plus courte longueur d'ondes et la « réchauffe » par les rayons IR. La quantité de cette émission énergétique et la qualité des rayons émis (plutôt pour éclairer ou uniquement des infrarouges pour réchauffer) sont directement proportionnelles à la température de la source d'émission. Dans cette logique, la physique nous apprend que tout corps dont la température est supérieure à la température de l'univers, zéro absolu 0 K (−273 °C), constitue une source d'énergie. Donc, tout corps qui remplit cette condition émet un rayonnement. Même un pot de crème glacée mis en orbite dans l'Univers émettra des rayons infrarouges comme s'il était un minuscule soleil, toutes proportions gardées.

Tout cela pour dire que la Terre émet, elle-même, des rayons IR thermiques. Des rayons qui, la nuit, seraient perdus dans l'Univers s'il n'y avait pas de barrière autour de la planète pour les en empêcher. Cette gigantesque barrière est constituée des principaux gaz variables cités qui absorbent jusqu'à 90 % de la radiation infrarouge terrestre, comme c'est le cas du gaz carbonique. La température actuelle moyenne de l'atmosphère terrestre est de l'ordre de 14,9 °C. On estime que la température moyenne serait de quelque −18 °C s'il n'y avait pas de gaz capables d'absorber les rayons IR émis par le Soleil et par la Terre, s'il n'y avait donc cet « effet de serre » assuré par la présence des gaz concernés. Il est difficile d'imaginer un environnement terrestre habitable dans les conditions où le jour, il ferait 80 °C et la nuit, −100 °C ! Mais le contraire semble, du moins en théorie, très possible. Cela signifie qu'une accumulation excessive de ces gaz (GES) pourrait favoriser un réchauffement de l'atmosphère terrestre, à un point tel que les écosystèmes terrestres actuels risqueraient de subir un important déséquilibre, peut-être irréversible à court et à moyen terme.

5.4. LE CLIMAT DU FUTUR

Qui n'a pas été tenté, au moins une fois dans sa vie, de connaître ce que l'avenir nous réserve ? Savoir quel temps il fera demain est une préoccupation dont les origines se

Est-ce une répétition des climats du passé ?

perdent dans la nuit des temps. La réussite de la chasse dépendait en grande partie du choix du moment : la pluie ou le soleil, le vent ou son absence pouvait faire en sorte que l'animal sentît ou non la présence du chasseur. Le choix du lieu d'affrontement, tout comme celui d'une stratégie militaire adaptée aux conditions atmosphériques, ont assuré la victoire de nombreux chevaliers depuis le Moyen Âge jusqu'aux temps modernes.

Le développement de la société et des activités humaines de plus en plus diversifiées impose fréquemment de savoir à l'avance quel temps il fera demain, ou dans deux, trois ou quatre jours. Un transport aérien moderne tout comme un transport routier efficace, la navigation, ou l'organisation d'un spectacle en plein air, par exemple, seraient difficilement imaginables en l'absence de la prévision météorologique.

La fiabilité des prévisions météorologiques a évolué avec les méthodes et les instruments utilisés. On fait appel au calcul numérique, à des ordinateurs d'une rapidité et d'une puissance accrues, à des techniques et à des moyens complexes d'investigation de l'atmosphère (le radar et les satellites), à des instruments qui ne figuraient même pas dans la littérature de science fiction la plus imaginative d'il y a à peine 30 ans. Tout cela permet aujourd'hui aux spécialistes d'élaborer des prévisions météorologiques de plus en plus performantes. Nous assistons à une amélioration sans précédent de la performance des prévisions météorologiques sur le plan qualitatif (ciel clair ou ciel couvert, refroidissement ou réchauffement, le type de précipitation, etc.) et aussi, de plus en plus, sur le plan quantitatif (les degrés de refroidissement ou de réchauffement, les centimètres de pluie ou de neige, la vitesse du vent). On s'est rendu à environ 85 % de probabilité pour la prévision du jour et à environ 20 % pour l'aperçu météorologique des quatre à cinq jours suivants. Voilà, le degré de performance que permettent d'atteindre nos moyens actuels. Cette performance est rendue possible grâce à la mise au point de modèles déterministes numériques complexes, élaborés par les spécialistes, ainsi qu'à un vaste réseau de stations d'observation météorologique et de satellites spécialisés.

S'il est possible de prévoir le temps pour les trois ou quatre jours à venir, pourquoi pas pour un mois, une saison ou une année ?

Comment pourrait-on imaginer une agriculture moderne de type intensif dans des régions du monde où les précipitations n'atteignent que le tiers ou la moitié de la quantité nécessaire ? De quelles infrastructures devrions-nous pourvoir nos rues et nos routes pour qu'elles restent utilisables pendant et, surtout, après une pluie prolongée ou un orage d'été où les pluies auraient été très abondantes ? Comment pourrait-on construire des édifices de plusieurs dizaines d'étages sans que des rafales de vent ne les transforment en une gracieuse silhouette ondulée, ou pis encore, en un amas de débris ? La connaissance du climat d'une ville, d'une région ou d'un pays s'impose comme l'une des conditions indispensables au développement de la société moderne.

C'est là que l'utilisation de certains algorithmes et la mise au point de vastes bases de données informatisées interviennent. Il s'agit d'élaborer et d'utiliser des modèles stochastiques ou tout simplement de suivre de longues séries de données relatives à l'état physique de l'atmosphère. L'inventaire de 30 ans de mesures quotidiennes permet de calculer des valeurs normales de température (moyenne, maximum, minimum), de précipitation et d'ensoleillement, par exemple. Si, en météorologie, on parle de valeurs instantanées, horaires ou quotidiennes de température, précipitation, etc., en climatologie, on emploie une catégorie globalisante qu'on appelle « valeurs normales », le plus souvent mensuelles ou saisonnières. Cette approche, relativement plus nuancée en faveur du contexte qualitatif, permet au climatologue de retracer les tendances climatiques de la décade, du mois ou de la saison, et ce, par l'intermédiaire des paramètres identifiés comme « valeurs normales ».

Il serait peu réaliste de tenter de faire une **prévision climatique** similaire à la **prévision météorologique**. Un modèle de prévision climatique susceptible de projeter des scénarios fiables à court et à moyen terme doit reposer non pas sur des bases stochastiques mais plutôt sur des bases déterministes, c'est-à-dire tenir compte de l'ensemble des facteurs du climat et des multiples interdépendances et rétroactions dans lesquelles ils sont impliqués. S'il est tout à fait raisonnable d'élaborer à la fin du mois de mars une prévision du temps pour la date du 29, il est tout à fait hasardeux de tenter aujourd'hui de prévoir le temps pour le 29 mars de l'an 2049, par exemple !

Prévoir le climat futur de la planète s'inscrit dans la longue série des aventures du savoir humain qui fascinent de nombreux scientifiques et, de plus en plus, le grand public. Cette fascination pour l'inconnu est souvent doublée par l'exotisme de divers scénarios relatifs aux conditions de vie terrestre qui peuvent aller d'un degré zéro de changement jusqu'à des conditions d'apocalypse. Comme dans la plupart des domaines scientifiques complexes, il est indispensable d'avoir une image claire du passé

Le climat de la Terre est-il le même depuis toujours ? Sera-t-il pareil dans l'avenir ?

afin d'établir des scénarios crédibles de l'évolution à court et à moyen terme d'un phénomène aussi tributaire d'interactions multiples que le climat de la Terre.

Le climat de la Terre est-il le même depuis toujours ? Sera-t-il pareil dans l'avenir ? Avant de répondre à cette question, orientons notre réflexion dans une perspective temporelle à échelle variable. La reconstitution du climat terrestre à l'échelle du temps géologique, par la nature et la disponibilité d'indices paléoclimatiques*, nous permet de retracer les périodes extrêmes avec un degré de précision croissant au fur et à mesure qu'on approche du temps actuel. Le climat des deux premiers milliards d'années reste indéterminable, car les indices et les traces qui en témoigneraient sont rares. Les paléoclimatologues privilégient l'hypothèse d'un climat chaud pour cette période, caractérisée par un degré inférieur de luminosité mais aussi par un effet de serre très intense, ce qui se traduirait par la température élevée de l'océan, de l'ordre de 70 °C, il y a trois milliards d'années.

La première glaciation ayant laissé des traces sur la Terre date environ de 2 à 2,5 milliards d'années (Huet, 1992). Ensuite, la planète s'est réchauffée progressivement pour atteindre un maximum, il y a environ 1,7 milliard d'années. À cette échelle de temps, on constate que les intervalles de temps qui caractérisent les cycles de réchauffement et de refroidissement successifs sont très longs, de l'ordre de plusieurs centaines de millions d'années. Après cet épisode, il fallut environ un milliard d'années pour que le climat se refroidisse à nouveau.

Le rythme des changements climatiques pour la période en question paraît extrêmement lent, mais il ne faut pas perdre de vue que la disponibilité d'indices paléoclimatiques fiables de la présence d'éventuels cycles intermédiaires de réchauffement et de refroidissement successifs, comme cela s'est produit à l'échelle du quaternaire est très limitée.

Entre l'ère secondaire et le début du régime climatique actuel, il y a environ 2,4 millions d'années, la Terre a connu des épisodes successifs de réchauffement (imaginez des températures de 20 °C dans les régions polaires et des palmiers en Alaska !) et de refroidissement qui ont permis l'installation des glaciers sur les montagnes de l'Antarctique.

À une échelle de temps encore plus fine, durant le Quaternaire, l'abondance d'indices paléoclimatiques nous permet de retracer une succession de périodes de réchauffement et de refroidissement selon des cycles de l'ordre de 100 000 ans. Entre deux épisodes successifs, les spécialistes ont relevé des cycles intermédiaires, de moins longue durée, de 19 000, 23 000 et 41 000 ans.

L'évolution climatique mouvementée de la Terre nous fait prendre conscience que des mécanismes climatiques naturels existent, et que d'importants **mécanismes dynamiques d'autorégulation** ont permis à la Terre de se remettre constamment de ses épisodes successifs de réchauffement et de refroidissement. À l'origine de ces changements climatiques alternatifs, les spécialistes identifient deux types de facteurs naturels :

- des facteurs exogènes, comme la variation de l'activité solaire, les poussières cosmiques, la fluctuation de certains paramètres orbitaux terrestres ;

- des facteurs endogènes, comme l'activité volcanique, l'oroge- nèse, la dérive des continents, pour ne citer que les plus importants.

Les paléoclimatologues sont capables aujourd'hui d'établir un rapport direct entre les changements climatiques relativement récents (en gros pour les 5 derniers millions d'années et pour le Quaternaire, avec un degré d'exactitude très satisfaisant) et la fluctuation des prin- cipaux paramètres orbitaux terrestres (figure 1) : la variation de l'orbite terrestre autour du Soleil, la précession des saisons* et la variation de l'angle d'inclinaison de l'axe de rotation terrestre.

Pour mieux comprendre les changements du climat terrestre dans une perspective de temps géologique plus vaste, il serait profitable d'intégrer dans le modèle l'effet synergique de l'ensemble des facteurs exogènes et endogènes, et de tenir compte des multiples variables et interactions possibles. Par définition, les modèles ne représentent qu'une forme simplifiée de la réalité. Or, rendu à un tel degré de complexité, il est plus difficile d'entrevoir dans l'immédiat des algorithmes capables de retracer et de quantifier sur des bases déterministes solides le cheminement du climat terrestre depuis les origines de la planète. Une conclusion s'impose : **le système climatique terrestre a connu dans le passé d'importants changements qui ont pour origine des facteurs essentiellement naturels.**

Puisqu'on a déjà une image assez claire des facteurs et des méca- nismes qui ont contrôlé le climat de la Terre dans le passé, il est légi- time de s'interroger sur la crédibilité d'une projection du climat terrestre à court terme. Cette tentative est compliquée par l'éventuel rôle d'une troisième catégorie de facteurs qui influenceraient le climat de la planète, c'est-à-dire les facteurs **anthropiques***. Un éventuel modèle climatique qui rassemblerait les trois catégories aurait un degré de complexité jamais atteint. Ce serait un modèle relativement lourd, car il devrait identifier une multitude de nouveaux facteurs, trouver la place de chaque nouvelle variable ainsi introduite, préciser des interactions encore plus nombreuses et plus subtiles et, ensuite, quantifier les rétroactions. La faisabilité d'un tel projet est difficilement envisageable surtout en raison du manque de données, de la performance limitée des équipements informatiques et de la rigueur des moyens de validation dont on dispose.

5.5. À LA RECHERCHE DES FACTEURS ANTHROPIQUES INCRIMINÉS

Tout ce qu'on sait avec certitude, aujourd'hui, c'est que, par certaines de ses activités, l'humain peut avoir une influence considérable sur le milieu naturel. On peut envisager deux grandes catégories d'impacts : des **actions qui modifient les conditions de vie originales du milieu naturel (AMC),** qui peuvent induire un déséquilibre des écosystèmes naturels, et une deuxième catégorie d'actions qui agissent comme **facteurs perturbateurs du milieu naturel (FPM)** et qui contribuent à amplifier les effets des déséquilibres, qui les rendent plus visibles.

Dans la catégorie des AMC, on peut situer certaines activités industrielles responsables de la pollution atmosphérique, certaines formes d'exploitation agricole et de culture, la courbe croissante des bovins dans des fermes d'élevage dont le nombre et les dimensions augmentent également, la pollution automobile, la production d'électricité dans des centrales à combustion. Dans cette logique, les spécialistes identifient des nouvelles sources de GES, en plus de pointer du doigt des sources traditionnelles de CO_2 incriminées pour leur éventuel rôle dans le réchauffement de la planète. Ainsi, ils lancent un signal d'alarme à l'égard du méthane (CH_4), comme produit de la fermentation dans les intestins des bovins et dans les rizières. On n'a pas le droit d'ignorer que le méthane est plus actif que le gaz carbonique en ce qui concerne l'absorption des rayons thermiques, ce qui en ferait un important facteur de risque pour un éventuel réchauffement global de la planète. L'unique élément concret dont on dispose, à ce jour, est que les concentrations en méthane de l'atmosphère ont doublé depuis le début du siècle. Il est logique de faire le lien entre les multiples AMC et leur possible influence néfaste sur l'équilibre du système climatique terrestre. Cependant, il reste **difficile et incertain de quantifier leur impact sur le climat et surtout de prévoir, la** vitesse à laquelle pourraient se produire les éventuels changements climatiques.

Dans leur discours sur l'effet de serre, les médias, presque sans exception, ne font référence le plus souvent qu'au possible réchauffement du climat terrestre. Mais il y a un autre aspect du climat qui risque de subir des perturbations au moins aussi importantes et c'est le régime des précipitations. Si les scénarios d'effet de serre ou de réchauffement global de la planète deviennent réalité, on risque d'assister à des changements dans la quantité de précipitation et, surtout, dans leur répartition saisonnière et géographique. Les estimations tout à fait qualitatives et globalisantes des spécialistes les amènent à privilégier l'hypothèse suivante : un doublement des précipitations dans les hautes et les moyennes latitudes surtout en hiver, et un important assèchement dans les zones tropicales et les basses latitudes. Des scénarios de changement climatique global véhiculés par des médias de vulgarisation scientifique envisagent aussi une accentuation des écarts thermiques et des contrastes climatiques de la Terre.

Parallèlement, on s'attend à une forte augmentation de l'intensité et de la fréquence des phénomènes de temps violent : plus de tornades et de plus forte intensité, des cyclones plus nombreux et encore plus dévastateurs. On peut ajouter à cela l'éventuelle fonte progressive des calottes glaciaires qui entraînerait le rehaussement de plusieurs dizaines de centimètres du niveau des mers et des océans. Pour certains pays qui sont caractérisés par une géographie dominée par un relief de faible altitude comme l'Inde, le Bangladesh, les Pays-Bas, ainsi que de nombreux pays insulaires, cette éventualité peut avoir une incidence dramatique. C'est le spectre de l'apocalypse qui se profile à l'horizon ! Voilà de quoi nourrir la fantaisie des auteurs de littérature de science fiction, et cela pour plusieurs générations. **Encore une fois, il s'agit d'hypothèses qui restent à être validées et il faut se rappeler que la vitesse de changement du climat est incertaine.** Plusieurs scientifiques et bon nombre de citoyens ordinaires croient voir déjà les effets de ces changements dans le quotidien.

Les catastrophes naturelles sont-elles plus nombreuses et plus graves que dans le passé ?

Depuis l'explosion des médias et des moyens de communication, on assiste souvent en direct à des inondations dévastatrices. Parfois, c'est la nouvelle qui fait frémir d'émotion le spectateur assis dans le confort de son salon, si loin de l'endroit touché par la calamité qu'il arrive à peine à le situer sur une carte. Malgré cette réalité, les spécialistes sont formels : depuis cinq décennies, on observe de plus en plus d'inondations, dont le bilan est de plus en plus lourd au regard des pertes de vies humaines et des dégâts matériels. Leur fréquence et leur intensité s'accroissent même dans des régions du monde où ce phénomène n'est pas considéré comme une caractéristique historique.

En général, les composantes précipitation et hydrologie constituent un maillon fondamental du mécanisme climatique terrestre (figure 1). La vapeur d'eau, en plus d'être le principal véhicule de transport de la chaleur entre la basse atmosphère et la surface de la Terre, représente un important facteur d'absorption des rayons infrarouges terrestres, ce qui a un effet régulateur sur le climat.

FIGURE 1
Les principales composantes du cycle de l'eau

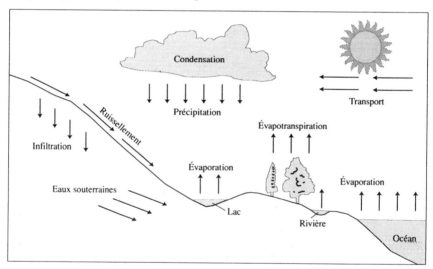

Dans la catégorie des **facteurs perturbateurs du milieu naturel (FPM)** qui contribuent à amplifier les effets des déséquilibres engendrés par certaines activités humaines qui rendent les conséquences encore plus visibles, on peut mentionner le déboisement incontrôlé, la déforestation à outrance, le surpâturage, la surexploitation des terres agricoles, l'utilisation de méthodes archaïques d'irrigation des sols agricoles et certains modes de gestion du milieu naturel liés au réseau des eaux de surface.

En effet, les eaux de surface constituent la principale source de vapeur d'eau présente dans l'atmosphère et, en même temps, une importante source naturelle à l'origine même du développement social, agricole et industriel. La gestion des cours d'eau accessibles, souvent adaptée aux besoins des populations, s'est révélée un facteur essentiel pour le progrès des civilisations. Dans les régions où l'eau était abondante et accessible, de nombreuses cultures se sont développées au rythme de leurs fleuves et de leurs rivières. Au début de la civilisation, les populations se sont installées dans les vallées, ce qui leur permettait de profiter de la proximité du fleuve tout en évitant les dommages causés par les crues les plus fréquentes. La variabilité du régime d'écoulement était strictement liée au régime annuel des précipitations, et les crues annuelles représentaient un vecteur essentiel du développement. Le débordement périodique des cours d'eau favorisait l'érosion des berges et le dépôt de limon sur les plaines inondées (Askew, 1991). Selon ce mécanisme naturel de crue, la vallée du Nil vivait selon le calendrier des inondations et sa fertilité assurait la subsistance d'une population relativement dense.

Bien que ces crues aient constitué un atout pour l'agriculture, les agglomérations humaines ont souvent subi les contrecoups de ces crues dévastatrices. En effet, le bilan des crues est particulièrement lourd, et l'Asie semble détenir les records sur ce plan. La crue dévastatrice du Hwang-Ho (Chine) au mois d'octobre 1887 avait fait plus de 900 000 victimes ; c'était la deuxième catastrophe naturelle au regard des pertes de vie humaine jamais enregistrées. Seul le cyclone qui a touché le delta du Gange (Bangladesh) du 12 au 13 novembre 1970 avait fait plus de victimes, soit 1 million (*Guinness Book of Records*). Les crues exceptionnelles survenues à répétition en Europe et aux États-Unis depuis 1992 se sont soldées par des centaines de morts et des dommages matériels atteignant plusieurs dizaines de milliards de dollars.

Les inondations au Saguenay, en juillet 1996, ont longtemps fait la manchette. L'ampleur et surtout les effets dévastateurs de cette crue, jugée comme risquant de se reproduire théoriquement à tous les 10 000 ans, ont remis à l'ordre du jour le problème de l'anthropisation excessive du milieu naturel au Québec. Il serait d'abord hasardeux d'accepter cette fréquence exceptionnelle, décamillénaire, d'ailleurs abondamment véhiculée par les médias, car nous possédons trop peu de données pour qu'un calcul statistique puisse nous conduire à une conclusion aussi optimiste (Bobée *et al.*, 1997). Cependant, selon l'estimation des climatologues, la période de retour d'un pareil épisode de pluie serait de l'ordre de 120 à 150 ans, suivant les valeurs des précipitations considérées dans le calcul.

Notons, de plus, qu'il y a une importante différence entre la période de retour de la crue de l'ordre du millénaire et celle de la pluie exceptionnelle, de l'ordre du centenaire. À la lumière de cette réalité, on se doit d'avancer comme explication préliminaire que **des facteurs perturbateurs se sont ajoutés aux effets de la pluie pour qu'on assiste à des dégâts aussi catastrophiques**. Il est indispensable de prendre en considération les effets pervers, inattendus, de certaines pratiques d'aménagement du territoire qui entraînent une modification importante du milieu naturel (le recalibrage et la correction du trajet des cours d'eau, le déboisement excessif, l'occupation des plaines inondables) par la mise en place de «stratégies» qui visent à harnacher l'environnement et qui dénotent le **manque de vision à moyen et à long terme de certains de nos décideurs.**

Des inondations à répétition : Est-ce vraiment le climat qui change ?

Pour la plupart des bassins hydrographiques analysés, on remarque de plus en plus une tendance à la hausse des débits de pointe. Pour le même degré de récurrence, les débits et les niveaux sont encore plus élevés qu'il y a 40 ou 50 ans. On s'aperçoit que dans de nombreux cas, la simple corrélation entre la quantité et la fréquence des précipitations, et le débit par rapport au niveau de la rivière mesurée ne reflète plus la dynamique réelle de l'écoulement. Toutefois, il ne faut pas perdre de vue que l'inondation est un phénomène naturel.

Les principaux facteurs à l'origine des crues seraient les précipitations exceptionnelles et la modification de la réponse du bassin versant qui résulte souvent **de l'anthropisation poussée** du milieu naturel. Plusieurs crues remarquables surviennent à la suite d'épisodes pluvieux de forte intensité ou de pluies de longue durée. La crue catastrophique de l'Ouvèze, en France, en 1992, est un exemple de crue provoquée par des pluies de forte intensité. Le 21 septembre 1992, des quantités de pluie variant entre 170 mm en trois heures et 448 mm en 24 heures ont été enregistrées dans le nord du département de l'Hérault, dans le secteur inférieur du bassin de l'Ouvèze. Cette valeur correspond au seuil de la récurrence centenaire. Le bilan de la crue a été excessivement lourd. Dans le seul département du Vaucluse, on a dénombré plus de 40 morts, 50 maisons détruites, 1 000 maisons gravement endommagées, 700 déclarations de sinistre de la part des entreprises, fermes agricoles et commerces ayant été touchés. De même, des dommages importants aux réseaux routiers et hydrauliques ont été constatés.

Par ailleurs, des crues catastrophiques des rivières Missouri, Des Moines, et Iowa du bassin du Mississippi ont été enregistrées du 26 juin au 7 août 1993. Elles ont été causées par des pluies prolongées survenues au printemps et en été. Le contexte climatique à l'origine de ces précipitations exceptionnelles a été dominé par une importante perturbation de la circulation atmosphérique : l'anticyclone* des Bermudes a connu une importante expansion dans le sud-est des États-Unis tandis que le courant jet évoluait selon une trajectoire considérablement plus au sud que la normale. Les précipitations totales survenues dans la région entre avril et août 1993 ont atteint 900 mm ; la quantité moyenne de pluie pour cette période représente 125 % de la pluie normale. Le bilan des dommages matériels, chiffrés à plus de 10 milliards de dollars américains, s'est alourdi de la perte de 50 vies humaines.

Le changement climatique à l'échelle planétaire est parfois invoqué pour expliquer la fréquence croissante des crues et l'aggravation des inondations. Cependant, de nombreuses études climatiques **concernant des régions de plus en plus touchées par les inondations n'ont pu relever d'augmentations notables des précipitations annuelles.** La distribution saisonnière des pluies enregistre, toutefois, des variations dans certains cas. Signalons, en outre, que même durant des périodes de plusieurs années ayant connu moins de précipitations, les crues et les inondations se sont intensifiées. « Il est raisonnable de se poser la question si ce sont vraiment les inondations qui ont changé ou si c'est notre façon de les appréhender. » (Askew, 1991)

Des changements encore plus lourds de conséquences que la variabilité naturelle du régime des précipitations semblent expliquer la fréquence croissante des inondations à effet catastrophique. En dehors du caractère exceptionnel des précipitations à l'origine de certaines crues catastrophiques, **la dégradation progressive du milieu physique** semble être à l'origine de bon nombre de ces phénomènes. Parmi les principaux facteurs de dégradation, on observe :

- la pratique d'une agriculture intensive ;
- le mode de gestion des surfaces agricoles à la suite du remembrement des terres ; cela favorise l'érosion du sol, son appauvrissement par l'érosion accélérée de l'horizon supérieur riche en matières organiques et crée, en conséquence, les conditions pour une utilisation excessive des engrais chimiques ;
- l'utilisation excessive d'une machinerie agricole de plus en plus lourde, ce qui conduit à la déstructuration des sols et à la détérioration de leurs propriétés physiques telles que la perméabilité, la porosité et la capacité d'aération ;
- l'irrigation de superficies de plus en plus étendues, et parfois par des méthodes inappropriées ou en utilisant de l'eau impropre à cet usage. Cela a conduit à la destruction complète de plusieurs dizaines de milliers d'hectares par le phénomène

de salification secondaire ou par l'hydromorphisme, en plus d'avoir parfois été à l'origine d'une mauvaise gestion des ressources d'eau sur le plan local ou régional. L'exemple de la mer d'Aral, qui a perdu 70 % de son volume d'eau et dont les berges ont reculé de 90 à 110 kilomètres pour laisser place à un désert salé, en témoigne ;

– le déboisement excessif et la coupe à blanc sans que des mesures régénératrices soient mises en place ;

– certains travaux de drainage routier, agricole et urbain qui peuvent donner lieu à la conjonction des crues au niveau des différents sous-bassins ;

– d'importantes modifications morphodynamiques des cours d'eau à la suite des travaux de recalibrage et de régularisation, de construction de digues ou de barrages.

Plusieurs de ces interventions ont accentué le déséquilibre environnemental en aggravant les crues et les conséquences des inondations. « En modifiant leur propre environnement pour servir leurs propres desseins, les êtres humains ont souvent créé des conditions qui suscitent des inondations plus graves. » (Askew, 1991)

5.6. RÉPONDRE À LA QUESTION CONCERNANT LE CLIMAT FUTUR DE LA TERRE

Des catastrophes environnementales, l'humain en provoque des graves et des moins graves depuis qu'il assume le développement de la société. Que ce soit par la révolution industrielle, postindustrielle ou par une agriculture moderne, intensive, irriguée, qui repose sur l'utilisation massive de produits chimiques, l'humain dans son souci pour une production supérieure et à moindre coût, par certaines de ses interventions, a contribué à modifier le milieu naturel. Parfois, il s'agit d'interventions qui n'entraînent pas de déséquilibres environnementaux importants, ni à court terme ni à moyen terme. Cependant, l'effet combiné de plusieurs facteurs de déséquilibre peut modifier de façon irréversible le milieu naturel. Dans certains cas, les effets ont été littéralement dévastateurs pour les populations locales. L'introduction de certaines espèces d'animaux par des peuples colonisateurs, pour des raisons alimentaires, de loisir ou autres, a entraîné de graves déséquilibres dans les écosystèmes concernés. De nombreuses espèces locales ont rapidement disparu, aussi bien animales que végétales, avec des conséquences graves sur le plan social et économique pour les populations, à l'échelle locale ou régionale.

Le déboisement à des fins agricoles a changé complètement le visage de vastes régions du globe ; l'histoire récente du bassin hydrographique du Mississippi en est un exemple. La coupe massive des forêts au début du xIXᵉ siècle a permis à l'agriculture de connaître un développement fulgurant et d'apporter une nouvelle prospérité aux populations locales de plus en plus nombreuses. Un siècle plus tard, cette même vaste région des États-Unis fait face à de graves problèmes d'inondation et d'instabilité des cours d'eau. La principale cause est, bien sûr, l'érosion accélérée des versants. Les multiples interventions effectuées depuis la construction de lourdes structures hydrauliques n'ont fait que démontrer leurs limites et aggraver l'instabilité des cours d'eau. L'envasement massif des secteurs inférieurs rend incertain l'avenir des activités traditionnelles de l'économie locale. En outre, la rétention des limons par les ouvrages hydrauliques en amont nécessite l'application de quantités croissantes d'engrais et de produits chimiques qui s'accumulent progressivement dans les horizons inférieurs du sol et qui contaminent la nappe phréatique. De surcroît, pour maintenir en service d'importants secteurs de navigation, des quantités considérables de sédiments sont excavées du fond des cours d'eau et entreposées sur des terres agricoles exclues de la production pour les accueillir. Il s'agit des mêmes superficies qu'on avait déboisées quelques générations auparavant et qui ont, elles aussi, contribué à l'érosion !

Des stratégies similaires d'aménagement du territoire ont été exportées souvent dans des pays de l'Afrique où, à cause de conditions climatiques différentes de celles des pays d'origine, l'effet a été encore plus dévastateur. Dans certains cas, à la dégradation irréversible de l'environnement se sont ajoutés la disparition d'activités économiques traditionnelles, telles que la chasse, la pêche et la culture agricole, l'appauvrissement des populations locales, la propagation de parasites et de maladies graves, telles que la schistosomiase, la cécité des rivières et la malaria.

Aujourd'hui, on assiste, impuissants, au déboisement massif de la forêt tropicale dont l'équilibre écologique est menacé de se rompre. L'Amazonie poursuit à son tour la course, semble-t-il, irréversible vers la désertification. Que ce soit pour utiliser le bois ou pour se procurer un lopin de terre qu'on pourra cultiver entre cinq et huit ans avant qu'il ne soit complètement érodé et improductif, on constate que ce sont toujours les impératifs immédiats et les mesures à court terme qui régissent nos décisions.

Bien que l'eau couvre les deux tiers de la surface de la Terre, la disponibilité réelle d'eau douce sur la planète est très limitée. Les eaux douces représentent à peine 2,6 % de la masse totale d'eau sur Terre. Les eaux souterraines accessibles représentent à peine 10 % de ces 2,6 %. L'eau des lacs et des rivières constitue tout au plus 0,35 % des réserves totales d'eau douce, c'est-à-dire 0,0091 % de l'eau sur Terre. Dans ces conditions, des pays comme la France risquent de manquer d'eau potable d'ici l'an 2015 à cause de la contamination massive des nappes souterraines et des rivières. Pourtant, on continue d'utiliser jusqu'à 400 000 litres d'eau pour produire une automobile, on persiste à surfertiliser d'énormes superficies de sol biologiquement épuisés, contribuant ainsi au déclenchement de la plus grave pénurie que la planète ait jamais connue : le manque d'eau potable. **On va manquer de la ressource naturelle considérée depuis toujours comme inépuisable, de la ressource qui est à l'origine et à la base même de la vie !**

À la lumière de ces constats, il est légitime de questionner l'idée qu'il est possible de trouver une solution pour chacun des problèmes environnementaux qui préoccupent aussi bien les spécialistes que le grand public. Ne serait-il pas plus judicieux d'envisager des solutions globales aux problèmes auxquels nous faisons face, en adoptant une perspective interdisciplinaire et en favorisant la concertation de tous les intervenants engagés dans les décisions à prendre ?

Dans le cas de l'effet de serre, est-ce pertinent de croire que la simple réduction des émissions de gaz carbonique nous évitera une catastrophe à l'échelle planétaire, celle du réchauffement global ? En admettant qu'il soit suffisant de bannir la circulation automobile et l'usage des combustibles fossiles pour empêcher la Terre de se réchauffer, à qui revient la lourde responsabilité de le faire ? Est-ce aux pays développés qui ont les moyens financiers de mettre en place des solutions de rechange moins polluantes ? Ou bien est-ce aux pays du tiers monde, aujourd'hui en train d'établir les bases de leur développement et de faire des choix technologiques pour demain, mais qui manquent de ressources financières ? Est-ce la faute des producteurs de biens ou des consommateurs ?

L'optimisme semble regagner les rangs des climatologues et des spécialistes dans le domaine du réchauffement du climat de la Terre. Les multiples scénarios catastrophiques véhiculés abondamment par les médias perdent du terrain en faveur de l'hypothèse d'un moindre réchauffement, de l'ordre de 1,5 à 2 degrés, qui pourrait survenir dans l'espace d'un siècle. Rien ne nous permet de croire que le nouveau scénario ne sera pas revu à la baisse dans les années à venir. Cependant, une chose est certaine : pour éviter que de nouvelles catastrophes à l'échelle planétaire ne s'ajoutent à celles déjà existantes – la pollution atmosphérique, la pollution des ressources d'eau, la surexploitation et l'épuisement des sols, la dégradation irréversible du milieu naturel fortement anthropisé, l'épuisement des ressources d'eau potable et des ressources naturelles de la Terre –, il est nécessaire de procéder à un important changement de mentalités.

En effet, il paraît de plus en plus indispensable de faire un sérieux examen de notre mode de représentation du milieu naturel, tout comme le rapport de domination que nous entretenons avec le milieu naturel. Une prise de conscience est en train de s'opérer. Il est important de reconsidérer la fragilité de l'équilibre des écosystèmes terrestres et des différents mécanismes qui rendent possible la vie sur Terre. On devrait aussi tenir compte, dans le choix de nos interventions, de la complexité des mécanismes qui régissent le milieu naturel, de la complexité des interdépendances et de la multitude des rétroactions qui assurent son équilibre.

L'expérience a démontré que, si un seuil de tolérance est dépassé, le déséquilibre des écosystèmes et des mécanismes naturels touchés peut basculer dans un état critique, voire irréversible, si l'on considère l'échelle du temps humain. En s'appuyant sur cette réalité, il nous appartient de moderniser bon nombre de procédés et de méthodes de production de biens matériels, de repenser certains modes de consommation, de mettre en place des stratégies durables de développement, dans une perspective d'efficacité à moyen et à long terme, dans le respect de l'environnement.

BIBLIOGRAPHIE

ARGOLO, J. (1986). *Climat et développement,* Séminaire des 15 et 16 octobre 1985, Rapport de conférence, Paris, Éd. de l'ORSTOM.

ASKEW, A. (1991). « Vivre avec les crues », *Nature et Ressources,* vol. 27, n° 1, p. 4-9.

BALLING, R.C. (1992). *The Heated Debate : Greenhouse Predictions Versus Climate Reality,* San Francisco, Pacific Research Institute for Public Policy, 195 p.

BOBÉE, B. *et al.* (1997). « L'INRS-EAU et les inondations du Saguenay », *Réseau,* mai, p. 16-20.

CHAPIN, F.S. (1992). *Arctic Ecosystems in a Changing Climate : An Ecophysiological Perspective,* Toronto, Toronto Academic Press, 464 p.

De Vernal, A. (1993). «S.O.S. glaciers?», *Interface*, Association cana-dienne-française pour l'avancement de la science, mai-juin, p. 29-39.

Duplessy, J.-C. et C. Morel (1992). *Gros temps sur la planète*, Paris, Édi-tions Odile Jacob, 337 p.

Fritsch, J.M. (1992). *Les effets du défrichement de la forêt amazonienne et de la mise en culture sur l'hydrologie de petits bassins versants*, Paris, ORSTOM, coll. Études et thèses.

Gifford, R.M. (1989). *The Effect of the Buildup of Atmospheric Carbon Dioxide on Crop Productivity*, Proceeding 5th Australian Agronomy Conference, Perth, Australian Society of Agronomy, p. 312-322.

Goudie, A. (1982). *The Human Impact: Man's Role in Environmental Change*, Cambridge, MIT Press, 316 p.

Hare, F.K. (1983). *Climate and Desertification*, OMM-PCM-44, Organi-sation météorologique mondiale, Genève, 149 p.

Johnes, P.D. (1990). «Le climat des mille dernières années», *La Recherche*, n° 219, mars, p. 304-312.

Joussaume, S. (1993). *Climat d'hier à demain*, Paris, Éd. du CNRS, 143 p.

Huet, S. (1992). «Quel temps faisait-il il y a trois millions d'années?», *Sciences et Avenir*, juin, p. 48-52.

Lenoir, Y. (1992). *La vérité sur l'effet de serre: le dossier d'une manipu-lation planétaire*, Paris, La Découverte, 172 p.

Mabille, G. et F. Petit (1986). «Influence des aménagements du cours d'une rivière de Moyenne Belgique et de son bassin hydrogra-phique sur le comportement hydrologique de la rivière», *Cahier des Journées d'Hydrologie de Strasbourg*, Crues et Inondations du 16 au 18 octobre, p. 279-293.

Maire, G. *et al.* (1986). «Transformation d'un système fluvial sous l'effet des aménagements hydrauliques: les réajustements morpho-dynamiques successifs du cours moyen de la Fecht (Alsace, France) depuis deux siècles», *Cahier des Journées d'Hydrologie de Strasbourg*, Crues et Inondations du 16 au 18 octobre, p. 295-323.

Mairson, A. (1994). «The Great Flood of 1993», *National Geographic*, vol. 195, n° 1, janvier, p. 42-81.

Mungall, C. et D. McLaren (1990). *La Terre en péril. Métamorphose d'une planète*, Ottawa, Presses de l'Université d'Ottawa, Société royale du Canada, 248 p.

PRADES, J. *et al.* (1994). *Aspects sociaux des précipitations acides au Québec,* Université du Québec à Montréal en collaboration avec le GREIGE et l'Université de Montréal, 279 p.

RASOOL, I. (1993). *Le système Terre : un exposé pour comprendre, un essai pour réfléchir,* Paris, Flammarion, 125 p.

ROYER, J.-F. (1988). « Le climat du XXIe siècle », *La Recherche,* no 201, juillet-août, p. 42-50.

SCHARPENSEEL, H.W. *et al.* (1990). *Soils on a Warmer Earth,* International Workshop on Effects of Expertise Climate Change on Soil Processes in the Tropics and SubTropics, New York, Elsevier, 274 p.

UNION DES PRODUCTEURS AGRICOLES (1987). *Mémoire adressé au Comité spécial sur les pluies acides de la Chambre des Communes,* Québec, décembre, 30 p.

CHAPITRE

Jean Carrière, Sylvie Molé,
Yann Roche et Benoît St-Onge

L'INFORMATION GÉOGRAPHIQUE : DE LA CARTE AU SYSTÈME DYNAMIQUE

Qui n'a pas été, dans son jeune âge, bercé par des histoires de chasse au trésor ? Invariablement, le trésor était constitué d'un vieux coffre rempli de pierreries ou de pièces d'or, enterré au pied d'un palmier sur une île des Caraïbes ou des mers du Sud. Et l'emplacement de ce trésor, indiqué par un énorme X, était révélé par une vieille carte* découverte dans le fond d'un grenier. Cliché, certes, mais aussi information géographique : l'accès au trésor perdu était en effet lié à la carte, médium d'information qui amenait la connaissance exacte et précise de la position à la surface de la Terre. Nombreuses sont les histoires du genre, dans la littérature ou au cinéma, dans lesquelles une carte ou un vieux plan permettait de retrouver les mines du Roi Salomon, l'Eldorado ou, encore, le Saint Graal.

La société moderne, en tant qu'univers médiatisé, fait également la part belle aux cartes. Il suffit pour s'en convaincre de consulter la presse écrite ou de regarder les actualités télévisées : les cartes sont partout. Qu'il s'agisse de présenter les dernières prévisions météorologiques, de localiser les pays ou les régions en proie à des catastrophes naturelles ou à des guerres, comme la Tchétchénie ou la Somalie, cela fait appel au médium cartographique. Au cœur des disputes territoriales et des bouleversements politiques, les cartes sont souvent à la fois témoins et sièges des conflits. Représentations concrètes du problème, elles sont par la suite directement modifiées suivant le dénouement du conflit en question. Contributions des géographes à la civilisation de l'image, les cartes permettent de replacer l'actualité dans son contexte spatial, et leur présence est si répandu qu'on n'y porte plus attention.

La place de la carte dans notre environnement culturel a même dépassé le stade visuel pour s'intégrer au langage courant. Ainsi, nous entendons que tel événement ou telle personnalité « a mis la ville sur la mappe » ou encore que telle personne « a perdu la carte ». De plus, les nouveaux médias électroniques, comme le réseau Internet et les cédéroms, font largement appel aux cartes dites « actives » comme métaphores de consultation de l'information rattachée à un territoire.

Le rôle prépondérant de la carte, qu'elle se trouve sur support papier ou électronique, est indéniable. Implicitement, inconsciemment peut-être, la carte est même devenue une des clés d'interprétation du monde où nous vivons. De tous les outils traditionnels du géographe, c'est donc elle qui a le mieux traversé les bouleversements technologiques et les progrès de l'informatique des dernières années. Mais ce rôle prépondérant s'est accompagné du développement d'une aura d'infaillibilité totale, qui débouche parfois sur des excès. L'information cartographique, a fortiori si elle se trouve sur support informatique, ne peut être remise en question. En cas de discordance entre le document et la réalité, bien des gens auront tendance à s'interroger sur l'acuité de leurs sens, sur leur lecture de la carte, sur la réalité même plutôt que de remettre en cause la carte elle-même. Le phénomène s'est encore accentué avec l'avènement de la cartographie assistée par ordinateur qui associe deux outils souvent perçus comme parfaits : la carte et l'ordinateur. Pourtant, et pourrait-on dire paradoxalement, ce respect pour la carte et pour le rôle important joué par elle s'est développé en excluant les géographes. La géographie demeure mal perçue, associée qu'elle est à une discipline de synthèse aux limites floues, plus parasitaire qu'intégratrice, empruntant ses concepts aux autres sciences humaines et sociales. Le lien avec les fameuses cartes que tout le monde apprécie n'est que rarement établi et on utilise le terme d'infographie* plutôt que de cartographie pour désigner le procédé qu'on emploie pour leur confection. Les géographes, et notamment les cartographes, auraient-ils donc un problème d'image? Il serait sans doute nécessaire pour eux de sortir de l'anonymat et de valoriser l'information géographique auprès des non-géographes, dans un monde où cette information devient de plus en plus pertinente dans le contexte de la mise en place du « village global » si cher à Marshall McLuhan. Et quel meilleur argument ont-ils pour prendre la place qui leur revient que la carte, outil de représentation et d'analyse, élément de base des systèmes d'information géographique et synthèse par excellence?

6.1. DE L'INFORMATION GÉOGRAPHIQUE À LA CARTE

Comment se définit donc l'information géographique? On pourrait dire qu'il s'agit de « toute information pouvant se rapporter à un lieu, à un point ou à une surface terrestre; on parle alors d'information localisée, spatialisée ou géoréférencée ». Cette représentation de la réalité terrain, qui permet aux géographes d'analyser des phénomènes physiques ou humains, se fait à partir de paires de coordonnées* sur le territoire. Ces coordonnées basées sur un système de grilles cartographiques recouvrant l'ensemble du globe permettent de repérer, avec une précision relative selon l'échelle* des référents utilisés, les informations sur ce territoire. Et le moyen de transmettre cette information localisée est le plus souvent la carte.

Considérons, par exemple, un village situé au creux de la vallée de la Jacques-Cartier. La température maximale relevée dans les stations climatologiques de la vallée étudiée ou la langue parlée à la maison, par secteur de recensement, constituent une information descriptive prenant la forme d'information quantitative, dans le premier cas, ou qualitative, dans le deuxième cas. Cette information descriptive est géoréférencée, c'est-à-dire qu'on lui associe une paire de coordonnées (en latitude et en longitude), ce qui permet de la situer dans l'espace. Selon l'échelle employée, la carte véhiculant cette information fait appel à différents types d'objets, soit des points, des lignes et des zones.

La transcription de la réalité terrain sur la carte peut se faire à l'aide de points, de lignes et de surfaces, éléments auxquels sont ensuite attachées des informations (Z) qualitatives ou quantitatives.

Les deux premières informations que donne la carte sur la représentation d'un phénomène terrain sont ses coordonnées **X** et **Y**, c'est-à-dire les deux dimensions du plan.

La troisième dimension concerne alors le contenu de l'information, soit le **Z** de la carte. Ainsi, une ville sera localisée par un point défini par une paire de coordonnées et son Z la qualifiera de capitale nationale ou de capitale régionale.

Comme le présente le tableau ci-après, on peut structurer l'information géographique de la façon suivante :

TABLEAU 1
L'information géographique

Implantation	Analyse des données		Message	Moyens
	Qualitative	Nominale	Sélectivité (A.)	Forme – Couleur
		Ordinale	Ordre	Valeur (Taille)
Ponctuelle	Quantitative	Intervalle	Ordre	Taille (Valeur)
		Rapport	Comparabilité (O.)	Taille
	Qualitative	Nominale	Sélectivité (A.)	Forme – Couleur (O)
		Ordinale	Ordre	Valeur (Grain)
Linéaire	Quantitative	Intervalle	Ordre	Valeur
		Rapport	Comparabilité (O.)	Taille
	Qualitative	Nominale	Sélectivité (A.)	Forme – Couleur
		Ordinale	Ordre	Valeur (Grain)
Zonale	Quantitative	Intervalle	Ordre	Valeur (Grain)
		Rapport	Comparabilité (O.)	Taille (Valeur)

6.2. MESSAGES ET INTERPRÉTATIONS DE LA CARTE. CARTES, MENSONGES ET SÉMIOLOGIE

Contrairement à ce que l'on pourrait penser, la lecture d'une carte ne va pas de soi. Le message cartographique est un message quasi dépourvu de mots, mais il n'a que l'apparence de la facilité de lecture et de décodage. Chaque lecteur le déchiffrera, selon sa sensibilité et son vécu, ce qui pourra entraîner des interprétations très différentes. Ainsi, la carte de la France, forme vaguement hexagonale, fait à ce point partie de la culture française que le pays est souvent désigné sous le nom d'Hexagone. Pour la plupart des Français, cette forme géométrique constitue donc une symbolisation du territoire très répandue et acceptée. À l'inverse, un Québécois ou un Brésilien ne «percevront» pas systématiquement un hexagone comme étant une symbolisation de la carte de la France.

Parfois même, c'est le poids des conventions, voire de l'habitude, qui prime dans la construction du message. Ainsi, une carte du monde sera presque systématiquement centrée sur l'Europe, représentation quasi universelle, sauf par les Chinois. Les planisphères* chinoises sont, en effet, centrées sur l'Asie et le Pacifique, ce qui change totalement la perception que donne habituellement une carte de ce genre.

La démarche de construction des cartes doit donc tenir compte de ces différences de perception et s'appuyer sur une grande rigueur.

6.2.1. LA DÉMARCHE DE RÉDACTION CARTOGRAPHIQUE

Pour construire une carte, il faut être en mesure de répondre aux quatre questions suivantes :

- *Pourquoi* produit-on cette carte ?
- *À qui* s'adresse-t-elle ?
- *Comment* construire la carte ?
- *Quelles* sont les contraintes ?

Le point de départ de toute production cartographique remonte à la constitution des bases de données associées à un ou plusieurs territoires. Avant d'amorcer la phase de réalisation, il faut bien définir les objectifs visés. Produit-on une carte pour analyser un phénomène ou pour représenter la synthèse

> *Pour construire une carte, il faut être en mesure de répondre aux quatre questions suivantes :*
> *– Pourquoi produit-on cette carte ?*
> *– À qui s'adresse-t-elle ?*
> *– Comment construire la carte ?*
> *– Quelles sont les contraintes ?*

du traitement de l'information ? En fonction de l'objectif et de l'échelle de travail, la référence au territoire doit-elle être très précise ou un lien d'ordre général sera-t-il suffisant ? Représenter la production laitière par province au Canada ne requiert pas, en effet, une précision dans le dessin du littoral aussi grande que si l'on cartographie la remontée des saumons le long de la côte de la Colombie-Britannique.

La question du pourquoi est rapidement associée à la question du pour qui, car l'usager visé par la transmission du message va très souvent aider l'auteur de la carte à préciser le niveau de traitement approprié. Ainsi, la cartographie des zones de nidification d'oiseaux sauvages sera-t-elle fort différente selon qu'elle s'adresse à des ornithologues amateurs ou à des biologistes. Non seulement le message devra-t-il être alors plus détaillé et forcément plus complexe, mais également les spécialistes du domaine sauront-ils davantage décoder des informations à partir de leurs propres connaissances et, ainsi, aider le cartographe à faire cheminer l'information vers le récepteur du message.

Le comment concerne à la fois le délai de réalisation et le budget prévus de même que la technologie retenue pour réaliser le produit final. Le recours de plus en plus systématique aux technologies informatisées permet au cartographe de procéder assez facilement et à faible coût, si l'on tient compte de l'économie de temps. Il faut toutefois prendre en considération l'acquisition des équipements et surtout de l'expertise nécessaire pour opérer les systèmes de cartographie. Autant on peut admirer la rapidité de création des documents cartographiques une fois les informations mises en place, autant on doit se départir de cette idée trop largement répandue que toutes les informations sont contenues dans tout système informatique. La phase de numérisation, c'est-à-dire d'entrée des données dans l'ordinateur, est souvent la plus laborieuse et la plus onéreuse, malgré le fait que l'on trouve de plus en plus de fonds cartographiques déjà disponibles sous forme numérique. Par ailleurs, il ne faut pas voir dans les nouveaux systèmes de cartographie assistée par ordinateur un instrument magique qui assurerait la fiabilité absolue des cartes produites. L'ordinateur ne restituera, après traitement, que les bases déjà intégrées dans le système. Les fonds en question ne peuvent donc pas être plus précis que l'échelle à laquelle ils ont été numérisés, et les erreurs ou approximations survenues à cette étape ne seront pas corrigées automatiquement. Il est donc primordial de consulter les métadonnées* (c'est-à-dire les informations concernant la confection de la carte) pour mieux évaluer la fiabilité de la carte.

Une fois les questions préalables envisagées, le projet de rédaction cartographique doit prendre en compte le moyen de diffusion, dont le format conditionnera l'échelle de la carte. Pour finir, on passe à la construction du fond de carte et à la superposition des données aux divers découpages du territoire. Cette dernière étape survient lorsque les données ont été traitées et vise surtout à élaborer les divers modes de représentation cartographique. Après avoir terminé la carte comme telle, l'habillage du document consiste à y inscrire le titre, la légende, les sources et l'échelle.

6.2.2. FAIRE MENTIR UNE CARTE

La carte est souvent perçue, nous l'avons vu, comme infaillible. Pourtant, elle peut « mentir », en reprenant des données fausses ou imprécises, ou encore en utilisant des méthodes de représentation inadéquates. Le message cartographique est alors faussé même si la technologie lui accorde une validation que plusieurs considéreront comme scientifique. De telles erreurs ne sont pas toujours involontaires. Une représentation cartographique est en effet souvent construite dans le but avoué d'orienter la lecture du message au-delà des normes de rigueur de la rédaction cartographique. Le mot « mentir » peut parfois paraître excessif, on pourra édulcorer ce terme, dans bien des cas, en parlant de « message orienté ».

À titre d'exemple, citons le dessin paru sur le site Web de CNN durant l'affaire des avions « américains » abattus au large de La Havane par l'aviation cubaine, en mars 1996. Le message transmis par la carte semblait a priori clair et neutre : l'image décrivait une situation conflictuelle entre les États-Unis et Cuba, en superposant les cartes des deux pays, avec leur drapeau, et, en filigrane, une icône représentant l'un des avions abattus. Le problème est que si les échelles avaient été respectées, la masse du territoire américain aurait largement dominé celle de Cuba. La lecture du dessin aurait alors donné aux lecteurs l'impression (justifiée) que le rapport de force entre les deux pays était extrêmement déséquilibré et que la puissance militaire du David cubain n'était rien face au Goliath américain. Voulant à tout prix éviter de transmettre un message qui aurait pu risquer d'éveiller un sentiment de sympathie à l'égard de Cuba, CNN a sciemment modifié le message cartographique.

Les exemples de ce genre sont nombreux, et ils sont d'autant plus dangereux, surtout lorsqu'ils sont produits à des fins que l'on pourrait qualifier de propagande, que la carte est réputée être un médium neutre et objectif. On se méfie donc beaucoup moins de la lecture d'un document cartographique que d'un document écrit.

6.2.3. LE LANGAGE CARTOGRAPHIQUE

Conscient des problèmes de perception du message cartographique et des risques qui y sont associés, Jacques Bertin a jeté les bases de la sémiologie graphique, laquelle a pour objet de détailler les processus de lecture de la carte et de mettre au point des normes strictes de construction du message graphique. Les données géographiques doivent d'abord être sélectionnées judicieusement en fonction du contenu et du message que l'on veut transmettre. Par la suite, elles doivent être traitées selon les méthodes appropriées, puis mises en classe selon les modes de discrétisation* faisant le mieux ressortir les grandes caractéristiques des données utilisées. En bout de ligne, les données géographiques débouchent sur la création de documents cartographiques composés de cartes, cartouches et graphiques soutenant la relation au territoire de cette analyse de données. Il est, en effet, reconnu que le traitement de l'information géographique trouve tout son sens dans la mesure où l'on replace dans sa dimension spatiale les bases de données décrivant un territoire ; ainsi, il est possible de déceler le patron de répartition d'un phénomène et les liens qui ont mené à son apparition.

Les variables visuelles

Le passage d'une information à sa représentation cartographique peut se faire en utilisant les variables visuelles qui permettent au lecteur de percevoir et de décoder l'image cartographique. Ces variables sont au nombre de huit ; les deux premières, les coordonnées x et y, constituent les deux dimensions du plan. La position d'un point dans le plan cartésien et sa position par rapport aux autres points donnent déjà au lecteur de la carte une information de premier niveau.

Six autres variables perceptibles par l'œil permettent de traduire l'information géographique traitée que l'on veut reporter dans l'espace. Ces variables, au nombre de six, auront pour rôle de déterminer la qualité ou la quantité du point, de la ligne ou de la zone.

➢ La forme

On sait qu'il existe des formes différentes en nombre illimité. Aussi, la variété des formes est la variable visuelle que l'on identifiera facilement, que ce soit sous une représentation symbolique (ou pictogramme) ou sous une forme géométrique. La forme permet de différencier une information qualitative mais ne permet pas d'effectuer des comparaisons ou des classifications.

➤ La taille

La variation de la dimension d'un symbole est bien sûr infinie, du moins, dans les limites physiques de la carte et selon la densité de ses éléments. La taille permet donc de traduire toutes les informations de nature quantitative en donnant au lecteur la capacité de comparer et d'ordonner les divers points ou lignes composant la carte.

➤ La couleur

En plus d'avoir un pouvoir marqué pour la différenciation, en raison principalement de la capacité de l'œil humain de les distinguer, la couleur présente l'avantage d'améliorer l'esthétique d'une carte. Elle a cependant les défauts de ses qualités, car la couleur peut être décodée différemment selon les personnes en plus d'entraîner des coûts beaucoup plus élevés. En outre, certains concepteurs de cartes ont tendance à oublier que la couleur n'induit pas une notion d'ordre objectif et à l'utiliser dans cette optique ; le message résultant ne peut être que faussé. C'est une erreur qui est, malheureusement, très répandue.

➤ La valeur

La meilleure définition de la valeur est celle du rapport entre les quantités de noir et de blanc que perçoit le lecteur d'une image cartographique ; on l'exprime habituellement en pourcentage ou en dégradé. La valeur s'applique également à la couleur. Contrairement à la précédente, c'est une variable ordonnée qui permet d'établir une hiérarchie visuelle pertinente entre les classes.

➤ Le grain

Le grain provient de la modification de la texture du motif composant une trame et crée l'illusion d'une modification de la valeur. Quoique couramment utilisée dans certains documents, cette variable visuelle est à éviter.

➤ L'orientation

Cette variable est associée à des éléments de représentation à base de lignes et peut être utilisée pour distinguer des informations qualitatives qu'elle permet seulement de différencier. Son usage est limité.

6.3. CARTES ET ANALYSE SPATIALE

L'utilisation des cartes se limite trop souvent à leur dimension descriptive. Que le document soit sous forme imprimée ou électronique, on le consulte pour savoir si un phénomène se produit en un lieu donné, ce que l'on retrouve en un autre endroit ou comment se rendre d'un point à un autre. La dimension analytique de l'outil cartographique est beaucoup moins exploitée, malgré toutes les possibilités offertes par la carte en tant que modèle de représentation de la réalité. Pourtant, en décrivant en deux dimensions les divers aspects du territoire, la carte est un outil d'analyse spatiale privilégié, par sa capacité de mettre en lumière les lois ou les processus ayant mené à une organisation spatiale observée. Utilisée conjointement avec des observations directes sur le terrain, les photographies aériennes et les images satellitaires, la carte se révèle un élément clé des systèmes d'information géographique.

6.3.1. SPATIALISER: POURQUOI, COMMENT?

La spatialisation, établissement du rapport entre un phénomène et sa position sur la surface de la Terre, est un processus dont on perçoit intuitivement la portée. On peut constater, par exemple, que les inondations ont tendance à se produire à proximité des cours d'eau. Vérité de La Palice, certes, mais une telle évidence peut aussi être interprétée comme l'étape initiale de l'analyse spatiale. Quels sont les cours d'eau à proximité desquels les inondations sont les plus fréquentes et les plus catastrophiques? En postulant que ce phénomène n'est pas lié au hasard, on doit envisager qu'il est dû à la localisation particulière des cours d'eau en question. Quelles sont donc les caractéristiques du climat, du relief, de l'utilisation du sol qui peuvent expliquer ces inondations? Les grands fleuves sibériens, comme l'Ob et l'Iénisséï, provoquent des inondations printanières régulières. Coulant du sud vers le nord, leur partie amont dégèle avant l'embouchure, d'où les inondations. Un fleuve aux caractéristiques hydrologiques analogues mais dont l'embouchure se situerait à une latitude inférieure, ou simplement s'il coulait du nord vers le sud, ne serait pas touché de la même manière. La prise en compte de la répartition des phénomènes dans l'espace ainsi que de la façon dont le milieu agit sur ces mêmes phénomènes constitue donc une étape primordiale d'une étude géographique.

L'analyse spatiale n'est pas réservée au quantitatif mais peut revêtir un aspect qualitatif, sans pour autant manquer de précision ni de raffinement; bien entendu, les variables quantitatives sont plus faciles à intégrer et à gérer dans un système informatique.

L'analyse spatiale permet de réaliser trois types d'opérations:

- **localiser et décrire**, c'est-à-dire déterminer la localisation d'un phénomène (on obtient alors des cartes dites « d'inventaire »);

- **comparer**, c'est-à-dire étudier simultanément la localisation de plusieurs phénomènes et comparer les différents attributs des lieux entre eux, dans la mesure où ces lieux sont comparables;

- **décider et prévoir**, puisque l'information géographique permet de prendre des décisions relatives au territoire.

6.3.2. L'APPORT QUANTITATIF: LA LANGUE D'ÉSOPE

Expliquer un phénomène géographique, comme la localisation d'un village dans sa vallée et les conséquences qui en découlent, à l'aide de données quantitatives comporte des avantages, notamment en ce qui concerne la précision des données et leur traitement. Mais une telle version n'est pas toujours possible, tout n'étant pas mesurable, parce que ces phénomènes ne sont pas toujours mesurés de la même façon, que les données ne reflètent pas toujours la réalité et qu'elles se prêtent donc à une interprétation. On a surtout recours à des données de type qualitatif dans trois situations particulières:

- **Impossibilité de mesure.** C'est le cas, entre autres, des variables qualitatives qui ne peuvent être mesurées. Ainsi, l'inventaire des informations traitant du cadre écologique pour le village et sa vallée aura recours à la variable « type de végétation », qui prend au Canada les valeurs Toundra, Prairie, Forêt, etc. On fait ensuite appel à des indicateurs qui, agrégés, permettront la fabrication d'indices (une des applications possibles est l'évaluation environnementale où la variable « santé de la faune et de la flore » est remplacée par des indicateurs quantitatifs comme le nombre de telle ou telle espèce).

- **Incompatibilité de mesure.** La comparaison des données n'est possible que lorsqu'elles ont pu être définies avec précision. On pourrait facilement faire croire, avec des chiffres pourtant officiels, que le Japon est moins urbanisé que le Canada. C'est que la définition d'une région urbanisée n'est pas la même dans les deux pays (400 hab./km^2, au Canada, et 40 000, au Japon) et qu'il y a donc proportionnellement moins d'urbains au Japon qu'au Canada. C'est seulement en harmonisant les définitions que la comparaison quantitative devient significative.

- **Interprétation**. Interpréter des résultats statistiques, c'est retraduire en mots ce qui était quantitatif. Il est très important d'expliquer les chiffres, c'est-à-dire indiquer ce qu'ils signifient et aussi ce qu'ils ne signifient pas. Par exemple, l'utilisation de la moyenne est très délicate, car elle ne rend pas compte de la distribution des individus autour de cette moyenne ni de l'évolution des autres variables corrélées. Ainsi, en montrant l'évolution du salaire moyen au Mexique, on pourrait conclure que le niveau de vie s'y améliore. Il n'en est rien, car l'inflation augmente plus vite que le salaire moyen. La réalité est ainsi faussée par omission, c'est pourquoi il vaut mieux, dans ce cas, ne pas faire appel à des données quantitatives et s'en tenir à des informations de type qualitatif.

Une analyse spatiale, qui est le propre de la géographie, fait souvent appel aux méthodes quantitatives classiques pour décrire des phénomènes de nature quantitative ayant une dimension spatiale. Toutefois, ces méthodes ne suffisent pas toujours ou ne sont pas toujours appropriées, notamment, aux données discrètes et aux données qualitatives, autres types de données qui se retrouvent à peu près également en géographie. L'analyse spatiale utilise souvent des méthodes statistiques et économétriques, méthodes ne pouvant traiter, pour la plupart, que des variables quantitatives (modèles de répartition spatiale, d'interactions spatiales, modèles spatiaux temporels, etc.) et faisant référence à des méthodes connues et reconnues. Elles permettent aussi la rapidité de traitement, notamment grâce à l'informatique. La plupart des outils de traitement des données, comme les tableurs, sont conçus pour recevoir des données quantitatives et les possibilités de traitement des variables qualitatives sont restreintes, se résumant en fait à de la représentation (fabrication de tableaux et graphiques, mise en ordre, tri, etc.).

6.3.3. Choisir et trier l'information

Une des difficultés de l'analyse spatiale réside dans le choix et le tri de l'information. On est souvent amené à traiter une énorme quantité de données parmi lesquelles, pour des raisons de pertinence, de redondance et de temps, il est nécessaire d'effectuer un choix. Choisir l'information, c'est choisir les données les plus pertinentes, en fonction d'un objet spécifique. Par exemple, l'analyse des destinations des produits locaux de l'exploitation forestière du village de la Jacques-

Cartier précédemment cité doit-elle considérer les données au regard de leur poids ou de leur valeur marchande? Doit-on différencier les diverses essences ou les agréger? Doit-on montrer simultanément ou en parallèle la différence entre le bois usiné et le bois avant la scierie? Cette réflexion sur le choix des données peut se résumer en deux questions fondamentales:

1. Quelle est la quantité idéale d'informations? Trop de données peut submerger le lecteur, pas assez pourrait l'amener à manquer des informations essentielles, ce qui affecterait le degré de précision ou toute autre chose qui va dans ce sens. La réponse dépend des objectifs de l'étude et du type de clientèle visé.

2. Quelles sont les informations pertinentes? Quelles sont les données qui constituent les meilleurs indicateurs par rapport aux objectifs de l'étude?

Après s'être interrogé sur la pertinence des données, on doit se pencher sur leur validité. Les métadonnées, c'est-à-dire tout ce qui décrit leurs caractéristiques et leur mode d'acquisition, doivent être complètes. Les données doivent être transparentes, quant à leur mode d'acquisition, claires, quant à la définition des termes employés, et précises, quant à leur date de collecte ou de mise à jour. Dans le cadre d'une étude de localisation spatiale des ventes dans les magasins d'alimentation au détail dans la grande région de Québec, en fonction des paramètres s'appliquant à notre petit village, on peut se poser la question suivante:

– Comment définit-on un magasin d'alimentation au détail? Les magasins de type entrepôt comme Club Price ou Wal-Mart en font-ils partie (question déterminante quand on connaît leur part de marché)? Qu'advient-il des marchés publics, vu qu'ils possèdent aussi une part importante de la distribution alimentaire?

La question du mode d'acquisition des données et de leur traitement est fondamentale, la signification même des chiffres qu'on présente en dépend. Prenons l'exemple bien connu des classements. Présenter un classement des plus grandes universités au Canada sans donner plus de détails signifie à la fois fausser l'information et manquer de précision. Des classements d'universités et de collèges sont réalisés chaque année par de nombreux journaux du pays, mais on en arrive à déterminer tellement de catégories que chaque institution se trouve une bonne place dans l'une d'entre elles. La situation est comparable en ce qui concerne le classement des dix plus grandes entreprises. Aucun des différents classements réalisés n'arrive au même résultat et, pourtant, tous peuvent être considérés comme « vrais ». Les critères de classement employés ne sont simplement pas les mêmes : les profits, la valeur des actifs, le nombre d'employés, le total des ventes, etc. Certains incluent les sociétés d'État, ou les filiales, d'autres non... Lorsqu'elles ne sont pas employées à bon escient, les statistiques peuvent compliquer l'analyse et surtout fausser le message cartographique au lieu de le simplifier. Elles sont donc, comme la langue d'Ésope, à la fois la meilleure et la pire des choses. La présentation des données sous forme de tableaux chiffrés, leur traitement avec un logiciel de traitement statistique (tableur ou, mieux, SAS ou SPSS, logiciels de statistiques puissants et très peu conviviaux) et leur présentation à l'aide de graphiques, tout cela leur confère un « vernis scientifique » qui induit souvent chez l'utilisateur une confiance aveugle et peut masquer un total manque de rigueur dans leur collecte ou leur traitement. La prudence est donc de mise, tant du côté du concepteur du message de la carte, qui doit demeurer rigoureux dans sa démarche, que de celui du lecteur, qui doit garder son sens critique quel que soit le véhicule du message.

6.3.4. RÉDUIRE L'INFORMATION

Les données sont généralement trop nombreuses pour qu'on puisse les transmettre comme telles ; elles ne seraient d'ailleurs pas mémorisables et donc en partie inutiles. On cherche donc à résumer l'information, sans pour autant la fausser. De tels résumés permettent au géographe de savoir si les unités spatiales sont semblables ou non, homogènes ou hétérogènes, de relever la présence d'une structure spatiale dans la disposition des valeurs et l'ordre de grandeur des valeurs de même que leurs différences. Les méthodes de statistique descriptive servent à produire ces résumés et incluent les mesures de tendance centrale (moyennes), de dispersion (écarts types) et de position (médianes et quantiles), indices qui donnent une bonne idée de la distribution des observations et de leur répartition géographique. La statistique descriptive permet aussi de mesurer les liens pouvant exister entre les différentes variables qui s'appliquent aux unités spatiales d'une même zone d'étude. On parle alors d'analyse multivariée, visant entre autres à établir des corrélations entre les différentes variables.

Ces techniques sont assez simples à utiliser, mais elles posent un défi de taille : « perdre le moins possible d'information à transmettre en communiquant celle-ci d'une manière lisible et globale » (Béguin et

Pumain, 1994, p. 39), défi comparable à celui qu'on doit relever en cartographie statistique. Un résumé statistique est satisfaisant s'il réussit à conserver trois types essentiels d'informations :

- l'ordre de grandeur, donné par les valeurs centrales ;
- la dispersion, c'est-à-dire l'homogénéité ou l'hétérogénéité de la distribution ;
- la forme de la distribution, laquelle conditionne le choix du type de discrétisation à effectuer.

Ces mesures doivent, nous l'avons vu, être considérées avec précautions, surtout si nous voulons effectuer des comparaisons entre différentes distributions. Pour comparer, par exemple, la distribution des revenus et les revenus moyens au Mexique et au Canada, il faut mentionner que :

- le coût de la vie n'étant pas le même dans les deux pays, comparer les revenus moyens s'avère peu pertinent.
- les revenus moyens cachent des écarts d'ordre tout à fait différents dans les deux pays, la société canadienne étant beaucoup plus homogène.
- les formes de distribution ne sont pas identiques, la majorité de la population au Canada se retrouvant autour de la moyenne alors qu'au Mexique elle se trouve nettement en dessous de la moyenne.

La statistique descriptive est une méthode de description numérique ayant pour but d'extraire d'un grand nombre de données quelques caractéristiques simples : histogrammes de fréquences, variance, moyenne, écarts, etc. Méthode de description quantitative puisqu'elle utilise les nombres, elle s'oppose à la description qualitative utilisant les mots, laquelle est plus riche et plus nuancée mais limitée par son caractère imprécis et subjectif. Pour effectuer une analyse spatiale descriptive, il faut donc accumuler des données à référence spatiale, en faire un examen critique, les mettre en forme, les analyser et les synthétiser. Même si l'analyse statistique ne se limite pas à la description statistique, c'est une étape primordiale et essentielle pour au moins deux raisons : d'une part, cette étape est nécessaire aux suivantes, c'est-à-dire l'analyse explicative (méthodes de régression, analyse factorielle et analyse en composantes principales)

> *Si l'utilité des méthodes quantitatives en analyse spatiale n'est plus à démontrer, il n'en reste pas moins que leur utilisation est délicate et qu'elle repose toujours sur des compromis.*

et prévisionnelle (utilisant notamment les probabilités) et, d'autre part, elle est directement utile pour la prise de décision. En politique, planification et administration, la prise de décision s'appuie en effet constamment sur des informations de type descriptif.

6.4. PARTICULARITÉS DE L'ANALYSE SPATIALE

Les caractéristiques des données spatiales ont mené à la création d'une batterie d'outils spécialement conçus pour l'étude de phénomènes géoréférencés. C'est, par exemple, l'étude du déplacement de la population américaine vers l'Ouest à la fin du siècle dernier qui fut à l'origine du développement de l'analyse centrographique, procédé qui permet de quantifier et de modéliser la dispersion ou la concentration d'une population autour de son centre de gravité et les déplacements de ce dernier au fil du temps. D'autres méthodes, comme l'analyse des surfaces de tendance, les polygones de Thiessen et de Voronoi ou, encore, l'autocorrélation spatiale et le krigeage, ont été développées au fur et à mesure pour répondre aux besoins reliés à des problématiques prenant en compte l'extension d'un phénomène dans l'espace. L'autocorrélation spatiale, par exemple, part du principe que la valeur d'une variable pour un point donné de l'espace a plus de chances d'être similaire pour les points voisins que pour les points très éloignés. Bien que simple dans sa formulation, cette technique s'appuie sur des concepts mathématiques avancés et des outils perfectionnés, et son développement a été rendu possible grâce à celui des moyens de traitement informatisés.

Une analyse spatiale exige le recours à des méthodes statistiques capables de prendre en compte la localisation des phénomènes dans l'espace.

Les moyens d'acquisition des données géographiques sont multiples. Les données recueillies sont stockées dans des bases de données informatisées (qui ont remplacé les annuaires statistiques sur papier), donc sous forme numérique. Les producteurs de bases de données localisées sont aussi bien les administrateurs de collectivités territoriales que des entreprises commerciales (en particulier, pour les fichiers de clientèle). Les moyens disponibles en matière de traitement des données géographiques et de représentation de ces données sont multiples et, pour la plupart, assez simples et rapides d'utilisation.

Le traitement de l'information géographique fait appel à diverses techniques selon la source des données localisées : l'analyse quantitative classique utilise les données brutes numériques avec des logiciels appropriés et l'analyse d'image se sert de données issues de la télédétection et la photo-interprétation.

Les données brutes tirées d'un recensement ou d'un échantillon consistent en un ensemble de valeurs numériques non organisées, contenant une quantité définie d'information. Pour pouvoir en extraire l'information pertinente, il convient tout d'abord de les ordonner, c'est-à-dire de modifier et de simplifier leur structure. Cette opération est effectuée au prix d'une certaine perte d'information brute, toutefois compensée par un gain en compréhension.

Étant donné l'impression immédiate et durable qu'ils ont sur le lecteur, les tableaux et graphiques doivent être choisis et présentés avec le plus grand soin. Trop souvent, des chiffres apparaissent dans un tableau sans qu'une hiérarchie n'ait été établie en ce qui a trait à l'information à retenir, sans aucune recherche pour fixer l'attention du destinataire. Il est donc primordial qu'ils puissent se mémoriser facilement, que le message qu'ils transmettent soit clair et qu'ils ne faussent pas l'information quantitative. Il est en effet facile de montrer l'énorme accroissement de la population québécoise depuis la fin de la Deuxième Guerre mondiale, sans le relativiser en le comparant à celui de la population du Canada. Le graphique lui-même n'est pas faux, mais le message ainsi véhiculé est exagéré. De telles erreurs peuvent être involontaires ou, au contraire, traduire des intentions partisanes.

L'information contenue dans un tableau ou un graphique doit, par ailleurs, être hiérarchisée afin de retracer le chemin de l'œil qui décode ce type d'illustration. On dispose pour ce faire de plusieurs éléments :

- les polices de caractères permettent de relever certains éléments de l'illustration comme le titre et certains chiffres clés ou, au contraire, de minimiser l'importance d'autres comme la source, laquelle doit absolument figurer mais ne doit être regardée qu'en dernier. On joue alors sur la grosseur de caractères, les caractères gras, etc. ;

- l'utilisation des bordures et trames qui permettent également de faire ressortir certains éléments mais aussi d'enjoliver l'ensemble du tableau ou du graphique ;

- la couleur, surtout utilisée dans les graphiques, permet, en utilisant judicieusement les couleurs chaudes et froides, de faire ressortir certains éléments tout en créant un certain esthétisme.

Elle doit toutefois être utilisée avec précautions, car son effet sur le lecteur peut être excessif, le détournant ainsi du message proprement dit.

Avant de se lancer dans la confection de graphiques et de tableaux, il convient de prendre quelques précautions ou du moins de se poser quelques questions:

– Faut-il vraiment représenter les données graphiquement?

– Quel sera le médium de présentation: exposition, diapositive, photocopie, acétate, acétate électronique au moyen d'un micro-ordinateur, etc.? L'ensemble du processus de création du graphique ou du tableau dépend de cette très importante question.

– Quels sont les objectifs du tableau ou du graphique? Quel est le message que l'on veut transmettre et selon quel niveau de détail?

– Quel est le type de graphique le mieux adapté?

– De combien de temps dispose-t-on pour le produire?

Comme un graphique est un élément de perception visuelle immédiate, que l'on déchiffre bien plus vite qu'une carte, sa conception et sa lecture présentent bien des dangers d'interprétation. Le graphique peut, s'il ne respecte pas quelques règles essentielles, exagérer ou réduire l'importance de certains phénomènes. Il doit montrer clairement l'échelle des axes (abscisse et ordonnée), lesquels doivent respecter certaines proportions. Les diagrammes en barres (simples ou composées), les diagrammes circulaires (ou en pointe de tarte) et les courbes chronologiques sont les graphiques les plus utilisés, car largement vulgarisés.

> *La confection des graphiques doit, tout comme celle des cartes, faire l'objet de précautions, car rien n'est plus facile que de « mentir avec des graphiques vrais », notamment par le jeu des échelles.*

6.5. LES SYSTÈMES D'INFORMATION GÉOGRAPHIQUE

Parallèlement au développement et, pourrait-on dire, à la vulgarisation de l'usage de la carte à tous les niveaux de la société, le milieu de la recherche et les organismes publics et privés ont vu l'éclosion récente du phénomène SIG. Acronyme de «Systèmes d'information géographique », les SIG sont de plus en plus utilisés, parfois à tort et à travers d'ailleurs, et la carte en est une constituante fondamentale.

6.5.1. QU'EST-CE QU'UN SIG ?

Les définitions du terme « systèmes d'information géographique » abondent, faisant tantôt référence à leurs fonctions de gestion et d'analyse, tantôt à leurs dimensions informationnelle ou technologique. Celle que nous proposons tente de prendre en considération ces différents aspects :

> Un système d'information géographique est un système formé d'une base de données numériques géoréférencées structurée en fonction de besoins particuliers et comprenant des logiciels permettant l'enregistrement, l'interrogation, le traitement, la visualisation et l'analyse de ces données.

Le SIG est défini, ici, comme un ensemble fonctionnel, conçu dans le but de répondre à des besoins précis, plutôt que comme un outil informatique, utile, mais relevant surtout de l'opérationalisation. La fonction première d'un SIG y apparaît comme étant l'enregistrement de la représentation numérique d'objets ou de phénomènes géographiques, sous une forme structurée axée sur une conception particulière de la réalité géographique. Le caractère structuré d'une base géographique est en effet essentiel à l'exploitation efficace de l'information enregistrée. Quant à la carte, elle constitue à la fois un fournisseur d'information, un outil de visualisation des différents traitements auxquels est soumise l'information, et un support final, forme privilégiée des résultats de l'analyse de SIG.

6.5.2. HISTORIQUE

La carte est à l'origine de l'apparition des SIG. C'est en 1960, devant l'impossibilité d'analyser les trop nombreuses cartes de l'Afrique de l'Est dans le but de localiser les endroits optimaux pour créer de nouvelles plantations forestières et implanter un moulin, qu'a germé l'idée du traitement des données géographiques par ordinateur. Les coûts estimés pour la localisation manuelle, à partir de cartes papier, de ces nouveaux sites étaient en effet si élevés qu'ils amenèrent à l'informatisation des cartes comme solution moderne et efficace au problème de l'analyse spatiale. De retour au Canada, le créateur de ce nouvel outil, Tomlinson, fut affecté à l'inventaire du territoire du pays, et après avoir sollicité l'assistance technique de la compagnie IBM, seule compagnie qui voulut se risquer dans cette aventure, on entreprit la création du Système d'information géographique du Canada (SIGC). En 1965, c'était un défi de taille que d'alimenter le développement du SIGC. En effet, on calcula à l'époque qu'il faudrait, pour y parvenir, employer 556 techniciens pendant une période de trois ans. Il en coûtait alors huit millions de dollars (en dollars canadiens de l'époque) pour compiler l'information des cartes de l'Inventaire des Terres du Canada à l'échelle de 1/50 000 afin d'établir la capacité du territoire pour l'agriculture. Les efforts de l'équipe du SIGC pour contourner ce problème par la voie numérique se soldèrent, en 1971, par l'achèvement du plus important système d'information géographique de l'époque, un système informatisé de 10 000 cartes numériques traitant plus de 100 thèmes différents.

L'essor progressif des SIG institutionnels de grande envergure au cours des années 1970 fut suivi, au cours des années 1980, d'un véritable « boom », en grande partie grâce à l'apparition du micro-ordinateur. Aujourd'hui, les SIG ont littéralement envahi entreprises, gouvernements, universités, etc. Nous vivons encore aujourd'hui l'impact de cette expansion, actuellement alimentée par la baisse des coûts des ordinateurs et l'accroissement continuel de leurs performances ainsi que par la dissémination à bon marché, par le réseau Internet et par certaines agences gouvernementales, de données géographiques numériques d'une couverture et d'une richesse considérables. Les systèmes d'information géographique sont en passe de devenir, auprès de certains intervenants, des outils aussi utiles et nécessaires que le traitement de texte, comme en témoigne l'alliance récente entre le SIG MapInfo et le géant Microsoft Corporation qui a mené à l'ajout de fonctions SIG dans la suite Microsoft Office (Microsoft Map). La tendance actuelle indique que, dans les prochaines années, nous assisterons au développement de SIG-réseau (comme MapInfo Proserver, MapObjects Internet Map Server de ESRI, ou Geomedia de Intergraph), c'est-à-dire d'interfaces client/serveur donnant accès, à travers les réseaux locaux et Internet, à des données et à des algorithmes disséminés sur des ordinateurs répartis dans le monde entier. Ces développements augmenteront la démocratisation des SIG en transférant la tâche d'assemblage des bases de données de l'usager au fournisseur, laissant ainsi à l'usager le loisir de se concentrer sur l'analyse plutôt que sur l'intégration des données.

La carte, en tant que produit de l'analyse de SIG, aura donc tendance à suivre le mouvement, devenant de plus en plus virtuelle et interactive.

6.5.3. L'INFORMATION GÉOGRAPHIQUE NUMÉRIQUE

L'information géographique s'appuie, nous l'avons vu, sur des données géoréférencées, c'est-à-dire sur des éléments d'information auxquels on rattache une référence spatiale. Même si la référence spatiale peut être relative («au nord de», «à proximité de», «entre la rue A et la rue B», etc.), les SIG gèrent généralement une référence spatiale absolue déterminée par des coordonnées géographiques en deux ou trois dimensions, habituellement définie d'après un système de référence terrestre. Une donnée géoréférencée complète comprend les éléments suivants: un identifiant (c'est-à-dire une chaîne de caractères permettant d'identifier sans équivoque chacun des éléments de la base de données), une localisation (déterminée par une ou plusieurs coordonnées x,y ou par des triplets x,y,z), un ensemble d'attributs caractérisant chacun des éléments d'information et, de plus en plus, une date indiquant le moment auquel l'objet possédait la localisation et les valeurs d'attributs relevées. L'ensemble des éléments formant une base de données est normalement réparti en un segment géographique, contenant les identifiants et les localisations, et un segment descriptif, contenant les identifiants (pour assurer le lien avec le segment géographique) et les attributs. Le segment descriptif est la plupart du temps géré par un système de gestion de base de données conventionnel de type relationnel, tel que Oracle, Microsoft Access ou dBase. Par ailleurs, les éléments d'information sont divisés en différents thèmes, répartis sur des couches d'information, et possèdent des attributs distincts. Ainsi, les attributs décrivant les cours d'eau sont différents de ceux qui décrivent les routes, c'est pourquoi on place l'information concernant ces deux thèmes sur autant de couches d'information distinctes.

L'utilité d'une base de données géoréférencées découle des modèles utilisés pour traduire une réalité géographique parfois complexe en un objet pouvant être manipulé par l'ordinateur. En effet, l'approche SIG va au-delà de la représentation numérique d'un dessin cartographique pour devenir l'expression informatique de modèles de la réalité. On retrouve essentiellement deux approches à la modélisation géographique, ce qui donne lieu à deux types d'information: les couches matricielles et vectorielles. L'utilisation de fonctions discrètes, habituellement bi-dimensionnelles, représente une caractéristique de l'espace géographique par la juxtaposition dans une grille régulière de cellules carrées. Une telle fonction est utile à la représentation matricielle des quantités qui varient de proche en proche sur le territoire, comme l'altitude du terrain ou l'albédo des surfaces; en d'autres termes, on enregistre la valeur d'une variable pour chaque cellule carrée centrée sur la position (x,y). Ainsi, une fonction $f(x,y)$ peut représenter l'altitude, la pente du terrain, la concentration en chlorophylle d'une masse d'eau ou toute autre quantité. C'est également ce type de représentation qui est utilisé pour illustrer la brillance des objets apparaissant sur les images de télédétection. Lorsque la réalité représentée se conçoit comme la juxtaposition « d'objets géographiques » plus ou moins intègres et finis, on a recours à une modélisation-objet qui se traduit par une représentation vectorielle de la réalité. Dans ce cas, les objets géographiques sont figurés par des points, des lignes, des polygones ou des volumes formés de facettes, et sont liés à une base d'attributs.

6.5.4. LE SIG COMME OUTIL DE VISUALISATION

L'intelligence humaine, si développée soit-elle, connaît des limites qui sont liées au mode de fonctionnement du cerveau. Notre manière d'appréhender la réalité passe par le canal de la conscience, goulot d'étranglement pour la foule de données nécessaires à la compréhension de phénomènes complexes. Cette conscience fonctionne tout au plus en trois dimensions, en dépit du fait que les mathématiques nous permettent d'exprimer des quantités en quatre dimensions et plus. Son attention est limitée à une « idée » à la fois, et son mode de déduction est confiné à une logique linéaire, bien que de nombreux phénomènes aient des manifestions parallèles, emboîtées, s'influençant réciproquement, etc. En d'autres termes, l'esprit humain reconnaît la complexité de la réalité, mais il doit la simplifier ou, alors, trouver des moyens de l'exprimer simplement, pour la comprendre, pour en dégager un sens. Ces limites de la conscience humaine agissent, en particulier, sur la compréhension des phénomènes géographiques, le défi de la conceptualisation étant compliqué par les multiples dimensions : les deux ou trois dimensions de l'espace, l'axe du temps et celles, parfois nombreuses, des variables mesurées. On utilise depuis au moins un siècle et demi un moyen « graphique » pour modéliser, simplifier et rehausser la réalité pour transmettre une information complexe de façon visuelle : la carte. Plus récemment, un nouveau domaine de connaissance, rassemblant des techniques variées, est proposé comme solution générale à l'appréhension visuelle de la réalité : la visualisation scientifique. Cette dernière est considérée comme un domaine de production d'images de synthèse pour les applications scientifiques. Les images, représentations visuelles de résultats d'expérimentation ou de simulation, sont destinées à la compréhension et à la présentation de ces résultats ; le problème étant alors de savoir, dans un contexte bien défini, quelles sont les représentations visuelles les mieux adaptées pour mettre en évidence les aspects caractéristiques de ces résultats.

La cartographie conventionnelle offre de nombreux moyens de représentation de l'information géographique de type qualitatif ou quantitatif: cartes thématiques en couleurs, par symboles proportionnels, par densité de points, etc. L'apport de la troisième dimension comme élément de représentation du relief constitue une tout autre façon de visualiser la réalité géographique.

Les modèles numériques d'altitude (MNA), couche d'information permettant de connaître l'altitude du terrain en tout point sur le territoire, prennent souvent la forme d'une matrice dont les cellules contiennent les valeurs d'altitude. La figure 1 nous donne un aperçu de ce nouveau mode de visualisation du territoire que représentent les MNA. Il s'agit ici d'une image de Saint-Aimé-des-Lacs, dans Charlevoix. L'image Landsat TM a été fusionnée avec effet d'ombrage à un modèle numérique d'altitude au 1/50 000.

Les phénomènes dynamiques peuvent, quant à eux, être visualisés grâce aux techniques d'animation par ordinateur. La présentation séquentielle de cartes couvrant un même territoire à différentes dates permet d'étudier, par exemple, l'étalement urbain, la crue d'une rivière ou la diffusion d'une matière dans une nappe phréatique. L'animation sert également à présenter un état statique de façon dynamique. Il est de plus en plus courant de présenter une région à partir d'un survol virtuel en déplaçant un point de vue au-dessus d'un modèle numérique d'altitude sur lequel on a superposé une information matricielle. Certaines interfaces ou certains formats de données, comme le VRML (Virtual Reality Markup Language), accroissent les possibilités de perception tridimensionnelle en remettant le contrôle du déplacement du point de vue à l'usager de façon interactive.

6.5.5. LA MISE EN ŒUVRE D'UN SIG

Jusqu'à la fin des années 1980, il fallait numériser à partir des cartes papier l'essentiel de l'information entrant dans le SIG. Dans les années 1990, les bases de données numériques à bon marché sont apparues. Ainsi, toute l'information que renferment les cartes topographiques papier couvrant le territoire québécois aux échelles de 1/20 000, de 1/50 000, de 1/250 000 et de 1/1 000 000 peut aujourd'hui être acquise en format numérique. Lorsqu'on ajoute à ces bases topographiques les informations thématiques produites par différents ministères (voir le tableau 2), les images de télédétection, les bases offertes par certaines compagnies privées ou accumulées par certaines entités administratives (municipalités, MRC), on constate qu'il est

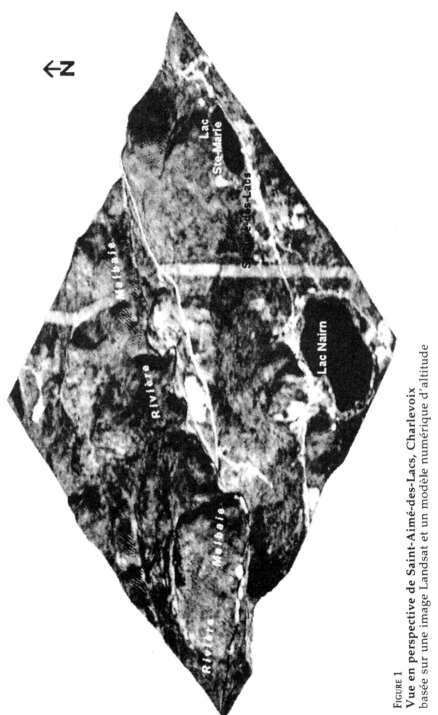

FIGURE 1
Vue en perspective de Saint-Aimé-des-Lacs, Charlevoix
basée sur une image Landsat et un modèle numérique d'altitude

souvent possible d'obtenir rapidement l'information de base nécessaire à la réalisation d'une étude environnementale. Ce qui manque pourra aisément être saisi à partir de carte papier, de levés de terrain (aujourd'hui grandement facilités par le positionnement automatique par GPS et l'ordinateur portatif).

TABLEAU 2
Sources d'information

Nom de la base	Échelle*	Couverture	Description
Base nationale de données topographiques	1/50 000 et 1/250 000	Tout le territoire canadien	Tous les éléments des cartes topographiques sur papier sauf les toponymes
Géologie	1/5 000 000	Tout le territoire canadien	Lithologie
Recensement Statistique Canada	1/50 000 et moins	Tout le territoire canadien avec une précision variant avec la densité d'habitants	Données de recensement de la population par unité de recensement
Dépôts de surface	1/5 000 000	Tout le territoire canadien	Types de dépôt de surface
Utilisation du sol – Environnement Canada	1/50 000	Territoire à forte densité de population	Classification simplifiée de l'utilisation du sol

* Rappelons qu'une petite échelle cartographique sert à représenter les éléments importants d'un vaste territoire.

CONCLUSION

La disponibilité et la qualité de l'information géographique numérique constituent les principaux facteurs limitant les capacités des systèmes d'information géographique en tant qu'outil d'aide à la décision, ce qui oblige l'utilisateur à faire usage des résultats avec précautions, tout en le contraignant à effectuer une validation, fût-elle partielle, de ces mêmes résultats. L'information d'une carte, qu'elle soit numérique ou sur support analogique, comporte en effet plusieurs limites importantes. D'abord, il faut comprendre que la précision de la carte dépend de son échelle et qu'une opération de généralisation cartographique intervient toujours dans la réalisation d'une carte, ce qui affecte également les cartes en format numérique. La généralisation cartographique entraîne souvent la simplification des traits, la diminution du nombre de classes et l'approximation des quantités. Aux erreurs de positionnement et d'interprétation (relativement élevées lorsque les cartes découlent de l'interprétation d'images de télédétection) s'ajoutent les imprécisions découlant de la généralisation. Il faut donc considérer les intrants d'un SIG comme imparfaits, malgré l'apparence de précision des traits dessinés par un ordinateur. De plus, la succession des opérations de superposition et d'analyse spatiale entraîne une accumulation combinée d'erreurs géométriques et thématiques qui peut rendre les cartes analytiques peu fiables.

L'information géographique possède une dimension à la fois graphique et cartographique. Les données géographiques, après avoir été judicieusement sélectionnées, peuvent être représentées sous forme de tableaux à référence spatiale, de graphiques ou, encore, de cartes. Le choix des données et du type de représentation est difficile, voire complexe. S'il est relativement aisé de calculer une moyenne, il est beaucoup plus délicat de l'expliquer et de la représenter graphiquement de manière adéquate. Quant à l'analyse quantitative spatiale, qui est le propre de la géographie et qui se nourrit de la dimension spatiale des phénomènes étudiés, elle ne repose pas seulement sur un calcul, même s'il en est un élément, mais elle intègre aussi des raisonnements délicats et complexes, parfois objectifs, parfois subjectifs, et elle exige donc de la part des utilisateurs la plus grande attention. Mais cela en vaut la peine, car ces outils et méthodes permettent de mieux diffuser l'information et les messages.

Le développement des moyens permettant de produire des cartes a entraîné à la fois une généralisation et une démocratisation de leur usage, même auprès de ceux qui ne s'en étaient pas servis jusque-là. Le développement d'Internet et de son usage des cartes comme outil de navigation en est un bel exemple. Le revers de la médaille est constitué par la prolifération de messages cartographiques partiellement ou totalement faussés, volontairement ou non, et qui peuvent détourner les cartes de leur objectif initial de médium d'information simple et direct. Le rôle des géographes et, plus particulièrement, des cartographes serait donc de dénoncer ces dérapages et de manifester davantage leur présence lorsqu'il est question de diffusion d'information de type géographique.

Où trouver l'information géographique

En ce qui concerne la collecte de données, rappelons-le, les banques de données au Canada sont très facilement accessibles, sur tout format (papier, disquettes, Internet) et tout à fait fiables. Citons les différents ministères (Environnement, Affaires municipales, etc.) des deux paliers de gouvernement, Hydro-Québec et leurs équivalents des autres provinces, les municipalités, notamment la Ville de Montréal, et, bien sûr, Statistique Canada. Pour ce qui est des données mondiales, l'ONU, la Banque mondiale, l'UNESCO, l'INSEE pour l'Europe, sont également accessibles soit par Internet, soit par les bibliothèques universitaires notamment. L'avantage de ses organismes est qu'ils produisent des statistiques mises à jour régulièrement sur une assez grande variété de thèmes.

Notons également que Statistique Canada met à la disposition des usagers deux bases de données contenues dans un CD-ROM nommé **E-Stat** : il s'agit des données du **recensement** canadien des personnes et des entreprises, par province, par canton ou MRC, par municipalité, etc., ainsi que de **CANSIM**, la base de données chronologique. Il s'agit d'un outil très complet et de manipulation assez simple : à partir d'un choix de thèmes ou de régions présenté en une succession de menus imbriqués, on obtient une sélection de données présentées dans un tableur. E-Stat permet, en outre, de cartographier ces données (cartographie assez sommaire mais intéressante tout de même), ou de les exporter vers un autre tableur pour une mise en forme plus soignée, par exemple. Cet outil est intéressant pour les géographes, car il traite de thèmes largement utilisés dans cette discipline (agriculture, économie, démographie, etc.). Au-delà de la recherche des données, c'est également un outil de comparaison chronologique (CANSIM) ou régionale : rien de plus simple que de comparer, par exemple, le taux d'immigration de l'Ontario, du Québec et de la Colombie-Britannique ou, encore, de connaître les taux de croissance des rendements du blé au cours des vingt-cinq dernières années.

Enfin, l'acquisition des données peut également se faire par les atlas, notamment les **atlas électroniques** sur CD-ROM, qui renferment souvent, outre des cartes statistiques, des tableaux de données. Ces atlas sont de plus en plus utilisés en milieu scolaire, car ils sont peu coûteux, facilement utilisables, y compris par les élèves, et que certains sont en langue française : citons, entre autres, PC-Globe ou Mac-Globe, Adventure Canada, 3D Atlas, World

Atlas. Ils permettent, pour la plupart, une recherche interactive par navigation assez rapide et proposent la présentation des données sous trois formats : cartes, tableaux et graphiques. Certains nous laissent même le choix entre les unités géographiques apparaissant sur les tableaux et graphiques.

Mais, attention, les données provenant d'organismes pourtant fiables ne peuvent pas toujours être prises en compte telles quelles. C'est le cas des données du recensement de Statistique Canada qui sont parfois des estimations pour l'ensemble des habitants du Canada à partir d'un échantillon de seulement 20 % de la population (par exemple, les variables de revenu). Ces données doivent donc être utilisées avec précaution. De même, les données présentées dans les annuaires du recensement sont toujours arrondies à 5 près, et le total est arrondi indépendamment ; c'est ainsi qu'on se retrouve avec des colonnes de chiffres qui ne totalisent pas 100 % et qui sont donc intraitables statistiquement. On doit, dans ce cas, recalculer les totaux, en prenant le risque de s'éloigner du total réel non arrondi. En résumé, même si les données sont fiables, elles cachent des éléments de procédure quant à leur mode d'acquisition qui peuvent, s'ils ne sont pas pris en compte, conduire à des analyses déformant la réalité, voire à de grossières erreurs.

BIBLIOGRAPHIE

BÉGUIN, M. et D. PUMAIN (1994). *La représentation des données géographiques*, Paris, Colin, 192 p.

BERTIN, J. (1977). *La graphique et le traitement graphique de l'information*, Paris, Flammarion, 277 p.

BORD, J.-P. et E. BLIN (1993). *Initiation géographique ou comment visualiser son information*, Paris, Sedes, 284 p.

BONIN, S. (1983). *Initiation graphique*, Épi, 172 p.

BONN, F. et G. ROCHON (1992). *Précis de télédétection*, Sainte-Foy, Québec, Presses de l'Université du Québec, 477 p.

BRUNET, R. (1987). *La carte mode d'emploi*, Paris, Fayard/Reclus, 270 p.

CAUVIN, C., REYMOND, H. et A. SERRADJH (1987). *Discrétisation et représentation cartographique*, Paris, Groupe Reclus, 117 p.

GOODCHILD, M., KEMP, K., THÉRIAULT, M. et Y. ROCHE (1996). *Systèmes d'information géographique*, Notes de cours (volumes 1 et 2), Sainte-Foy, Université Laval, Département de géographie, LATIG.

GROUPE CHADULE (1994). *Initiation aux pratiques statistiques en géographie*, Paris, Masson, 203 p.

FOTHERINGHAM, S. et P. ROGERSON (1994). *Spatial Analysis and GIS*, Londres, Taylor and Francis, 281 p.

GRIFFITH, D. et C. AMRHEIN (1991). *Statistical Analysis for Geographers*, Englewood Cliffs (N.J.), Prentice-Hall, 478 p.

HAINING, R. (1990). *Spatial Data Analysis in the Social and Environmental Sciences*, Cambridge (UK), Cambridge University Press, 409 p.

INTERNATIONAL CARTOGRAPHIC ASSOCIATION (ACI) [1984]. *Basic Cartography for Students and Technicians*, vol. 1, 206 p., vol. 2, 141 p.

JAYET, H. (1993). *Analyse spatiale quantitative: une introduction*, Paris, Economica, 202 p.

JOLY, F. (1976). *La cartographie*, Paris, PUF, coll. Magellan, n° 34.

JOLY, F. (1985). *La cartographie*, Paris, PUF, Que sais-je? n° 937, 127 p.

KEATES, J.S. (1988). *Cartographic Design and Production*, 2e éd., New York, Wiley, 261 p.

MAGUIRE, D.J., GOODCHILD, M.F. et D. RHIND (1991). *Geographical Information Systems: Principles and Application*, 2 vol., New York, Wiley.

MONMONNIER, M. (1993). *Mapping It Out*, Chicago, The University of Chicago Press.

MONMONNIER, M. (1993). *Comment faire mentir les cartes*, Paris, Flammarion, 233 p.

MULLER, J.-C. (1991). *Advances in Cartography*, ICA, 251 p.

PAULET, J.-P. (1995). *La carte et le document*, Paris, Eyrolles.

PAULET, J.-P. (1997). *La carte dans les examens et concours*, Paris, Les Éditions d'Organisation, 138 p.

POMON, H. (1992). *Les SIG: mise en œuvre et applications*, Paris.

ROBINSON, A., SALE, R. et J. MORRISSON (1984). *Principles of Cartography*, 5e éd., Wiley, 544 p.

ROULEAU, B. (1991). *Méthodes de la cartographie*, Presses du CNRS, 213 p.

TYNER, J. (1992). *Introduction to Thematic Cartography*, Englewood Cliffs (N.J.), Prentice-Hall, 299 p.

Jacques Schroeder

LA LEÇON DE GÉOGRAPHIE : UNE RELECTURE D'AUTEURS ANCIENS

Les primates sont des animaux visuels.
Aucun autre groupe de mammifères ne dépend
autant de la vision. D'une façon générale
et fondamentale, nous recourons avant tout à des images [...],
lorsque nous cherchons à comprendre quelque chose.
L'écriture, qui suppose un arrangement des idées
en série linéaire, n'est venue qu'en second temps
dans le développement historique des connaissances humaines.

Stephen JAY GOULD, 1996

Il est vraiment réconfortant de constater que la biologie moderne valide une tendance constante de l'enseignement de la géographie : l'usage des images au sens large du terme. En fait, la biologie justifie *a posteriori* l'immense intuition du fondateur même de la pédagogie actuelle, Comenius* (Cauly, 1995). Cet homme, dans la tourmente guerrière qui déchirait son pays au XVIIᵉ siècle, ne voit d'autre espoir pour l'humanité que dans le regard même de l'enfance, qui n'était alors guère appréciée. On la percevait comme un état latent, un monde de l'erreur qu'il faut quitter pour devenir réellement humain. Au contraire, et tel un « Galilée de l'éducation » (*sic* Michelet*), Comenius voit dans l'enfant l'adulte de demain. Bien que cette évidence paraisse aujourd'hui banale, elle se double d'une position philosophique révolutionnaire pour l'époque et qui risque de le redevenir aujourd'hui : l'enfance, et par extension la jeunesse, est le lieu de l'apprentissage en dehors de toute discrimination, autant celle concernant le sexe que celle de la classe sociale ! Pour rendre applicable sa pédagogie, Comenius invente le premier livre scolaire illustré (*Orbis cum pictus sensuali*, 1653). L'image complète, élargit, donne ainsi un sens au discours.

Aujourd'hui, l'image est multiple, polymorphe, saturante et... désinformante, tant elle est manipulée et dynamisée par des technologies qui, dans la vie de tous les jours, permettent même de mélanger le réel et le virtuel, donc de les confondre. Nous sommes entrés, dit-on, dans l'ère de la communication. À cette saturation iconographique, le corps social répond par une sorte d'inertie se marquant par une ignorance rampante et une inculture de plus en plus assumée. Et P.-G. de Gennes, Prix Nobel, de s'exclamer : « [Aujourd'hui], je crois qu'il y a trop d'ignorance. » (*Le Monde*, 10 novembre 1994). Pendant ce temps, l'institution universitaire espère lutter efficacement pour le savoir en multipliant les stratégies discursives souvent déconnectées du réel vécu par les élèves. En fait, les supports à l'information sont en état d'inflation et créent aujourd'hui de plus en plus d'images fascinantes. Bien qu'on appelle ce fait « la communication », il faut bien constater qu'elle tend « à devenir l'une des grandes superstitions de notre temps », comme l'explique clairement Ignacio Ramonet (*Le Monde diplomatique*, avril 1997).

Parallèlement à cette dérive, les enseignants à tous les niveaux vivent une fin de siècle qui n'évoque pas des lendemains radieux. En effet, partout dans le monde occidental, pour ne parler que de la minorité privilégiée de l'humanité, l'éducation comme fait social est mise sur la sellette : elle coûterait trop cher, ses artisans ne seraient pas efficaces, les formations données seraient inadéquates. Bref, l'éducation ne rapporte pas assez, pour parler selon l'idéologie dominante qui est celle des marchands. Il est vrai que jamais un programme d'enseignement ne rapportera de dividendes à l'instar de fonds de placement grossissant à la vitesse des cancers malins ! Et pourtant, année après année, l'école au sens large est alimentée par ceux et celles qui seront les citoyens et les citoyennes de demain. Dans les démocraties occidentales et jusqu'à il y a peu de temps, ce passage représentait pour les élèves l'événement initiateur les inscrivant *de facto* dans leur société. Ne parlait-on pas alors d'« instruction publique » ? On en est loin aujourd'hui, alors que le corps social semble rejeter ni plus ni moins l'institution qu'est l'éducation ou, à tout le moins, lui imposer des mandats disproportionnés par rapport aux moyens mis en œuvre, ou bien si spécialisés que l'école devient l'antichambre du «marché»!

Les enseignants en général, et les professeurs de géographie en particulier, subissent de plein fouet ce déni de la société. Il en ressort que, pourvus de moyens et de temps de plus en plus réduits, les enseignants doivent œuvrer devant des classes dont les effectifs augmentent sans cesse. Toutes ces contraintes, et quel que soit le discours moderniste vantant les nouveaux médias, font que l'enseignant se trouve de plus en plus seul face aux élèves et à un savoir explosé et polymorphe. Alors, paradoxalement, à l'aube même d'une société toute de communication, l'enseignant redevient le foyer, le passage obligé, le locuteur pour des élèves récepteurs. Bien des savoirs ont changé, cependant, spécialement en géographie autant physique qu'humaine. Aussi, quelle que soit la richesse technologique de son environnement didactique, l'enseignant tiraillé va ressentir plus qu'avant – et plus que le social ne le postule – la solitude du coureur de fond.

Pour l'aider, nous avons relu et actualisé des auteurs anciens qui s'étaient attachés à rendre efficient le travail du pédagogue alors que la géographie ne s'enseignait qu'avec de modestes moyens didactiques par rapport à ceux d'aujourd'hui. C'était, nous semble-t-il, le prix à payer pour retrouver un enseignement qui soit un peu ce «chemin de lumière» que voulait tant Comenius.

Cependant, notre relecture est teintée d'un *a priori* que vient conforter le président même de la Commission nationale des universités de formation des maîtres en France. Historien de formation, André Kaspi part

> du principe qu'il existe bien sûr des règles propres à l'enseignement [...], mais que celles-ci découlent d'abord d'une bonne pratique de chaque spécialité. Pour bien enseigner l'histoire, il faut d'abord bien connaître l'histoire.
>
> (*L'Histoire*, n° 210, mai 1997, p. 19)

Ce qui vaut pour l'histoire vaut aussi pour la géographie!

7.1. LA GÉOGRAPHIE POUR APPRENDRE PLUS ET MIEUX

L'enseignement de la géographie au secondaire doit s'intégrer dans le cadre plus général de la formation des adolescents et adolescentes. Son but est dès lors double: fournir des connaissances, d'une part, et former l'esprit, d'autre part.

7.1.1. FOURNIR DES CONNAISSANCES

Ce but est d'abord d'intérêt pratique, la géographie servant à situer correctement et rationnellement les lieux et les faits. Il s'ensuit une prise de conscience adéquate de l'espace et une compréhension du concept d'échelle. Cette formation sert de substrat à une multitude d'autres connaissances arrimées dans les études du milieu biophysique et dans celui des sciences sociales.

Ces connaissances s'insèrent dans diverses nomenclatures mais transcendent toujours ce type de classification. Par exemple, la longueur du Saint-Maurice, l'étendue de son bassin versant, les conditions climatiques qui y prévalent amènent « naturellement » à s'intéresser à cette rivière comme lieu de contact des Amérindiens, comme axe de pénétration par les Européens, comme support à l'industrialisation du Québec méridional au début du XXe siècle, enfin, comme patrimoine naturel à gérer comme tel pour le présent et le futur.

Apprendre objectivement les caractéristiques essentielles des autres milieux permet aussi d'élargir l'horizon culturel des élèves. On procède alors par le biais de descriptions explicatives qui, au-delà d'un accroissement de savoir, mettent en jeu et développent des facultés particulièrement malléables chez les élèves à cette période d'apprentissage. Ce qui nous amène à la seconde partie du but de l'enseignement de la géographie.

7.1.2. FORMER L'ESPRIT

La géographie est d'abord une **science d'observation**. Il faut avant toute chose habituer l'élève à observer le milieu dans lequel il vit autant en ce qui concerne ses composantes physiques que les activités humaines. On exerce également son sens de l'observation par l'étude des milieux « lointains ». Cette lecture des mondes extérieurs est en apparence facilitée par l'omniprésence des images télévisuelles et autres. Pourtant, les images brutes partout présentes ne semblent guère faire avancer la connaissance de l'autre et des « ailleurs ». Il faut pour cela une méthode qui rende en quelque sorte lisible l'image brute : elle doit être d'abord perçue pour ce qu'elle est pour être ensuite appréhendée dans un contexte.

Aussi, à l'opposé du touriste à la recherche du rare, de l'exceptionnel, le géographe fait une lecture du réel qui englobe tous les paramètres pertinents, puis, il en dégage ce qui est typique, soit ce qui donne son caractère à l'objet de son observation.

La géographie exerce **la mémoire et l'imagination**. Dans un passé pas si éloigné que cela, la géographie au secondaire était souvent réduite à une sorte de mémoire verbale, cataloguant des noms de lieux, des distances, des longueurs de fleuve. Il semble que l'on soit tombé dans le travers inverse.

Il faut donc trouver un équilibre où la part de la mémorisation vienne à l'aval des explications et les supportent. La mémoire des formes peut aussi être exercée, que cela soit dans l'étude des paysages par le biais des objets en trois dimensions ou même, pour certains aspects de la géographie humaine, du rural à l'urbain. Quant à l'imagination, elle est mise à contribution par le fait même de l'incroyable diversité des paysages et des sociétés ; leur étude demande un effort d'imagination continu.

La géographie aide aussi à **raisonner et à étayer des jugements.** Les étapes du raisonnement géographique sont analogues à celles du raisonnement utilisé dans la connaissance des sciences naturelles. Il y a d'abord **l'observation** des faits, puis vient leur **description** à laquelle s'adjoint **l'explication.**

Cette démarche raisonnée aboutit à la compréhension des faits qui s'imprime dans l'esprit de l'élève par une suite d'abstractions qui iront du simple au complexe en fonction de son âge. En cherchant sous la conduite du professeur ce qui est typique autant des paysages physiques que de l'écoumène qui s'y associe, l'élève exerce ses capacités à analyser, à comparer, et à ordonner des observations. Il acquiert ainsi une méthode de travail dans laquelle il fera usage de comparaison et de corrélation entre les observations quand les « lois » naturelles (en physique, en chimie, etc.) ou les interrelations entre faits sociaux s'avèrent trop complexes par rapport à son niveau d'étude.

La géographie a donc un intérêt pratique, en fait dès le primaire, puisqu'elle fournit des connaissances et aide à former l'esprit. L'enseignement de la géographie adapté au niveau des élèves permet avant tout de s'étonner des réalités du monde ; il demande surtout de la mesure. En effet, les programmes sont partout démesurés par rapport aux heures enseignées. Le souci primordial de l'enseignant sera donc de **bien faire** en dosant judicieusement le niveau des explications et la quantité de matière.

> *À tout moment,*
> *il faut se rappeler*
> *l'aphorisme suivant :*
> *« [...] enseigner peu*
> *mais bien plutôt*
> *que beaucoup*
> *et trop vite donc mal. »*
> *(O. Tulippe)*

7.2. LA MATIÈRE GÉOGRAPHIQUE

Au-delà des fluctuations des contenus des programmes de géographie au secondaire au fil des réformes, il est souhaitable que les enseignants perçoivent correctement les subdivisions traditionnelles de la géographie. Cela les aidera à établir des rapprochements et des ponts entre les aspects humains et physiques de la discipline, mais aussi à intégrer la démarche géographique dans le cadre plus large des connaissances, autant celles référant à l'étude des milieux naturels que celles qui appréhendent la complexité du social.

D'un point de vue méthodologique, le champ géographique au secondaire se divise de la façon suivante :

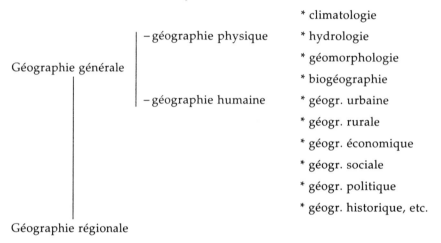

Géographie générale
– géographie physique
* climatologie
* hydrologie
* géomorphologie
* biogéographie
– géographie humaine
* géogr. urbaine
* géogr. rurale
* géogr. économique
* géogr. sociale
* géogr. politique
* géogr. historique, etc.

Géographie régionale

Le cadre physique qui supporte l'être humain et ses activités est perçu par la **géographie physique**. Cette science a pour objet l'étude des phénomènes physiques anciens et actuels, et des relations qui lient ces phénomènes entre eux. On distingue de façon simplifiée quatre champs d'étude qui permettent de comprendre autant d'enveloppes plus ou moins continues qui entourent le globe terrestre : l'atmosphère, les eaux continentales et marines, l'interface entre ces fluides et la croûte solide, et, partout, le vivant.

Quant aux êtres humains et à leurs multiples activités passées et présentes, leur étude s'inscrit dans le cadre de la géographie urbaine, rurale, économique, sociale, politique, historique, etc. Notons que la complexité et l'interrelation qui caractérisent les activités humaines sont telles que cette discipline au niveau universitaire se subdivise encore plus.

Enfin, la **géographie régionale**, dont l'objectif est de relever les caractéristiques des régions, permet une intégration des données issues de la géographie physique et humaine. Ce faisant, elle permet également d'aborder les problèmes cruciaux des sociétés postindustrielles, concernant leur développement et le difficile équilibre dynamique à trouver entre l'activité humaine protéiforme et la gestion du milieu naturel.

Parmi les supports obligés du savoir géographique, les nomenclatures et les chiffres doivent être utilisés par l'enseignant avec beaucoup de discernement, sinon cette approche sera contreproductive.

Autrefois, la géographie se réduisait à des nomenclatures. Par réaction, et laissant le champ de l'apprentissage sous la gouverne de perceptions au premier degré, souvent intuitives, on en est rendu trop souvent à structurer l'apprentissage autour de termes techniques, ou trop abstraits, ou relevant de disciplines non maîtrisées par l'enseignant. La structuration de la matière dans le cadre des leçons requiert, cependant, un usage de nomenclature. Il revient à l'enseignant de faire un tri identifiant les faits importants, de baser la mémorisation sur l'observation et sur le raisonnement, de trouver des moyens intelligents qui soutiennent concrètement la procédure d'apprentissage.

Il pourra s'agir, évidemment, de cartes et de photographies aériennes et, pour les synthèses et l'éveil de la curiosité, de photographies satellites. À l'appui de la description des faits, incluant les faits sociaux, des produits et des objets peuvent servir à illustrer la leçon.

Quant aux chiffres, ils sont indispensables dans tous les domaines de la géographie. Mais, attention : ils doivent servir de termes de comparaison et être arrondis pour faciliter la mémorisation. On utilise avec beaucoup d'efficacité les rapports proportionnels chiffrés qui donnent des ordres de grandeur. Ainsi peuvent se comparer les populations des villes, la productivité industrielle d'une région à l'autre, les amplitudes des marées, les précipitations à Montréal et dans la baie d'Ungava, etc.

Durant la leçon, on peut illustrer d'abondance le propos par des chiffres, mais il faut réduire leur nombre au minimum dans le cadre de ce qui doit être retenu par l'élève. Les données chiffrées peuvent aussi être présentées sous forme de graphiques simples, de courbes, de diagrammes, etc.

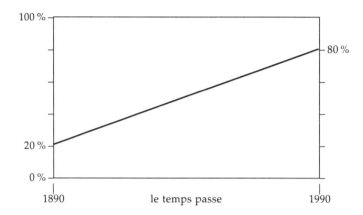

Autant au Canada qu'au Québec, la population a changé de fonction radicalement au cours du siècle qui vient de s'écouler : en 1890, 80 % de la population était rurale ; en 1990, 80 % de la population est devenue urbaine !

Les chiffres illustrent donc les paramètres qui servent à comprendre l'espace, ses occupants et leur fonction. Ils doivent être utilisés comme tels et non comme des signes symboliques abstraits.

7.2.1. L'APPROCHE GÉOGRAPHIQUE DU TERRITOIRE QUÉBÉCOIS

Après plus de trois décennies durant lesquelles le territoire québécois fut analysé par le biais des sciences de l'environnement, l'éclatement des données a rendu nécessaire un retour à une perception régionaliste du territoire. Cette approche globale, enrichie, d'une part, des multiples données sectorielles du milieu recueillies pendant plus de 30 ans et, d'autre part, des acquis méthodologiques résultant des percées liées aux technologies visuelles et de traitement de l'information, permet de proposer un **cadre écologique de référence du Québec**. On y distingue six niveaux de perception allant du régional au local. Le document du ministère de l'Environnement et de la Faune pourrait servir de base de mémorisation pour l'étude de la géographie du Québec, cela s'entend, mais aussi de guide méthodologique pour étudier une région.

7.3. LA LEÇON DE GÉOGRAPHIE

Structurer des leçons de géographie vivantes, aptes à capter et à retenir l'intérêt des élèves, voilà **le** défi qui attend tous ceux qui désirent enseigner. Cependant, à l'amont en quelque sorte de la préparation proprement dite des leçons de géographie, faut-il se rappeler que, pour enseigner la géographie, il est impératif de connaître les faits afin d'être capable de les faire comprendre.

7.3.1. CONNAÎTRE LES FAITS

Avant toute chose, l'enseignant doit avoir une vision claire des faits à exposer ; il doit être capable de les décrire en présentant les caractéristiques et en les situant dans l'espace. Ce dernier point est important puisqu'il implique que les faits sont ainsi mis en rapport avec le reste du réel. Après seulement, on essaie de les comprendre par l'intermédiaire d'explications raisonnées mettant en évidence les causes, les effets liés à l'existence de ces faits et, enfin, leur évaluation dans le temps.

> *L'enseignant doit favoriser le développement de la curiosité naturelle des élèves en agissant sur leur imagination reproductrice et créatrice.*

Pour décrire les faits, il faut donc avoir une aptitude à voir. Or, on constate que cette aptitude est naturelle chez l'enfant comme chez l'adolescent. Elle tend à s'émousser chez l'adulte, car, le plus souvent, on ne lui a pas appris à se servir de cette qualité naturelle des premiers âges qu'est la curiosité.

> *La vision des faits géographiques sera obtenue au moyen de l'observation de ces faits ou de leur représentation, de leur description courte, nerveuse, précise, réduite aux faits caractéristiques et à leur localisation.*
> *R. Ozouf*

Aussi, la leçon doit-elle être structurée autour de faits aussi concrets que possible ou, à tout le moins, familiers à l'élève. Ce faisant, l'élève se sent « en terrain connu », à partir duquel il pourra faire de proche en proche des observations qui lui permettront de positionner des faits jusque-là mal connus, voire inconnus.

Une fois les faits observés, on les analyse (*cf.* paragraphe suivant) et, surtout, on les localise. Le support par excellence pour cette partie de la leçon est représenté bien évidemment par les cartes, les photographies aériennes et satellitaires.

Ces supports exigent d'être expliqués puisqu'à un certain degré variable (type de projection*, échelle, bandes spectrales, etc.), ils servent à l'élève pour passer du réel, du concret à l'abstrait par le biais de son imagination.

7.3.2. FAIRE COMPRENDRE LES FAITS

Connaître les faits est une condition nécessaire pour arriver à les enseigner, mais elle n'est pas suffisante. Encore faut-il les faire comprendre. La démarche qui permet dans tous les cas de dynamiser la leçon consiste à diriger la recherche des élèves pour qu'ils observent les faits, puis, cherchent les causes et les rapports possibles entre les faits et, enfin, qu'ils perçoivent leur évolution.

Mais attention : autant pour les faits de la géographie humaine que physique, la recherche des causes est toujours complexe... et parfois illusoire ! En effet, les explications sont souvent sous-tendues par des lois, des connaissances étrangères au programme, voire trop difficiles. À défaut d'explications adéquates, on recourt alors à des corrélations avec d'autres faits. Ainsi, après un bon travail de description, peut-on amener les élèves à mettre en évidence des corrélations qui peuvent fournir des lois inductives simples. Par exemple, l'observation des variations de la température en fonction de la latitude et de l'altitude.

Un autre piège attend ici l'enseignant, surtout quand celui-ci a une formation fondamentale différente ; ce qui semble être souvent le cas. **Il faut éviter de simplifier à l'excès,** car alors on tombe inexorablement dans une sorte de déterminisme formel qui fera enseigner à tout coup des hérésies. Donc, il ne faut pas recourir à des explications simplistes qui aboutissent toujours à de mauvais raisonnements, sous prétexte de vouloir à tout prix « comprendre ». Ici se trouve un piège dangereux pour l'enseignant. En effet, les élèves, par soif de savoir (et une sorte de perversion venue de l'enfance), aiment à « pousser » les professeurs à donner des explications sans fin. C'est ce qu'on pourrait appeler « la stratégie dilatoire du pourquoi ». L'enseignant sera alors acculé à la propre limite de ses connaissances et il lui faudra toujours savoir afficher son ignorance momentanée.

Ce qui aura un triple effet : lui garantir de ne pas dire des âneries, prouver par l'exemple que le savoir s'acquiert progressivement et non sous le mode de la « science infuse » et, enfin, couper court au dérapage méthodologique que la cascade de « pourquoi » entraîne. À la leçon suivante, l'enseignant reviendra brièvement sur les causes des « pourquoi » antérieurs, créant ainsi un suivi pédagogique dans son propos qui valorise à long terme sa relation aux élèves.

Pour faire comprendre les faits, on les corrèle à d'autres et on utilise des **comparaisons** avec ce qui est déjà connu. Enfin, on éclaire les faits actuels par les faits passés, car tout est évolution. Seul écueil à éviter : il ne faut pas « remonter au déluge » dans les explications. Il existe un dernier écueil dans la dynamique de la leçon : il concerne l'usage des termes techniques et scientifiques. Ils doivent émerger dans le déroulement de la leçon après que le contenu qu'ils représentent a été parfaitement expliqué et compris. Sinon, on a tout à gagner à utiliser des **périphrases descriptives** qui arriment correctement à l'esprit des élèves des éléments du réel. Malheureusement, l'idéologie dominante tend à favoriser l'usage d'une sorte d'ésotérisme scientifico-technique. L'enseignant, dans sa position de maître devant la classe est, plus que quiconque, susceptible de tomber dans ce travers à la mode. C'est d'ailleurs la stratégie de communication qu'utilisent les esprits ignorants et les prétentieux creux.

Pour se prémunir contre ce danger omniprésent dès qu'il est devant la classe, l'enseignant devrait toujours se souvenir de la clarté et de la simplicité des propos de quelques grands vulgarisateurs scientifiques tels Hubert Reeves, Albert Jacquart, Stephen Joy Gould, Pierre-Gilles de Gennes ou le regretté, mais toujours actuel, Fernand Seguin.

Dernière balise à positionner pour « faire comprendre » : éviter d'entraîner l'attention des élèves dans un dédale de théories géographiques, sauf quand elles sont déjà ancrées dans le passé. Ainsi, en géographie physique actuelle, à partir du paradigme de la tectonique des plaques datant de 1960, il est intéressant d'expliquer le contexte scientifique dans lequel est apparue l'œuvre prémonitoire de Wegener* sur la dérive des continents (Hallam, 1976).

7.3.3. Une stratégie déductive-inductive

La matière géographique du programme secondaire, autant en ce qui concerne l'appréhension du milieu physique que la compréhension du social, gagne à être exposée en faisant réaliser aux élèves l'échelle à laquelle ils étudient objets ou phénomènes. Aux deux extrêmes de la perception, on procède par l'analyse des détails ou par la synthèse régionale ou globale. C'est un peu comme si l'on comparait l'esprit qui apprend aux objectifs des appareils photographiques ou des caméras vidéo qui sont généralement équipés d'un zoom : position « télé » pour leur faire voir les détails par l'analyse, position « grand angle » pour comprendre les ensembles par la synthèse. Mais attention, tout comme en vidéo amateur, il ne faut pas abuser du gros plan. Au visionnement, cela devient vite fatigant.

En géographie, c'est la même chose. Il faut avant tout observer, étudier et classer les objets et les phénomènes en fonction de leur échelle. Et cet inventaire fait, alors seulement utiliser une stratégie en zooming qui permet en toute prudence des déductions (allant du général au particulier) ou des inductions (en partant du particulier vers le général). La stratégie déductive-inductive constitue pour l'enseignant une sorte de navette narrative incontournable mais parsemée d'embûches, car la géographie, comme les sciences de la nature en général, est composée d'objets et de phénomènes séparés à certains endroits par des seuils au-delà desquels ils répondent à d'autres critères. Donc, il faut veiller à mettre en perspective l'objet de la leçon pour percevoir correctement les facteurs qui le contrôlent. Puis cela compris et appris, tendre à insérer cet objet dans un ensemble ou, au contraire, montrer qu'il en conditionne d'autres (après un *zoom-out*, un *zoom-in*, ou vice versa). Bon vidéo pédagogique !

L'observation raisonnée du paysage et de l'écoumène diversifié qui s'y déploie, but même de la géographie, constitue aussi un moyen exceptionnel de formation de l'esprit des élèves du secondaire. À l'acquisition d'un savoir leur permettant d'appréhender leur environnement s'ajoute une bonification de la structuration de leur esprit grâce aux efforts de réflexion qui leur sont demandés. Et comme ce gain en structuration s'appuie sur une perception du réel qui les entoure, il se crée une sorte de loupe de rétroaction amenant l'esprit des élèves à une ouverture sur le monde qui peut (ou devrait) être plus rationnelle et, par le fait même, les porter à réfléchir sur celui-ci.

Enfin, pour accroître l'efficacité de son enseignement, l'enseignant peut combiner son approche en décloisonnant sa présentation de connivence avec d'autres collègues responsables de disciplines aussi différentes que les mathématiques, l'histoire, la biologie, la chimie, etc. Comme ce qui précède peut sembler abstrait, voire idéologique à plusieurs, nous allons essayer d'illustrer notre propos par un cas de figure : le **Saint-Laurent**. Dans ce paragraphe, les chiffres sont volontairement arrondis pour faciliter leur mémorisation et mieux saisir les ordres de grandeur qu'ils représentent.

7.3.4. LE SAINT-LAURENT : UN FLEUVE DANS SON ESPACE

Le Saint-Laurent, fleuve majestueux, en quelque sorte la colonne vertébrale du Québec, fonctionne comme un exutoire aux Grands Lacs qu'il relie à l'océan Atlantique via le golfe du même nom. Bien que de longueur modeste (1 200 km), le fleuve associé aux Grands Lacs constitue un seul et même système hydrographique de calibre mondial, par sa longueur (3 000 km) dix-neuvième au monde, par son débit moyen annuel (13 000 m³/s) treizième au monde, par la superficie de son bassin versant (1 300 000 km²) troisième en Amérique du Nord après le Mississippi-Missouri et le Mackenzie-Paix. Rappelons qu'un bassin versant est constitué du territoire drainé par un cours d'eau et tous ses affluents.

La « vastitude », néologisme créé par le géographe L.-E. Hamelin, de ce système (lacs, fleuve, golfe) requiert pour être positionnée correctement l'étude des longitudes et des latitudes. Le cours de mathématiques vient ainsi à propos pour expliquer les notions de nombres complexes (mesure de la circonférence), des mesures d'arcs, d'angles, etc. De plus, quand on pratique un *zoom-in* sur ce système hydrographique de calibre planétaire en l'observant sur les images satellitaires ou sur les cartes au 1/1 000 000, sur les cartes au 1/50 000 et sur les photographies aériennes proches de cette échelle, on découvre **une série de paysages qui s'emboîtent les uns dans les autres,** comme on l'a vu pour le découpage du territoire québécois (*cf. supra*). Du cadre général de ce système composé des basses-terres pincées progressivement et d'amont vers l'aval, entre le Bouclier canadien et les Appalaches (avant de l'ouvrir dans le golfe), jusqu'à la plage publique sur l'île Sainte-Hélène, la géographie du Saint-Laurent nous révèle une succession d'entités emboîtées qui permettent la description géographique de cet espace, donc, sa compréhension.

7.3.5. UN FLEUVE DANS LE TEMPS

Si l'étude de l'étendue d'un objet dans l'espace permet de mieux le comprendre, sa perception dans le cours du temps apporte à sa compréhension bien plus encore ! Ainsi, les Grands Lacs et le Saint-Laurent représentent le résidu d'un système hydrographique immense qui servait à évacuer les eaux de fonte du dernier inlandsis à avoir couvert la moitié de l'Amérique du Nord et qui retraitait il y a environ 10 000 ans à hauteur du Saint-Laurent. Ce système était constitué d'une mer s'étendant approximativement jusqu'à la région d'Ottawa qui recevait les eaux douces de lacs énormes et fluctuant en fonction du retrait des glaces et de l'importance du rebond isostatique.

Il y a à peine 5 000 ans, le système Saint-Laurent–Grands Lacs a trouvé un équilibre proche de celui observé actuellement. Le fleuve est donc récent d'un point de vue géologique, aussi son cours est-il entrecoupé de hauts fonds et de rapides à l'amont de Montréal. Mais attention! Le bassin occupé par le système Saint-Laurent–Grands Lacs est bordé au nord par des roches vieilles de plus d'un milliard d'années, le Bouclier canadien, et s'étend sur un socle de roches sédimentaires dont le dépôt et les déformations se sont échelonnés de 580 à 360 millions d'années!

Aux temps géologiques, dont la longueur est en rapport avec l'histoire de la Terre, s'ajoutent les temps historiques qui semblent infiniment courts par comparaison, mais tellement importants.

Le Saint-Laurent s'inscrit définitivement dans l'histoire du monde occidental en 1535, date à laquelle il fut découvert par Jacques Cartier. Il est évident, cependant, que le Saint-Laurent fut bien avant cette date l'axe de communication des peuples autochtones. Mais cela est une autre histoire. Principale voie de pénétration en Nouvelle-France, le Saint-Laurent le fut également pour le continent nord-américain tout entier. N'oublions pas que le plus long fleuve du continent, le Mississippi-Missouri fut découvert d'amont vers l'aval par le père Marquette parti... de Québec en mai 1673! (*Cf.* le cours d'histoire.)

Aujourd'hui, le système Saint-Laurent–Grands Lacs représente la principale artère commerciale du Canada et une importante source d'énergie hydroélectrique. Et depuis 1959, un réseau long de 3 800 km, composé de canaux, de barrages et d'écluses, permet aux navires transocéaniques d'atteindre l'extrémité orientale du lac Supérieur. Même le minerai de fer du Québec et du Labrador a pu être exploité grâce à la « voie maritime ». Enfin, le Saint-Laurent et le golfe du même nom, dont l'étendue est exceptionnelle (250 000 km^2), représentent un site de pêche de calibre mondial avec environ 75 000 tonnes de poissons et d'invertébrés pêchés par an pour une valeur de 75 millions de dollars. Ces prises se faisant sur 10 espèces d'invertébrés, soit environ le quart des 200 espèces de poissons qui y sont répertoriées (*cf.* le cours de biologie). Ainsi, de proche en proche, pourra-t-on étudier le Saint-Laurent dans sa spécificité pour aboutir, par exemple, à l'aménagement du Vieux-Port de Montréal à partir des darses abandonnées et comblées dans les années 1950!

En contrepoint de ces aspects positifs, les eaux du Saint-Laurent sont polluées. À ses eaux douces sont mêlées des matières organiques et microbiennes qui peuvent être très toxiques (BPC, dioxines, furanes, métaux lourds), des eaux trop chaudes, etc. Avec le concours du professeur de chimie, on étudiera en quoi consiste le triste et incontournable cortège des éléments polluants du fleuve provenant des activités humaines. La stratégie géographique en zooming permettra enfin de comprendre la complexité des problèmes engendrés par la pollution qui requiert, à toutes fins utiles, des correctifs visant d'abord à trouver des équilibres dynamiques acceptables pour permettre de profiter au mieux du milieu.

7.3.6. L'OBSERVATION DIRECTE

À la curiosité naturelle de l'enfance doit se substituer chez les élèves du secondaire la capacité d'observation. L'aptitude à observer n'est cependant pas un «don naturel», elle varie beaucoup d'un élève à l'autre. Il revient au professeur de géographie de réduire les différences en amenant l'ensemble de la classe à un niveau d'observation supérieur à celui qu'atteint instinctivement chacun des élèves. En effet, l'observation du monde extérieur est pour ainsi dire voilée chez chacun de nous par divers présupposés où la raison intervient peu. En fait, nous avons tendance à observer le monde extérieur comme si ces composantes étaient des ombres! Si bien que nombre d'observations ne prenant en compte que l'apparence des choses ou une partie plus ou moins restreinte de leur réalité engendrent des perceptions erronées qui s'étayent en un savoir illusoire. Bref, observer, action qui paraît si naturelle, si simple, est en fait difficile.

On rend donc, au regard des élèves, les faits aussi clairs que possible en décomposant les objets «qui sautent aux yeux» en leurs parties significatives qui pourront alors être étudiées dans le détail, classées puis ordonnées pour, peu à peu et de proche en proche, élargir le cercle de leurs connaissances. Le point d'ancrage de cette chaîne méthodologique se situe toujours au sein d'un espace familier aux élèves ou qui aura été au préalable dûment campé.

> *L'observation renferme en elle un esprit de synthèse, une puissance qui exige précision, ordre et motivation.*
> O. Tulippe

L'observation directe trouve son champ d'application maximal lors des excursions. Évidemment, les excursions sont toujours des activités pédagogiques difficiles à préparer, ne fût-ce qu'à cause des problèmes d'horaire. Qu'à cela ne tienne, leur efficacité est telle qu'il faut en faire chaque fois que possible. Remarquons qu'il n'est pas nécessaire que l'excursion soit longue pour être profitable. En effet, l'observation raisonnée en direct sur le réel démarre comme activité pédagogique dès l'espace de la classe, de l'école, du quartier où l'on habite! Pour résoudre les difficiles problèmes d'horaire, le professeur de géographie peut aussi s'organiser avec le professeur d'une ou de plusieurs autres disciplines. L'excursion peut alors couvrir plusieurs plages horaires normalement dévolues à ces disciplines.

L'excursion doit avoir des **objectifs ciblés** qui seront atteints dans la mesure où, en classe, on aura préparé une stratégie apte à les mettre en évidence. Aussi, lorsqu'on arrivera sur le terrain, on recherchera ce qui avait été décidé de l'être. Pour rapporter les données pertinentes aux objectifs visés, diverses méthodes existent. Elles doivent cependant être adaptées par le professeur. Au minimum, elles consistent à noter **avec précision**, à remplir des questionnaires **préalablement établis**, et même à faire des croquis. Aussi malhabiles soient-ils, ils aideront toujours à observer des détails non évidents à première vue.

Rapporter des échantillons, des photographies, des enregistrements vidéo concernant toujours les objets visés. Enfin, ne pas oublier d'emporter les cartes et, si possible, les photographies aériennes qui permettent non seulement de localiser les objets d'étude, mais aussi d'en apprécier la disposition spatiale. **Bref, durant l'excursion, l'observation prendra presque tout le temps.** Les explications doivent en effet avoir été données et apprises lors de la préparation chaque fois que possible. Enfin, il n'est pas mauvais de prévoir une courte période de flânerie durant laquelle les élèves sont sollicités à exercer leurs talents d'observation.

On peut aussi articuler l'excursion sur la visite d'un lieu spécifique comme une usine, un musée, etc. L'intérêt géographique de ces visites provient à nouveau de la capacité du professeur à situer le site retenu dans un contexte spatial et temporel, ce qui représente l'essence même de la géographie. Par exemple, la visite d'un moulin de pâtes et papiers permet d'étudier l'origine des matières premières qui alimentent l'usine, les raisons de la localisation de l'usine, le type de main-d'œuvre employée et d'industries connexes, les problèmes de pollution, les débouchés et les marchés des produits manufacturés, etc.

Après l'excursion, les élèves apprendront à traiter les données relevées _in situ_ pour les faire figurer dans un rapport structuré qui peut prendre diverses formes (présentation orale, exposition, montage audio-visuel, etc.). On peut aussi envisager une recherche plus longue qui aboutira à une monographie de la région où l'excursion a eu lieu.

L'intérêt des monographies régionales est d'intégrer les divers niveaux d'informations qui caractérisent le milieu, du cadre biophysique aux fonctions humaines et à leur impact sur l'environnement.

7.3.7. L'OBSERVATION INDIRECTE

Le transfert de connaissances, objectif même de la leçon, a évidemment comme instrument privilégié le discours émis par le professeur dans la classe même. C'est là le véhicule banal mais permanent du professeur pour faire connaître les faits, aider à établir analyses et synthèses pour les intégrer, et ce faisant, amorcer et guider diverses formes de raisonnement chez les élèves. Cependant, on sait que la parole du professeur-**locuteur** peut aussi aboutir à dresser des barrières au transfert du savoir vers les élèves-**auditeurs**. Aussi, est-il préférable que le professeur considère ses élèves comme des **récepteurs** aptes à recevoir des informations et à les travailler par le biais de divers supports physiques que nous appellerons, pour simplifier, les images. Il use de ce procédé en tout temps, mais pas n'importe comment.

Elles comprennent tout document ou objet présentable et utilisable aisément dans le cadre du local de classe photographies, diapositives, vidéos, films, dessins, cartes, blocs diagrammes, globes, planisphères, maquettes, échantillons de roches ou de productions diverses, bref, tout support faisant

Les images sont présentées comme des substituts à la réalité étudiée.

appel à l'observation des élèves. Toutes ces images ont comme objectif de donner un caractère concret à l'enseignement.

Substituts de la réalité, les images permettent donc de continuer à faire appel à l'observation et ainsi d'alimenter l'imagination des élèves. Leur usage devrait, cependant, suivre quelques règles pour s'assurer de leur efficacité.

Maximilien Sorre* disait que l'image est « la source même de la connaissance ». Vérité à caractère didactique qui transcende le pouvoir de l'image perçue d'abord comme simple illustration du cours magistral. L'image est un instrument exceptionnel aux mains du professeur-locuteur, si celui-ci réalise qu'elle n'agit pas par sa seule présence. L'image doit toujours être soignée, présentant parfois une légère exagération, et être vue sur un support auquel les élèves seront sensibles. Il faut donc actualiser les documents pour que les élèves ne soient pas bloqués par l'aspect « ancien », « rétro » qu'ils ont acquis après quelques années d'usage dans les bibliothèques, vidéothèques, etc. Il faut aussi que l'image ne présente pas trop de détails éloignant, égarant même la perception des élèves. L'image doit en fait démontrer à l'intelligence des élèves l'existence d'un fait, pour ensuite permettre de passer du détail au général. Enfin, **les images sont présentées en nombre limité**, ce qui est impératif pour accroître leur efficacité comme médium de l'objectif d'apprentissage que s'est fixé le professeur ; parfois même une seule image suffit. On utilise l'image pour amorcer les blocs pédagogiques qui constituent la leçon. Venant au début de l'exposé, l'image prend toute sa valeur puisqu'il faut la considérer comme la source même de l'information.

L'examen d'une image est en soi une leçon. Pour l'analyser, le professeur évite évidemment la question stupide du genre : Que voyez-vous sur cette image ? Il est indispensable que le professeur ait préparé des questions concrètes, ordonnées, qui vont guider la réflexion des élèves. Ceux-ci sont amenés à distinguer sur l'image d'abord et avant tout l'échelle, approximative, qui donne un sens des proportions à ce qui y est figuré (en grandeur ou en nombre). Les questions aident ensuite à distinguer les plans, les détails significatifs de l'image qui sont peu à peu explicités par les élèves eux-mêmes. Enfin viennent les questions du professeur, plus générales, incluant les éléments de l'image à la problématique de la leçon.

Il faut aussi que le professeur se serve des illustrations du manuel scolaire pour y guider, canaliser la réflexion des élèves qui retrouveront ces images chez eux, en étudiant la matière de la leçon. Au fur et à mesure que l'image est passée au crible des questions qui la rendent porteuse d'informations précises, il est souhaitable pour le professeur **d'utiliser aussi l'écrit comme support structurant à son exposé**. Il note ainsi au tableau des mots clés ou les fait apparaître sur acétate. Ce faisant, il articule l'analyse de l'image et son discours, comme nous l'avons signalé précédemment quand nous avons parlé de l'image en tant que contrepoint au discours. Enfin, si la présentation des images requiert la pénombre, il faut s'assurer qu'il reste assez de lumière pour permettre aux élèves de prendre des notes.

Destinées à amorcer les blocs pédagogiques constituant la leçon, les images sont aussi utilisables pour comparer divers objets ou situations, pour aider à la répétition par les élèves eux-mêmes si le professeur utilise des stratégies pédagogiques de mises en situation et de jeux de rôle (*cf.* cours de pédagogie) et, enfin, pour conclure et résumer des exposés.

Les médias électroniques mettent aussi à la disposition du professeur des vidéos qui ont l'avantage de présenter les faits en mouvement. L'utilisation de ces images animées requiert une attention particulière du professeur, car l'impact de ces images et du son qui les accompagne est généralement très prégnant, c'est-à-dire plein de sens implicite ! En effet, ces documents jouissent en quelque sorte de leur autonomie didactique propre : une fois démarrée, la narration suit son propre rythme sans rapport direct avec le niveau de perception effectif des élèves-récepteurs. Aussi, le professeur procédera-t-il avec les vidéocassettes comme avec les excursions : préparation poussée avant le visionnement sans pour autant annuler les effets de surprise visuels ; tenir compte du niveau de la classe ; animer après le visionnement une discussion avec toute la classe pour recréer entre le professeur et les élèves le lien pédagogique qui rattache les images au but de la leçon ; enfin, faire travailler les élèves sur les thèmes abordés par les projections vidéo. C'est à ce prix qu'« il restera quelque chose » du visionnement comme de l'excursion (*cf. supra*).

La souplesse des médias électroniques est devenue telle que l'on commence à voir sur le marché de l'éducation des enregistrements vidéo structurés pour permettre une relation de l'élève-récepteur avec un locuteur électronique. L'avenir d'une part de l'enseignement se trouve dans cette percée technologique. Cependant, socialement parlant, on peut considérer que le couple interactif professeur–élèves est appelé à continuer d'exister pour longtemps. Ne fût-ce que pour

> *Une production vidéo,*
> *tel un film,*
> *ne dispensera jamais*
> *le professeur*
> *de son rôle de guide.*
> *Locuteur il est,*
> *locuteur il restera.*

des raisons économiques. Mais cela est une autre histoire. De toute façon, même si une part substantielle de l'enseignement était dévolue à une relation souple élèves–machine, le rôle du professeur resterait qualitativement fondamental, car il situerait au bout de la chaîne d'apprentissage le référentiel permettant d'arrimer en un tout structuré les savoirs diversement appris.

L'enseignement au secondaire, ce que l'on devrait continuer à appeler suivant l'ancien vocable « l'instruction publique », n'est pas seulement quantitatif, il déborde sur la structuration de l'esprit des futurs citoyens et citoyennes. Il y a là, qu'on le veuille ou non, un transfert de valeurs qui accompagne l'acquisition du savoir, ce que les machines ne feront jamais qu'avec peu d'efficacité.

Enfin, l'usage de chaque type d'images utilisées dans la salle de classe requiert du professeur qu'il sache s'en servir pour conforter son propos. Nous n'avons pas écrit ce paragraphe dans cette optique utilitaire, car il nous semble impératif qu'avant de décoder la technicalité des médiums, il faut que le futur professeur dispose d'éléments de réflexion plus larges sur lesquels il assoira progressivement l'acquisition d'outils pédagogiques spécifiques. Cela n'est pas un livre de recettes mais un guide pour permettre aux futurs enseignants de développer au mieux leurs propres stratégies pédagogiques en fonction, d'abord, de leur personnalité, ensuite, de l'acquisition progressive du savoir géographique durant leurs études universitaires.

7.4. PRÉPARATION ET CRITIQUE DE LA LEÇON

Le professeur devant sa classe est un peu comme le capitaine sur son bateau : en apparence « seul maître après Dieu » mais, en fait, dépendant totalement de son équipage. L'histoire de la marine tourne autour de cette sorte d'opposition articulée, d'un bord, sur l'autorité « suprême » du capitaine et, de l'autre, sur la mutinerie potentielle de l'équipage. Le professeur-capitaine face à sa classe-équipage vivra sa pédagogie de la même manière que ce qui se passe sur un navire lancé vers la haute mer ! Mais trêve d'envolée lyrique. Cette image a pour seul but de faire ressortir la position du professeur devant sa classe. Cependant, avant même que s'établisse la relation directe entre lui et ses élèves, il lui faut préparer la leçon.

Bien qu'une foule d'approches soient possibles, la préparation de la leçon de géographie peut le plus souvent s'articuler sur une succession de points précis qui constituent autant de repères pour le professeur :

1. Définir le **but** recherché ;
2. Élaborer un **plan** ;
3. Sélectionner la documentation et concevoir les questions pour chaque illustration ;
4. Rédiger le plan détaillé ;
5. Composer le ou les résumés qui seront transmis aux élèves.

Suivre cette succession en cinq points donne à coup sûr de bons résultats. En effet, par-delà le programme, les manuels, les modules d'apprentissage utilisés, **le professeur doit se donner une idée claire et délimitée de l'objectif de sa leçon** (point 1). Il réfléchit alors à la structure générale de la leçon, cherchant, imaginant les blocs d'informations qui la constitueront. À ce stade, il s'en tient à une perception globale de sa leçon de façon à avoir suffisamment de recul par rapport à celle-ci pour être sûr de la cohérence générale de son propos (point 2).

La sélection des documents qui soutiendront son discours représente la clé de voûte de sa préparation. En effet, de ces documents dépend en majeure partie la rentabilité de la leçon. Il faut que son message passe, et ce que nous avons appelé les «images» en est le vecteur principal. Pour chaque image retenue, le professeur prépare les questions pertinentes et structurantes. Il faut que celles-ci fassent avancer la leçon en même temps qu'elles font découvrir et comprendre (point 3). Après ce travail délicat, et seulement alors, le professeur dispose de tous les éléments nécessaires pour rédiger le plan détaillé de sa leçon (point 4). Enfin, possédant correctement son sujet, sachant comment l'articuler et disposant du fil conducteur qui lui permettra de traverser le champ de connaissance qu'il s'est fixé comme objectif de la leçon, le professeur rédige les notes, tableaux, résumés qui seront transmis aux élèves et qui formeront le canevas de leur apprentissage (point 5).

Enfin, le professeur-capitaine dans l'exercice même de ce qui constitue le cœur de son métier doit, nous semble-t-il, être capable de prendre un recul suffisant pour critiquer sa propre leçon. C'est à ce prix qu'il pourra en améliorer le rendement. Notons que cet exercice de critique peut aussi servir de balise aux futurs enseignants pour évaluer les performances de leurs collègues lors des stages. En s'en tenant à une succession de points précis, le groupe en cours d'apprentissage dispose d'une structure de comparaison qui alimente objectivement les discussions après les exposés. Enfin, lorsque les futurs enseignants assistent à des leçons données dans la «vraie vie» par les professeurs en poste dans les écoles secondaires, ils peuvent plus efficacement décoder et analyser ce qui s'est réellement passé dans la classe. Une critique type a pour objectif de faire l'analyse de la leçon en sept points successifs libellés de la façon suivante :

1) le **but**,

2) la **matière**,

3) le **niveau**,

4) l'**illustration**,

5) les **questions**,

6) l'**attitude du professeur**,

7) le **rendement**.

Il va de soi qu'au moment de l'analyse de la leçon, la première question à se poser est de savoir si le but de la leçon a d'abord été correctement perçu et s'il a été atteint (point 1). On réfléchit alors sur la matière présentée en la considérant comme un matériau brut à livrer.

Y en avait-il assez ou trop par rapport au but recherché (point 2) ? La question concomitante à la précédente consiste alors à réfléchir sur le niveau de l'information transmise (point 3). En effet, on peut donner suffisamment de matière à une classe et, cependant, « rater son coup » dans la mesure où le niveau auquel est présentée la matière ne correspond pas à l'âge des élèves. On a vu que la matière est transmissible dans les meilleures conditions lorsqu'elle est structurée sur diverses illustrations. Après la leçon et en fonction de la qualité du dialogue et, conséquemment, de la perception engendrée par les illustrations, on peut utilement s'interroger sur leur pertinence (point 4).

Cependant, l'exploitation des illustrations sera pour beaucoup dans la rentabilité de la leçon. Le paramètre évident pour l'apprécier est évidemment la qualité et l'adéquation des questions posées par le professeur (point 5). On peut en effet disposer d'illustrations exceptionnelles et ne pas être capable de les exploiter faute de questions pertinentes. À la suite de cet enchaînement de points qui permettent une analyse de la leçon se pose la question, délicate entre toutes, qui concerne l'attitude du professeur face à sa classe (point 6). Question nécessaire mais difficile tant il faut se méfier des présupposés qui toujours influent sur nos perceptions, que ce soit lorsque nous assistons à la leçon d'un professeur confirmé ou à des exposés présentés dans des mises en situation dans le cadre des études du futur enseignant. Mais paradoxalement parlant, ce point est à être évoqué même par l'enseignant à l'égard de sa propre performance. Cette sorte d'autocritique oscillera évidemment entre deux extrêmes également détestables et dont il faut s'écarter : l'autosatisfaction ou le dénigrement systématiques ! Ces divers points passés en revue, il est alors possible d'établir un diagnostic assez objectif concernant le rendement de la leçon (point 7). Ce petit « chemin de croix », appliqué méthodiquement et de façon répétée, permet peu à peu d'améliorer l'enseignement dispensé et de tenir à jour les préparations des leçons et les notes que l'enseignant conservera précieusement.

En guise de conclusion, voici trois aphorismes qui sont moins banals qu'il n'y paraît : méthodologie et pédagogie ne sont jamais garantes que d'une **aptitude** à enseigner, et non de la **capacité** à le faire (J. Schroeder) ; « [...] le rendement [de la leçon] dépendra largement de l'esprit d'initiative, du tact, de la bonne volonté, du zèle, du savoir-faire du professeur » (O. Tulippe) ; le savoir est toujours limité, l'ignorance est infinie. C'est pour cela qu'il y a tant de plaisir à apprendre (J. Schroeder).

BIBLIOGRAPHIE

BAULIG, H. (1948). «La géographie est-elle une science?», *Annales de Géographie*, Paris, n° 305, p. 1-11.

BROUILLETTE, B. (1961). «La place de la géographie dans l'enseignement adapté à l'époque moderne», *Revue analytique de l'éducation*, vol. XIII, n° 1, p. 5-10.

CAULY, O. (1995). *Comenius*, Paris, Le Félix.

CHOLLEY, A. (1951). *La géographie, guide de l'étudiant en géographie*, Paris, Presses universitaires de France (édition revue de 1942).

DE GENNES, P.-G. et J. BADOZ (1994). *Les objets fragiles*, Paris, Plon.

GOUROU, P. (1936). *La méthode géographique*, Revue de l'Université de Bruxelles, T. 42.

GOULD, S.J. (1996). *Comme les huit doigts de la main*, Paris, Seuil.

HALLAM, A. (1976). *Une révolution dans les sciences de la terre*, Paris, Seuil.

HAMELIN, L.-E. (1955). «Quelques aspects méthodiques de l'enseignement de la géographie dans le Québec», *Culture*, vol. 16, p. 66-89.

JACQUART, A. (1982). *Au péril de la science*, Paris, Seuil.

KÖLL, L. (1957). «L'enseignement de la géographie», *Cahiers de géographie de Québec*, n° 3, p. 111-133.

KÖLL, L. (1994). *Le cadre écologique de référence du Québec: Les régions naturelles*, Québec, Ministère de l'Environnement et de la Faune, 20 p.

MARMY, E. (1959). «Les expériences pilotes en milieu scolaire», *Bulletin du Centre européen de la culture*, n°s 4-5, p. 3-29.

OZOUF, R. (1937). *Vade-mecum pour l'enseignement de la géographie*, Paris, Nathan.

REEVES, H. (1986). *Patience dans l'Azur*, Paris, Seuil.

SEGUIN, F. (1987). *La bombe et l'orchidée*, Montréal, Libre expression.

SORRE, M. (1957). *Rencontres de la géographie et de la sociologie*, Paris, Rivière (Idées ébauchées dans des textes de 1933).

TILMONT, J. (1957). «La leçon de géographie», *Éducation, Tribune libre d'information et de discussion pédagogique*, Liège n° 48, p. 29-33.

TULIPPE, O. (1954). *Méthodologie de la géographie*, Liège, Sciences et lettres.

Wegener, A. (1937). *La Genèse des continents et des océans*, Paris, Librairie Nizet et Bastard.

Collectif (1966). *L'enseignement de la géographie,* coll. UNESCO: programmes et méthodes d'enseignements, Paris, UNESCO/IPAM (Synthèse mise à jour des textes publiés par l'UNESCO en 1949 et 1951).

CHAPITRE

Suzanne Laurin

LA GÉOGRAPHIE ENSEIGNÉE : SA PLACE DANS LA SOCIÉTÉ QUÉBÉCOISE

> Une carte du monde qui n'inclurait pas l'Utopie
> n'est pas digne d'un regard, car elle écarte le seul pays
> auquel l'humanité sans cesse aborde.
>
> Oscar WILDE

> Les géographes sont des témoins des aventures humaines.
>
> Louis-Edmond HAMELIN

L'enseignement de la géographie s'inscrit dans une réalité sociale et constitue une façon particulière de s'engager dans l'action éducative. Aussi, importe-t-il de comprendre comment une société en arrive, à un moment donné, à s'interroger sur la pertinence de la géographie dans l'école.

Ce texte propose une réflexion critique sur l'état de la géographie enseignée à l'école secondaire, au Québec, depuis la réforme des années 1960[1]. Plusieurs auteurs ont commenté la géographie scolaire

---

1. Il s'agit plus précisément de l'école catholique francophone secondaire publique. Issue du Rapport Parent dans un contexte de transformation majeure de la société québécoise, la réforme de l'éducation réalisée dans les années 1960 a radicalement modifié l'école, entre autres, par la démocratisation de l'accessibilité.

d'avant 1960 ; mais depuis, en dehors des moments clés des deux réformes de programme, la géographie scolaire a moins fait l'objet de débats ou, en tout cas, pas de la même façon. Berdoulay et Brosseau (1992, p. 20) reconnaissent aussi cette date charnière :

> Nous nous limitons ici [...] aux manuels publiés en français au Québec jusqu'à l'aube de la Révolution tranquille. Les changements profonds du système d'enseignement, liés à la création d'un ministère de l'Éducation, inaugurèrent alors une phase nouvelle dont *la problématique est fort différente de celle des périodes précédentes.* (C'est nous qui soulignons.)

En quoi cette problématique est-elle « fort différente » depuis la Révolution tranquille ? Comment la géographie enseignée au cours des quarante dernières années se distingue-t-elle ? Quelles perspectives offre-t-elle à l'école de demain ? Ce texte invite donc à réfléchir sur la pertinence actuelle de cette discipline scolaire au regard de ses finalités éducatives. Le mot « pertinence » signifie ici la capacité de la géographie, comme discipline scolaire, à jouer le rôle qu'une société attribue à l'école à un moment précis de son développement culturel. C'est cette pertinence éducative et culturelle qui est en cause actuellement dans l'école québécoise sans que les enjeux de cette situation ne soient explicités.

Les symptômes de la réduction de sa pertinence éducative se manifestent sur divers plans :

- La disparition en 1994 de l'examen ministériel obligatoire en *Géographie du Québec et du Canada* (3ᵉ secondaire).

- La réorganisation des deux cycles du secondaire faisant en sorte que les deux programmes de géographie sont enseignés au premier cycle (1ʳᵉ et 3ᵉ secondaire) ; leur réussite n'est donc plus une condition pour l'obtention du diplôme d'études secondaires (DES).

- La valorisation de l'histoire dans le discours sociopolitique, intellectuel et médiatique au Québec entraînant, dans une tradition de pairage de l'histoire et de la géographie, une secondarisation de la valeur culturelle de la géographie ; le projet de réforme Marois[2] actuellement en cours illustre cette situation.

---

2. La ministre actuelle de l'Éducation, madame Pauline Marois, effectue une réforme de l'enseignement secondaire qui découle des travaux des récents États généraux sur l'Éducation et du Groupe de travail sur la réforme du curriculum.

– La nature défensive du discours des acteurs engagés dans l'enseignement de la géographie au secondaire et leur difficulté à expliciter et à faire reconnaître la légitimité du savoir géographique dans la formation du citoyen.

Ces symptômes laissent entendre que la demande sociale envers l'éducation géographique serait en perte de vitesse. À notre sens, il existe un lien avec le fait que les contenus géographiques d'enseignement* n'ont pas été mis à jour depuis près de quarante ans. L'hypothèse qui sous-tend notre réflexion est que la situation actuelle de la géographie dans l'école tient à sa difficulté à proposer des idées bien problématisées et argumentées, capables de justifier sa contribution originale dans un programme de sciences humaines pour comprendre le monde contemporain.

Le terme « contenu » est utilisé ici pour désigner des idées géographiques pouvant proposer à des élèves des explications et des interprétations à des questions que la géographie pose au réel. Car une discipline n'existe qu'en réponse à des questions données, qui proviennent de la nature du regard que nous portons sur le monde qui nous entoure (Develay, 1992). Les programmes proposent un regard géographique aux élèves, et ce regard est jugé de moins en moins pertinent par certains groupes sociaux. Ce n'est sans doute pas le seul aspect en cause, mais il nous semble important de soulever à nouveau la question des contenus d'enseignement, à partir d'un angle différent, celui des idées phares* qu'une discipline scolaire prétend mettre de l'avant pour éduquer.

Ce chapitre présente d'abord l'état de la géographie au secondaire depuis le Rapport Parent* (1964). Ensuite, divers éléments qui participent d'une réduction de sa pertinence éducative seront discutés, de façon à dégager la nature différente de la problématique après le Rapport Parent. Enfin, il sera question des possibilités d'actualisation de la géographie scolaire dans la formation générale des citoyens et citoyennes de cette société.

8.1. LA GÉOGRAPHIE SCOLAIRE DEPUIS LE RAPPORT PARENT

Pour comprendre ce qui fait la différence de la géographie scolaire après 1964, il est utile d'effectuer un bref retour sur trois moments marquants : les orientations du Rapport Parent quant à la géographie à enseigner et les deux réformes de programme, celle des programmes cadres (1969) et celle des programmes par objectifs (1980).

8.1.1. Le Rapport Parent et la géographie

Sur le plan des contenus d'enseignement, le Rapport Parent est le dernier texte officiel du ministère de l'Éducation du Québec présentant la géographie comme une matière à enseigner du primaire au collégial (chapitre XIX, p. 137-144). Inspiré par les travaux de l'UNESCO sur l'enseignement de la géographie rédigés par la Commission de l'enseignement de la géographie de l'Union géographique internationale (UNESCO, 1951 et 1966)[3], le Rapport définit la géographie (voir le tableau 1), sa valeur formatrice, sa place dans l'enseignement, les méthodes adaptées aux divers âges des élèves ainsi que les grandes lignes du programme pour chacun des ordres d'enseignement.

Les travaux de l'UNESCO sur la géographie ont été réalisés à l'origine dans le cadre du *Projet majeur relatif à l'appréciation mutuelle des valeurs culturelles de l'Orient et de l'Occident*, la géographie étant vue alors comme une discipline qui, «par son essence même, peut contribuer le plus naturellement à la formation civique de la jeunesse». Benoît Brouillette (1966, p. 7) décrivait ainsi la valeur éducative de la géographie :

> S'il est bien simple, bien conduit, basé sur les méthodes modernes, son enseignement éclaire d'abord le patriotisme national, mais il crée et stimule, en outre, la sympathie active des élèves pour les autres peuples du monde. Il leur fait connaître comment ont vécu et vivent ces peuples, quelle est la contribution de chacun d'eux au patrimoine commun de l'humanité ; il leur démontre enfin que, même si les nations restent divisées politiquement, les habitants de la Terre deviennent sans cesse plus solidaires les uns des autres dans leurs rapports économiques et culturels.

Ce commentaire touche davantage les fonctions identitaire* et civique de l'enseignement de la géographie que sa fonction critique*. C'est toutefois l'orientation «professionnelle, visant à donner aux maîtres des conseils pratiques en vue d'améliorer leur métier» qui sera retenue par l'UNESCO et influencera le Rapport Parent. La géographie savante est occupée, comme d'autres disciplines des sciences humaines, à prouver sa scientificité en se modelant aux sciences expérimentales. Les géographes veulent la faire reconnaître comme une science positive* puisque la légitimité du savoir savant passe alors par

---

3. Sept géographes universitaires ont participé à la rédaction du manuel publié en 1966 : Benoît Brouillette (Canada), Tom W. Brown et Norman J. Graves (Royaume-Uni), André Hanaire et Philippe Pinchemel (France), J.-A. Sporck et Omer Tulippe (Belgique). En 1966, Benoît Brouillette, alors professeur de géographie à l'Université de Montréal, présidait la Commission au moment de la publication du document final *L'enseignement de la géographie*.

là. La volonté de greffer la géographie scolaire aux étapes dites « de la méthode scientifique », soit, pour l'essentiel, une démarche empirique de type expérimental (observation, description, expérimentation et explication), est à comprendre dans ce contexte.

Ces influences sont manifestes dans la façon dont le Rapport et les programmes vont définir la géographie, ce qu'illustre le tableau suivant.

TABLEAU 1
Définition de la géographie

Rapport Parent (1964)	Programmes cadres (1969)	Programmes par objectifs (1980)
[...] a pour objet l'espace terrestre différencié et organisé. Sa fonction est de localiser certains phénomènes et de les décrire à l'aide de divers documents, de les expliquer en fonction de cette description.	La géographie localise, décrit et explique les paysages qui se rencontrent à la surface de la Terre. Elle a pour objet l'étude de l'espace terrestre différencié et organisé ainsi que celles des multiples relations qui existent entre l'homme et son milieu.	[...] initie l'élève à l'évolution et à la différenciation spatiale des paysages terrestres. [...] propose d'établir des relations entre les composantes physiques et humaines des milieux observés.

En matière de contenu, le Rapport Parent expose une logique d'articulation entre ce qui doit être enseigné au primaire,

> [...] faire acquérir aux élèves un vocabulaire précis, leur faire percevoir certaines réalités et certaines relations de base : 1. faits physiques (orientation, distance, superficie, mouvements de la Terre et du Soleil, saisons, jour et nuit, le milieu local dans l'espace terrestre, les continents et les océans) ; 2. faits naturels (la chaleur et le froid, l'humidité et la sécheresse, le cycle de l'eau, les pentes, sommets et creux, les roches et les sols, les forêts, prairies et déserts, relation entre ces faits) ; 3. faits humains (peuplement, migrations, brassages de population, le peuplement en relation avec les faits naturels, ressemblances entre les hommes pour la nourriture, le logement, le travail et le repos, la culture, les échanges, différences entre les humains quant à la langue, à la race, aux croyances, aux techniques et aux instruments de travail) ; 4. faits géographiques (maisons urbaines et rurales, villes, villages, champs et cultures, élevage, usines, moyens de transport) (p. 140).

au secondaire,

> Au niveau secondaire, le programme peut se faire plus synthé-
> tique et plus proprement géographique, et l'on peut passer du
> milieu local à l'étude de milieux lointains et moins familiers. On
> étudiera : 1. le milieu local ; 2. les milieux et paysages naturels
> (forêts tropicales et tempérées, savanes, steppes et prairies, déserts
> et milieux types : Méditerranée, Asie des moussons, etc.) 2. [sic] le
> peuplement humain et les zones de civilisation ; 3. la mise en valeur
> de l'espace par les hommes, les techniques d'organisation (l'eau,
> la montagne, les ressources minérales, la forêt, les systèmes
> agraires) ; 4. les industries urbaines ; 5. la vie économique du monde
> (pays producteurs ou consommateurs, ports, voies maritimes). À
> la fin du secondaire, on étudiera les régions géographiques du
> monde comme milieux naturels, avec leur dynamisme propre, leurs
> conditions de peuplement et d'aménagement (p. 141).

et au collégial (alors appelé institut),

> Au niveau des instituts, la géographie, rejoignant les sciences
> sociales, se concentrera sur l'organisation politique et économique
> de l'espace terrestre : divisions politiques de la terre, vie économique
> du monde (commerce international, sous-développement), pro-
> blèmes démographiques (maladies, surpopulation), aménagement
> planifié des territoires, expansions urbaines (p. 141).

Bien que reposant sur la définition scientifique alors dominante
dans la communauté des géographes, le chapitre sur la géographie traite
la discipline surtout du point de vue de sa finalité éducative. Une distinction s'établit entre la finalité scientifique et la finalité éducative d'une
discipline. Le choix des contenus géographiques se justifie d'abord par
leur valeur éducative :

- les « qualités intellectuelles et humaines que l'enseignement
  moderne de la géographie contribue à développer » ;

- leur potentiel de « coordination avec les autres matières (histoire, sciences naturelles, mathématiques, etc.) » ;

- les possibilités d'enseignement à l'aide de méthodes actives,
  en lien avec le milieu des élèves ou de l'école.

Ce choix se fonde sur une conception piagétienne* de l'enfant dans
son rapport à l'espace, cherchant à « adapter l'enseignement [de la
géographie] à la psychologie des divers âges ». Il s'appuie sur une
conception déterministe* de la discipline manifeste, entre autres, dans
la séquence des programmes (la géographie physique, d'abord, la
géographie humaine, ensuite) et dans l'importance accordée à l'influence
des facteurs naturels sur l'organisation des humains. La valeur morale
et civique attribuée partout dans le monde à l'enseignement de la
géographie est clairement exprimée ici aussi.

Le contenu géographique présenté dans le Rapport Parent témoigne des influences de l'époque, sur divers plans : l'effort des géographes, à l'échelle internationale, pour rehausser la qualité de l'enseignement de la géographie ; la volonté de laïciser le savoir scolaire et de le rattacher clairement à la science tout en maintenant une distinction entre l'école et la science ; l'influence de la psychologie constructiviste* et cognitiviste* qui met l'enfant au centre de l'action éducative, déplaçant ainsi l'importance du contenu disciplinaire.

Ce contenu reflète des ambiguïtés reliées aux grandes questions épistémologiques de la discipline. Ne sont pas explicitées, par exemple, la distinction entre des faits physiques, naturels, humains et géographiques, la nature des relations entre l'humain et le physique, la place de la géographie physique dans des programmes de sciences humaines, la contradiction entre la conception constructiviste de l'apprentissage de l'élève et la conception positiviste de la géographie. Mais le Rapport n'avait pas pour mandat de clarifier ces ambiguïtés. C'est davantage l'esprit général qui peut inspirer, encore aujourd'hui, la géographie scolaire dans sa recherche de pertinence :

> Il y a un décalage inévitable entre la science qui se fait, c'est-à-dire celle des savants et des chercheurs, et celle que transmet l'école, surtout au niveau élémentaire et secondaire ; mais en même temps que les connaissances acquises, les maîtres doivent communiquer au moins le climat de la pensée en progrès. [...] c'est dans le cadre d'un domaine précis de connaissances que l'élève s'initie aux mécanismes de pensée et aux attitudes mentales et morales que requiert le travail intellectuel. Là se trouve la véritable formation générale (1964, chap. 1, p. 12).

Cet extrait nous amène à réfléchir, à partir des contenus des programmes, sur ce que devient, au secondaire, la communication du climat de la pensée géographique en progrès et le domaine précis de connaissance qui doivent permettre aux élèves de s'exercer à la pensée et au travail intellectuel.

8.1.2. Des programmes cadres (1969) aux programmes par objectifs (1980)

Après le Rapport Parent, deux réformes ont marqué l'enseignement des matières et donc, de la géographie :

- les programmes d'études mis en place en 1969, appelés programmes cadres, dont l'orientation a été définie par le document *L'École coopérative* (MEQ, 1966) ;

– les programmes d'études mis en place en 1980-1981, appelés programmes par objectifs, dont l'orientation a été définie, cette fois, par le livre orange *L'École québécoise* (MEQ, 1979). Ces programmes de géographie sont toujours en vigueur dans les écoles.

Depuis 1980, deux programmes obligatoires sont enseignés au premier cycle (1re et 3e secondaire) et un programme optionnel est offert au deuxième cycle (4e ou 5e secondaire). Il s'agit respectivement de la *Géographie générale*, la *Géographie du Québec et du Canada* et de l'*Organisation géographique du monde contemporain*. La géographie est enseignée une année sur deux, en alternance avec l'histoire. L'histoire est présente à la fois au premier cycle (*Histoire générale*, 2e secondaire) et au deuxième cycle (*Histoire du Québec et du Canada*, 4e secondaire) et l'évaluation ministérielle de ce dernier programme est maintenue. Comme pour la géographie, un programme optionnel est aussi offert en 4e ou 5e secondaire (*Histoire du monde contemporain*).

Lors de l'implantation des programmes cadres, dans les années 1970, la géographie est optionnelle, mais si l'école choisit cette matière, il existe un plan d'études différent pour les cinq années du secondaire. C'est en 1980 que la géographie devient obligatoire en 1re et en 3e secondaire, avec un examen ministériel sanctionnant la réussite des élèves en 3e secondaire (aboli en 1994). Le tableau 2 présente le contenu de ces cinq programmes de géographie en vigueur de 1969 à 1980, définis alors à partir de thèmes ou de régions à étudier. Le tableau 3 présente le contenu du programme de géographie générale en vigueur depuis 1980 et le tableau 4 fait état du programme de géographie du Québec et du Canada, élaboré en 1980 et révisé en 1995.

Les contenus des programmes cadres (1969)

Programmes de géographie 11, 21, 31, 41, 51

Géographie 11 (8ᵉ année) Initiation à la géographie

A) Étude de la Terre dans son ensemble :
1. La Terre dans l'univers ; les conséquences géographiques de la forme, des dimensions et des mouvements de la Terre (le jour et la nuit, les différences d'heures, les saisons) ; la représentation de la Terre.
2. Étude des éléments naturels des paysages terrestres :
   a) la nature du terrain : les roches et les sols,
   b) les principaux types de reliefs,
   c) la formation des reliefs : les plissements, les failles, les volcans et les tremblements de terre,
   d) la destruction des reliefs : l'œuvre de l'érosion,
   f) les eaux salées : les océans et les mers ; les formes littorales,
   g) l'atmosphère : les températures, les vents, les pluies, les types de climats,
   h) la flore et la faune à la surface du globe : répartition de la végétation et des espèces animales.
B) Géographie humaine
   Introduction à la géographie humaine : nature, objet et intérêt de cette étude.
1. Étude de l'homme dans l'univers : répartition des groupes humains et densité, races, langues, religions, mouvements de population.
2. Les genres traditionnels de vie en fonction des grandes régions climatiques.
3. Étude de l'habitat : la maison, l'habitat rural et l'habitat urbain, fonctions des villages et des villes.
4. L'activité industrielle et les moyens de transport.
5. La découverte de la Terre à travers l'histoire.

Géographie 21 (9ᵉ année) Le monde moins les Amériques

A) L'Europe
1. Les aspects physiques, politiques, économiques et humains d'ensembles.
2. L'Europe du Nord et du Nord-Ouest : la Grande-Bretagne, la France, les pays du Bénélux, la Scandinavie.
3. L'Europe méditerranéenne : l'Italie, la péninsule ibérique, la péninsule balkanique.
4. L'Europe centrale : en particulier l'Allemagne.
5. L'URSS physique, économique et humaine. Les grandes régions.
B) L'Asie
1. Vue d'ensemble des aspects physiques et humains du continent.
2. L'Asie occidentale (Proche et Moyen-Orient).
3. L'Inde et le Pakistan.
4. La Chine et le Japon.
5. Les péninsules et les archipels asiatiques.
C) L'Afrique
1. Vue d'ensemble des aspects physiques et humains du continent.
2. L'Afrique du Nord. L'Égypte. Le canal de Suez.
3. L'Afrique noire.
4. L'Union sud-africaine.
D) L'Océanie
1. Vue d'ensemble de cette partie du monde.
2. L'Australie et la Nouvelle-Zélande.

TABLEAU 2 (suite)
Les contenus des programmes cadres (1969)

Programmes de géographie 11, 21, 31, 41, 51

Géographie 31 (10ᵉ année) Le continent américain moins le Canada

A) L'Amérique du Sud
   1. Vue d'ensemble des aspects physiques et humains.
   2. Étude des pays : en particulier le Brésil et l'Argentine.
B) L'Amérique centrale et les Antilles
   1. Vue d'ensemble des aspects physiques et humains.
   2. Étude des pays de l'Amérique centrale. Le canal de Panama.
   3. Les Antilles.
C) L'Amérique du Nord
   1. Vue d'ensemble des aspects physiques et humains.
   2. Le Mexique.
   3. Les États-Unis :
      a) aspects physiques, économiques, humains et politiques d'ensemble ;
      b) les régions : l'Est central, le Sud, le Centre-Ouest, l'Ouest, les territoires américains.

Géographie 41 (11ᵉ année) Le Canada

A) Vue d'ensemble
   1. Structure, relief, climat, végétation, hydrographie et régions naturelles de l'ensemble du pays.
   2. La mise en valeur des richesses naturelles : le sol, les eaux, le sous-sol, les forêts.
   3. Le peuplement du Canada. Étude de la population actuelle aux points de vue de la répartition, de la composition ethnique et des mouvements démographiques.
B) Étude des provinces
   1. La province de Colombie-Britannique.
   2. Les provinces des Prairies.
   3. La province d'Ontario.
   4. Les provinces de l'Atlantique.
   5. Le Nord canadien.
   6. La province de Québec :
      a) les aspects physiques, économiques et humains d'ensemble ;
      b) les régions géographiques.

Géographie 51 (12ᵉ année) Les grandes puissances mondiales

1. Pays d'économie capitaliste
   a) Occident : l'Europe de l'Ouest, les États-Unis, le Brésil ;
   b) Orient : le Japon.
2. Pays d'économie collectiviste
   a) l'URSS,
   b) la Chine.
3. Ressources alimentaires : céréales, thé, café, tabac, sucre.
4. Ressources énergétiques : charbon, pétrole, gaz naturel, électricité hydraulique et thermique, énergie nucléaire.

TABLEAU 3
Modules du programme de géographie générale (1re secondaire, 1982)

Titre	Objectif général	Objectifs terminaux	Objectifs intermédiaires
La planète Terre	À la fin de ce module, l'élève devrait comprendre que l'étude de la planète Terre fait l'objet de la géographie.	3	8
Le globe terrestre, la carte du monde et l'atlas	[...] savoir situer des réalités géographiques sur le globe terrestre, sur la carte du monde et dans l'atlas.	2	6
Carte topographique, carte routière et plan de ville	[...] savoir utiliser la carte topographique, la carte routière et le plan de ville.	4	12
Les éléments de géographie physique	[...] comprendre les principales composantes du milieu naturel.	3	11
Les éléments de géographie humaine	[...] comprendre les principales composantes du milieu humain.	3	7

ABLEAU 4

Modules du programme de géographie du Québec et du Canada
(3e secondaire, 1995)

Titre	Objectif général	Objectifs terminaux	Objectifs intermédiaires
Le Québec et le Canada dans le monde	Comprendre les principales caracté-ristiques de la situa-tion géographique et géopolitique du Québec et du Canada dans le monde.	2	6
Les ressources minières et hydrographiques	Comprendre l'importance des ressources minières et hydrographiques du Québec et du Canada.	3	9
Les ressources forestières et l'agriculture	Comprendre l'importance des ressources [...]	2	6
L'énergie	Comprendre l'importance de l'énergie [...]	3	7
La population	Comprendre les principales caracté-ristiques de la population [...]	3	7
Les ensembles régionaux du Canada	Comprendre l'importance des ressources de chacun des ensembles régio-naux du Canada.	1	5

Bien que reprenant l'essentiel des contenus des programmes de *Géographie 11* et *41*, les programmes de géographie du tournant des années 1980 sont définis bien différemment. Trois principaux éléments les distinguent :

1. Ils ne sont plus définis à partir du contenu mais à partir des objectifs visés que les éléments de contenu doivent contribuer à atteindre. De là, les contenus seront secondarisés, c'est-à-dire soumis aux objectifs à atteindre. Les contenus géographiques d'enseignement se figent comme un savoir-vérité, objectif, neutre, toujours juste peu importe les époques. L'accent se

déplace vers d'autres pôles (objectifs, comportements, habiletés, compétences, évaluation) et la formation pédagogique dans l'école est centrée sur l'amélioration des techniques et des stratégies d'enseignement des enseignants.

2. En 1980, la géographie devenant obligatoire en 1re et en 3e secondaire, il faut faire des choix et les anciens contenus sont élagués. Les géographies mondiale et régionale sont les grandes perdantes, les élèves n'ayant pour ainsi dire plus accès à une culture géographique politique et culturelle du monde. Les contenus géographiques seront principalement physiques, économiques et techniques, l'échelle nationale étant privilégiée.

3. La géographie scolaire après 1980 cherche toujours, dans le discours des programmes, à se définir comme une science, à se détacher des anciennes conceptions plus encyclopédiques, descriptives ou littéraires, des inventaires et des nomenclatures. Mais elle est influencée par le behaviorisme* (objectifs comportementaux) et plus récemment par le cognitivisme (opérations mentales). L'influence des sciences de l'éducation dans la logique qui structure les programmes est grandissante et le travail d'articulation du savoir géographique à cette logique se complexifie.

Les éléments de contenu sont donc soumis à une série d'objectifs généraux, terminaux et intermédiaires, rédigés selon les règles de la taxonomie, la plus connue étant celle de Bloom. Il ne s'agit plus de cerner les contenus géographiques à apprendre mais d'identifier les comportements observables et mesurables que la géographie peut contribuer à faire acquérir aux élèves. Le choix du contenu se justifie dans la mesure où il contribue au développement de ces comportements et habiletés. L'enseignement doit cibler l'objectif à atteindre qui orientera ensuite l'organisation du contenu. Cela permet, en principe, de guider l'enseignant dans son action et de mieux vérifier les apprentissages des élèves.

Rédiger un programme de géographie exige donc, en plus des connaissances géographiques, des connaissances dans les divers domaines rattachés aux «sciences de l'éducation». Cela pour tenter d'identifier des habiletés spécifiques au domaine de la géographie en cherchant ce qui distingue la géographie des autres disciplines sur ce plan. Une fois identifiées, il faut apprendre à les formuler selon la norme, sensibiliser les enseignants à cet enseignement, revoir l'évaluation des élèves, etc.

> _Pendant ce temps, la valeur propre des choix géographiques proposés aux élèves, c'est-à-dire la profondeur, la portée et la pertinence des argumentations géographiques des programmes et des manuels, n'est plus véritablement objet de discussion._

Pendant que la valeur de l'enseignement de l'histoire, du français ou des mathématiques continue d'être discutée régulièrement sur la place publique, la géographie québécoise se tient coite, comme si la présumée vérité de ses contenus justifiait sa mise à l'écart des débats sociaux. Cela n'ira pas sans conséquences.

La lecture des objectifs d'apprentissage est révélatrice des conceptions de la discipline et de son apport éducatif. Allons plus à fond dans la compréhension de l'organisation de ces programmes en commençant par le programme de Géographie générale, encore enseigné aujourd'hui en 1re secondaire.

8.1.3. La _Géographie générale_ (1982)

Comme l'indique le tableau 3, le programme de _Géographie générale_ comprend cinq modules et les objectifs généraux visent la compréhension des principales composantes des milieux physiques et humains, la capacité de se situer et la capacité d'utiliser des outils géographiques. Le programme vise l'atteinte, par l'élève, de 16 objectifs terminaux et de 48 objectifs intermédiaires que nous avons regroupés en quatre ensembles, en fonction du sens général des verbes, et ordonnés en fonction de leur fréquence :

Description	Distinction	Utilisation	Mise en relation
• Identifier (9)	• Distinguer (8)	• Utiliser (11)	• Montrer comment l'humain s'adapte (3)
• Caractériser (7)	• Différencier (3)	• Lire la représentation (2)	
• Décrire (6)		• Décoder (1)	• Établir des relations (2)
• Situer (3)		• Tracer (1)	
• Commenter (2)		• Montrer l'utilité (1)	• Montrer l'importance (1)
• Définir (1)			
• S'orienter (1)			• Associer (1)
• Nommer (1)			

Il ressort nettement que la géographie enseignée en 1re secondaire vise la description, la distinction et l'utilisation, reflétant ainsi une conception plutôt traditionnelle, une géographie descriptive, utilitaire et assez technique.

La lecture du programme soulève des questions. L'étude des relations entre milieux humains et naturels est posée comme étant l'objet de la géographie (p. 26). Or, le dernier module, « Éléments de géographie humaine », est le seul à en tenir compte. Et la nature de ces relations en est une d'adaptation de l'humain aux trois principaux types de climat. Le plan d'études du cours *Initiation à la géographie* (Géographie 11, 1974) avait pourtant fait une mise en garde, exemples à l'appui, sur la façon de traiter les notions de climat, de milieu et de paysage afin d'éviter les relations simples de cause à effet et le déterminisme du physique sur l'humain qui en résulte (p. 5-11). Qui peut encore croire à l'influence du climat pour expliquer la différence d'habitat entre le centre-ville de Port-au-Prince et celui de Montréal ?

La faible proportion du contenu réservée à la géographie humaine est d'autant plus inquiétante que la géographie du secondaire appartient à l'ensemble des trois seules disciplines chargées d'assurer une formation générale en sciences humaines (géographie, histoire et économie). L'apprentissage des divers types de cartes et du globe terrestre (deux modules sur cinq) ne pourrait-il se faire sur des thématiques de la géographie humaine mondiale ? Car à quoi sert d'acquérir ces techniques si l'élève manque de la culture géographique générale qui en appelle l'usage ?

L'expression « méthode géographique » utilisée pour caractériser l'étude de la géographie (observation, description, hypothèse, analyse, vérification, résultat) induit l'élève en erreur (p. 26). Cette méthode n'est pas spécifiquement géographique : elle fait référence à la méthode dite « expérimentale » d'une certaine acception positiviste de la science. Ce ne sont pas tous les géographes, du moins en géographie humaine, qui appliquent cette méthode. Mais admettons qu'il soit pertinent, dans une perspective éducative, d'apprendre à observer, à décrire, à poser une hypothèse, etc. Pourquoi le programme n'invite-t-il pas l'élève à les exercer plus systématiquement ailleurs, dans d'autres modules ? En fait, on ne voit pas très bien ce que l'élève peut retenir de cette prétendue méthode géographique qui n'est appliquée à la compréhension des faits géographiques d'aucun des trois programmes.

8.1.4. La *Géographie du Québec et du Canada* (édition révisée de 1995)

L'étude de la géographie nationale en 3ᵉ secondaire s'organise en six modules (tableau 4). Ce programme veut amener l'élève

> à réfléchir sur la mise en valeur des ressources qui contribuent au développement économique du Québec et du Canada [...] donner une vue d'ensemble de l'espace organisé [...] décrire l'organisation géographique de chacun des ensembles régionaux (1995, p. 77).

Tout le programme est structuré autour de l'idée suivante: l'ensemble régional s'explique par la mise en relation du milieu naturel, des ressources, de la population et de l'activité économique. Les concepts intégrateurs sont ceux d'espace, de ressource et d'activité économique. La vision de l'organisation de l'espace canadien est, encore ici, traditionnelle: une géographie économique, réduite aux « ressources naturelles » posées comme déterminantes dans l'organisation de cet espace. Cette vision est identique à celle des plans cadres et l'argument justifiant cette géographie des ressources naturelles est le même: la possibilité d'établir des relations entre les facteurs physiques et humains. Une conception de la géographie vue comme « permettant de comprendre la complexité des milieux en reliant leurs éléments physiques et humains » fonde le choix du contenu.

C'est en visant l'atteinte de 14 objectifs terminaux et de 44 objectifs intermédiaires que l'élève devrait apprendre ce contenu. Le nombre de verbes différents pour désigner les habiletés est toutefois réduit par rapport au programme de 1ʳᵉ secondaire (1982).

Description	Mise en relation
• Décrire (9)	• Analyser (17)
• Caractériser (7)	• Montrer l'importance (6)
• Grouper (1)	• Faire une synthèse (6)
• Illustrer (1)	• Expliquer (5)
• Localiser (1)	• Mettre en relation (2)
• Situer (1)	• Associer (1)

L'accent est nettement mis sur l'exercice d'habiletés dites « supérieures ». Dans cette logique éducative des apprentissages hiérarchisés, l'élève doit d'abord s'exercer aux habiletés simples avant d'autres plus complexes. On suppose que l'élève se souvient avoir appris à décrire en 1ʳᵉ secondaire et qu'il est maintenant capable d'analyser en 3ᵉ.

Par rapport à la première édition de 1980, les auteurs du programme ont ajouté, en 1995, des précisions sur les orientations des modules et sur la « portée des objectifs » qui influencent aussi les contenus. Ainsi, l'habileté à situer n'est formulée qu'une fois dans les objectifs, mais les orientations des modules 3 et 4 précisent que « pour consolider la compétence de l'élève à situer dans l'espace, il y a lieu de situer aussi souvent que possible, chacune des réalités qui sont objets d'étude » (p. 45 et 55). Contrairement à ce que laissent voir les objectifs, localiser reste donc un objectif important de l'enseignement de la géographie.

Questionnons l'ensemble de ce contenu. Est-ce encore cette géographie nationale que la société veut transmettre à la prochaine génération ? La géographie des ressources naturelles est-elle la plus pertinente pour comprendre les ensembles organisés de l'espace canadien contemporain ? Pour développer la dimension réflexive et la conscience territoriale ? Au-delà des finalités civique, « scientifique » et identitaire, comment s'exprime la fonction critique de l'éducation géographique dans ce programme ?

Cette géographie traite le fait humain comme une chose. Désincarnée, elle extrait les informations de la problématique qui leur donne sens, fait primer leur réalité naturelle, les présente comme des vérités objectives, neutres. C'est une géographie qui, se situant hors des grands enjeux territoriaux, paraît sans discours, sans idées. Les élèves le disent, elle est ennuyeuse, elle manque de caractère. Si la géographie veut contribuer à une formation en sciences humaines, elle doit s'intégrer au questionnement intellectuel qui les caractérise, même au secondaire.

Hamelin (1974, p. 347) écrivait:
« Cette géographie-là qui ne rejoint pas la vie ne mérite pas d'être sauvée. »

Ici, encore, c'est la nature, le physique qui fonde la réalité géographique du pays. « Les régions physiographiques déterminent en effet les ressources qu'on y trouve. Elles constituent par conséquent la clé de voûte des modules subséquents. » (p. 33) Or, la matière ne devient ressource* qu'avec l'action des hommes, dans un contexte social et économique. Le concept de ressource est donc tout à fait social ; il importe de le dire aux élèves et de les faire travailler dans ce sens. Une mine d'or n'a d'autre valeur que celle que les humains lui donnent à un moment de leur histoire. Quelle importance aurait aujourd'hui une invasion de castors au Canada ? Il y a certes un lien avec la région physiographique si on veut expliquer la formation physique de la matière. Mais la matière peut être exploitée ou non, enrichir ou appauvrir un pays, pour toutes sortes de considérations qui n'ont rien à voir avec la nature.

La perspective économique adoptée réduit même l'être humain à l'état de richesse. « Un programme centré sur l'étude des ressources doit considérer la population d'un territoire comme une de ses principales richesses. » (p. 67) En fait, c'est parce qu'il y a des êtres humains que la matière devient ressource. Pourquoi alors le module sur la population vient-il en dernier ? Cette soumission constante de l'humain à la dimension physique d'un espace est périmée et doit être remplacée, si on veut que la géographie contribue à comprendre l'organisation spatiale des humains, dans un programme de sciences humaines.

La question autochtone au Canada constitue peut-être le principal enjeu territorial contemporain, profondément enraciné dans le temps et l'espace. Or, la connaissance de cette réalité est réduite à « préciser l'importance numérique des populations autochtones du Québec et à connaître leur répartition géographique » (1995, p. 73). Encore une fois, l'apprentissage des faits est détaché des contextes qui leur donnent sens. Ces faits sont-ils géographiques ? Rien ne justifie que cette question qui fait l'objet de réflexions et de débats dans l'histoire scolaire soit si peu soulevée en géographie scolaire.

La façon dont le programme traite le concept de région soulève aussi des questions. La région n'est envisagée que sur deux plans, physiographique et administratif, le découpage administratif ayant d'ailleurs peu à voir avec la réalité naturelle. Mais la région est aussi un milieu de vie, et la marge est souvent grande entre la région d'appartenance et la région administrative. Cette géographie fonctionnelle a besoin d'ouverture sur les diverses significations que les humains donnent à leur espace.

Du strict point de vue des contenus, on constate que les géographies générale et nationale n'ont pratiquement pas évolué depuis 1960. Or, cette perspective géographique n'est plus pertinente pour comprendre l'espace mondial et canadien actuel, et un sérieux coup de barre doit être donné en matière d'éducation géographique. Résumons les principaux arguments qui justifient ce point de vue.

La géographie enseignée à l'école secondaire est une géographie figée dans le XIXe siècle par sa conception, ses contenus et même par des objectifs d'apprentissage qui ne se détachent pas d'une certaine conception du savoir géographique à faire apprendre (ex. : l'importance accordée à la description dans le programme de 1re secondaire). Elle est marquée par une vision naturaliste et déterministe de la géographie et de la science, tout comme au XIXe siècle. Au-delà des divergences de points de vue entre éducateurs et géographes, il est légitime qu'une société s'interroge sur la pertinence de former des enfants à des idées et à des savoirs qui relèvent de ces conceptions :

- L'étude de la géographie doit-elle toujours commencer par les composantes physiques de la planète, comme si cela relevait d'une logique immuable sur le plan scientifique et pédagogique ?
- La relation entre le physique et l'humain, quand elle est traitée, est de nature déterministe et causale, négligeant ainsi le sens, les intentions, les intérêts et les motivations des acteurs dans leurs relations aux territoires. Cette conception doit-elle être maintenue dans l'école ?
- La géographie du Québec et du Canada doit-elle être fondée sur l'étude des ressources naturelles et « humaines » ?
- Est-il encore important, dans le monde actuel, qu'un élève apprenne l'adaptation de l'homme aux climats (unité 5.3, 1re secondaire), la description des régions administratives du Québec dans une perspective instrumentale (unité 1.1, 3e secondaire) ou encore à tracer une coupe topographique (unité 3.3, 1re secondaire) ?
- La quasi-absence de géographie humaine mondiale et la faiblesse de la géographie humaine du Québec et du Canada dans les programmes obligatoires au secondaire est-elle justifiable ? La géographie ne doit-elle pas soulever des questions concernant les problèmes rencontrés par les êtres humains à l'échelle mondiale dans leur relation géoculturelle au territoire et à la nature ? Ne doit-elle pas contribuer à expliquer les enjeux territoriaux dans un Québec où, chaque jour, des événements se produisent qui exigent cette analyse ?
- Pourquoi la *méthode scientifique*, qui est en fait une certaine transposition de la méthode expérimentale, est-elle appelée *méthode géographique* dans les orientations du programme ? Pourquoi cette confusion entre méthode géographique, qui fait référence à la science (1re secondaire), et démarche géographique (3e secondaire), qui fait référence à l'apprentissage de la géographie ?
- En lien avec les objectifs éducatifs visés en formation générale, la *méthode* ne doit-elle pas plutôt être une proposition de démarche de raisonnement argumentatif rigoureux ?
- Le visible, le concret, l'observable, le réel, le donné doivent-ils encore être premiers dans l'étude de la géographie ?
- Comment lever la contradiction entre une conception constructiviste de l'apprentissage des élèves et une conception du savoir géographique à enseigner, posée comme une vérité donnée sur le réel ?

Ces questions formulées, il faut maintenant essayer de comprendre les conditions qui ont entraîné cette réduction de la pertinence éducative de la géographie dans l'école secondaire. La réflexion qui suit doit être lue comme une hypothèse d'interprétation à développer dans des travaux ultérieurs, et à discuter collectivement entre géographes, enseignants de géographie et tout citoyen sensibilisé à l'éducation géographique.

8.2. LA RÉDUCTION DE LA PERTINENCE ÉDUCATIVE DE LA GÉOGRAPHIE SCOLAIRE

Ce qui s'est transformé au cours des années, c'est le discours et les pratiques sur les façons d'organiser et d'enseigner un contenu géographique qui, lui, s'est figé, plus particulièrement dans les vingt dernières années. L'école désormais centrée sur l'élève s'est progressivement éloignée des objets de connaissance qui justifiaient son existence. Elle s'est recentrée autour des programmes par objectifs, des opérations mentales et cognitives, de l'évaluation, des compétences transversales, des profils de sortie, de l'enseignement stratégique, chevauchant dans un grand éclectisme théorique et idéologique des conceptions comportementales, cognitivistes, constructivistes, humanistes et technocratiques de l'éducation.

Plusieurs éléments entrent en relation pour expliquer cette situation. Ils prennent la forme de tensions idéologiques, institutionnelles, professionnelles ou disciplinaires qui caractérisent les discours et les actions des divers acteurs dans leur recherche de légitimité. Trois principaux types seront discutés : les tensions entre l'école et la science ; les tensions entre la notion de contenu et les notions d'habiletés et de compétences ; les tensions entre géographes.

8.2.1. LES TENSIONS ENTRE L'ÉCOLE ET LA SCIENCE

Il n'y a pas que l'école à s'être transformée dans les années 1960 ; la science géographique a, elle aussi, évolué. Les grands projets d'aménagement, la question régionale, les mouvements de critique sociale, le développement des technologies du traitement de l'information spatiale, pour ne nommer que ces thèmes, ont retenu l'intérêt des géographes québécois beaucoup plus que l'éducation. Les géographes universitaires se sont spécialisés, car c'est là que leur professionnalisme était reconnu. Si bien que la géographie savante, dans son processus de spécialisation et d'éclatement des tendances, s'est détachée de la demande sociale sur le plan éducatif. La distance est grande entre les géographies qui s'enseignent à l'université et la géographie des programmes actuellement en cours dans le secondaire.

Malgré cette situation, les universitaires continuent d'entretenir l'idée selon laquelle il existe une filiation directe entre la géographie savante et la géographie scolaire, qu'un simple travail d'adaptation ou de transposition permet d'assurer. La géographie enseignée serait une sorte de géographie savante, débarrassée de son appareil théorique, du détail de la spécialisation et du travail critique. Les exigences de l'école démocratisée et les conditions de son évolution sont banalisées.

> *Dans la géographie savante québécoise, l'espace d'interprétation théorique de l'éducation géographique s'est rétréci.*

Une double tension s'installe: une première entre la géographie spécialisée des géographes québécois et la géographie scolaire, générale, chargée de transmettre un savoir en partie traditionnel; une deuxième tension se crée entre les départements universitaires chargés de la formation disciplinaire et ceux chargés de la formation pédagogique et didactique. Car dans l'ensemble du Québec, les programmes universitaires de formation des maîtres ont été pris en charge par les départements de sciences de l'éducation dans les années 1960[4].

L'intérêt des universitaires pour la géographie scolaire s'estompe et se déplace, la question du contenu étant soumise à de nombreuses autres considérations pédagogiques et institutionnelles; celles-ci échappent aux géographes universitaires qui, dans leur recherche de légitimité scientifique et professionnelle dans la communauté des géographes, les jugent moins valorisantes. La responsabilité des cours de didactique disciplinaire revient de plus en plus à des chargés de cours recrutés parmi les enseignants ou les conseillers pédagogiques du secondaire. Les collaborations étant peu développées sur le plan de l'enseignement et de la recherche entre le secondaire et l'université, il s'ensuit que la culture pédagogique du secondaire s'autonomise de plus en plus et que la distance entre la géographie scolaire et universitaire va en s'accentuant.

Deux exemples viennent appuyer ce propos. Le dernier numéro que les *Cahiers de géographie du Québec* consacrent à l'enseignement de la géographie date de 1970. C'est un moment chaud, puisque le ministère de l'Éducation vient d'approuver les programmes cadres (1969).

---

4. L'UQAM constitue à ce titre une exception, les départements disciplinaires conservant la responsabilité des cours de didactique et de supervision de stages.

C'est toujours au moment des réformes de programmes qu'on trouve, au Québec, le plus grand nombre d'articles sur les matières scolaires. Les *Cahiers* ont consacré une chronique pédagogique régulière à l'enseignement de la géographie de 1956 à 1966, période correspondant à la mise en place de la réforme de l'éducation, où il est valorisé de s'engager dans ce mouvement. Les principaux collaborateurs sont des géographes universitaires reconnus comme Ludger Beauregard, Jean Brassard, Roger Brière, Benoît Brouillette, Pierre Cazalis, Pierre Dagenais, Henri Dorion, Marc-André Guérin, Louis Trotier et Maurice Saint-Yves.

Pourquoi la chronique prend-elle fin en 1966? Cette date correspond à la fondation de la Société des professeurs de géographie du Québec (SPGQ), à la mise en œuvre des orientations du Rapport Parent, à la fondation des cégeps (1967) et à la prise en charge de la formation des maîtres par les universités dans les facultés d'éducation. Chacun de ces groupes construit sa propre légitimité professionnelle, et les orientations de la chronique deviennent sans doute plus difficiles à définir dans ce contexte de transformation et d'effervescence générales. Par exemple, les enseignants de géographie du secondaire seront désormais responsables de produire leur propre bulletin et les enseignants du collégial, de définir leur programme.

Le deuxième exemple est la création de la revue *Didactique-géographie*, en 1972, par le regretté Pierre Dagenais, alors géographe et professeur de didactique au Département des sciences de l'éducation de l'Université de Montréal. Le directeur est Pierre Dagenais, mais le comité consultatif est composé de professeurs d'université et d'enseignants de la SPGQ. Dans la présentation du premier numéro, la direction écrit:

> La série DIDACTIQUE-GÉOGRAPHIE des dossiers de recherche et d'enseignement, [...] se propose de participer au mouvement de *remise en question des objectifs de l'enseignement,* par une contribution, si modeste soit-elle, dans le domaine particulier de la géographie (p. 3, c'est nous qui soulignons).

> Il y sera principalement question des méthodes fondées sur le principe de la participation active de l'élève, par exemple : la méthode du problème à découvrir et à résoudre, la méthode du cas-type, l'animation, les jeux, l'enseignement programmé, etc. (p. 3).

À qui incombe la responsabilité de redéfinir la nature du savoir géographique à enseigner?

Des neufs rubriques présentées, aucune ne porte sur la nature du savoir géographique à faire apprendre. L'accent est mis sur les méthodes, les procédés, les moyens techniques, des textes d'intérêt scientifique portant sur des recherches en éducation, en didactique, ainsi que sur la collaboration avec la jeune association d'enseignants (SPGQ). Dans ce contexte, il faut souligner le côté innovateur d'un Pierre Dagenais qui, quelques années avant de prendre sa retraite, osait assumer le leadership d'un programme de recherche mettant en relation géographie et sciences de l'éducation, sous l'angle d'une didactique théorique et appliquée. Les programmes par objectifs de 1980 s'inspireront de ce travail. Lors du départ de Dagenais, la revue sera prise en charge par la SPGQ en 1979 et cessera de paraître en 1981, faute de combattants. Il n'y a plus, depuis, de revue consacrée à l'enseignement de la géographie[5].

L'observation des transformations scolaires et sociales conduit à ce constat: une culture scolaire secondaire relativement autonome, ayant sa propre logique de fonctionnement, se met en place au Québec à partir de la réforme des années 1960 et le fossé ira en s'agrandissant entre les universitaires et les enseignants du secondaire. C'est que les défis nouveaux et de plus en plus complexes posés par la démocratisation de l'éducation exigeront le recours à plusieurs types de savoirs pour analyser les problèmes. L'incapacité de définir, avec le même consensus que jadis, la culture de l'honnête homme de la fin du xxᵉ siècle (Harvard Report, 1945) entraînera un glissement vers d'autres objets que les contenus disciplinaires. La constitution en corps professionnel des enseignants de géographie du secondaire favorise la définition d'intérêts spécifiques. L'évolution propre de la géographie comme science se distingue de celle des savoirs scolaires à finalités éducatives. Enfin, l'influence croissante des courants pédagogiques et psychologiques marque l'organisation de l'enseignement géographique.

8.2.2. LES TENSIONS ENTRE CONTENU ET HABILETÉS

La mise à distance des contenus entraîne un autre type de compétition entre les disciplines pour occuper un espace dans la grille-horaire: la compétition se joue sur le terrain des habiletés et des compétences. Les mêmes habiletés peuvent être développées par plusieurs disciplines différentes, aussi, la justification d'une discipline devient-elle difficile. Sont gagnantes les disciplines fortement institutionnalisées ou jugées fondamentales dans un certain contexte social et politique: le français, les mathématiques, les sciences et l'histoire. De toute façon, l'élève y exercera des habiletés intellectuelles semblables. Il faut lire les travaux de Piaget sur le rôle des activités géométriques dans la construction

---

5. La Société des professeurs d'histoire du Québec produit régulièrement la revue *Traces*.

de l'espace chez l'enfant et établir le parallèle avec plusieurs des habiletés associées à l'enseignement de la géographie (Perraudeau, 1996, p. 115). Pourquoi pas la géométrie plutôt que la géographie ?

C'est là que la question du contenu intervient, au sens défini précédemment. Ces disciplines ne sont pas équivalentes sur le plan de l'exercice de la pensée. On n'a encore trouvé rien de mieux que la division des savoirs en champs disciplinaires pour appréhender la complexité du réel. Les notions d'interdisciplinarité et de transdisciplinarité reposent, elles aussi, sur l'idée de discipline. L'être humain n'est pas qu'une machine à habiletés, évaluable à l'aune ultime des compétences attendues : il pense, réfléchit, se trompe, juge et agit. Cela se fait surtout avec des idées, des hypothèses, des propositions, des arguments, des valeurs, des croyances, des intuitions, des représentations, etc. Les faits, les concepts et les méthodes sont à mettre en discours et ces discours ne sont pas tous équivalents sur le plan de la formation. C'est pourquoi la discussion des contenus géographiques d'enseignement reste incontournable. Sinon, la roue tourne à vide et la géographie peut être remplacée aisément dans les programmes scolaires.

8.2.3. LES TENSIONS ENTRE GÉOGRAPHES

La critique de la géographie enseignée au secondaire ne doit pas laisser sous-entendre que la géographie universitaire, à supposer qu'elle s'engage réellement dans ce sens, saurait apporter les solutions aux problèmes. Les concepteurs de programmes n'ont pas inventé le déterminisme géographique, ni les difficiles relations (quand il ne s'agit pas de ruptures) entre la géographie physique et la géographie humaine, ni le phénoménal développement des techniques d'information géographique. Ces questions traversent toujours l'enseignement universitaire et influencent la formation et les idées en cours dans d'autres milieux.

À l'époque du relativisme culturel* et scientifique, comme toutes les disciplines, plusieurs conceptions, tendances, théories et champs d'intervention traversent la géographie. Dans ce pluralisme, chaque géographe pense pouvoir dire ce qui devrait s'enseigner à l'école à partir de sa vision des choses, de son appartenance à une école de pensée, de son champ de recherche, croyant détenir la vérité géographique. Cela n'est pas toujours d'une grande utilité dans l'école. La géographie scolaire cherche une « vérité éducative » pour l'école afin d'en faciliter le fonctionnement, et les géographes ne lui rendent pas nécessairement la tâche aisée.

Cette tension entre les géographies peut être atténuée. En effet, l'heure est à la reconnaissance du caractère pluriel de la géographie plutôt qu'au maintien de l'illusion d'une seule géographie vraie et consensuelle. Il s'agit alors d'effectuer des choix qui sont posés comme tels, discutables et justifiés pour leur valeur éducative à une époque donnée.

À titre de suggestion, la géographie scolaire aurait intérêt à explorer certaines idées de la géographie humaine actuelle, si elles sont capables de répondre aux finalités de l'éducation géographique et aux attentes de la société. Ainsi, la géopolitique offre des outils pour comprendre la dynamique des rapports entre territoires. L'ethnogéographie et la géographie culturelle réactualisent la notion de mode de vie pour comprendre comment des communautés humaines s'approprient, transforment et donnent du sens à leur territoire. L'analyse des paysages et des représentations des lieux permet d'appréhender des ensembles organisés, d'approfondir la relation à l'espace, de lier le concret et l'abstrait, le rationnel et l'imaginaire. La géographie environnementale, quand elle voit l'humain comme le principal acteur, décideur et producteur de connaissances, offre des perspectives pour intégrer la géographie physique à des problématiques sociales.

Nous avons tenté de saisir certaines tensions qui traversent l'enseignement de la géographie au secondaire dans le but de comprendre sur quoi repose la difficulté de cette discipline à faire valoir sa pertinence éducative. Il convient maintenant de formuler, pour être soumise à la discussion toujours, une proposition d'actualisation de la géographie scolaire.

8.3. ACTUALISER LA PERTINENCE DE LA GÉOGRAPHIE SCOLAIRE

Il y a plus de vingt ans, Hamelin (1974, p. 350) disait :

> Dans le monde scientifique et la culture contemporaine, la place que l'on reconnaîtra à la géographie dépendra du temps que prendront les géographes eux-mêmes à faire leur ajustement à la vie, en d'autres termes, à une néo-géographie.

La responsabilité de redéfinir le contenu de la géographie scolaire est collective ; elle doit être réappropriée, à différents niveaux, par les géographes universitaires et professionnels, les enseignants des divers ordres, les futurs enseignants et tout citoyen sensibilisé à la nécessité d'une conscience territoriale essentielle au lien social. Cela prendra tout le temps nécessaire à la réflexion, à l'argumentation, au dialogue et à la mise en action. Qu'avons-nous à perdre ?

Cette responsabilité repose cependant sur certaines conditions : une volonté réelle d'actualiser la pertinence de la géographie scolaire et de prendre le temps qu'il faut pour le faire ; la curiosité et le désir d'appréhender l'école actuelle, et plus particulièrement la géographie scolaire, comme un objet d'étude fascinant dans sa complexité ; l'articulation des contenus géographiques aux objectifs et aux compétences ; la discussion de ce qui, dans les géographies savante, médiatisée et professionnelle, peut servir l'école ; l'ouverture des diverses logiques de fonctionnement relativement autonomes du primaire, du secondaire, du collégial et de l'université, et la création d'espace de dialogues entre acteurs intéressés ; une attitude de respect mutuel entre les divers groupes d'intervenants, reconnaissant la différence et la valeur de chacun. Utopies, diront certains, dans le contexte économique et politique actuel. Peut-être, mais où va l'école sans utopies directrices ?

Avant de nous aventurer à proposer quelques-unes de ces idées phares de la géographie scolaire, des remarques d'ordre méthodologique doivent être faites.

1. La notion de « programme de sciences humaines » n'existe pas au secondaire, ce qui constitue une lacune. On ne trouve pas de texte exposant les finalités éducatives du champ des sciences humaines, les objectifs visés, la manière dont il se distingue des autres programmes et s'y relie, l'articulation de l'histoire et de la géographie[6], les grandes références en matière d'idées, d'auteurs à faire connaître, les apprentissages méthodologiques que les élèves devraient réaliser. La définition du champ des sciences humaines au secondaire faciliterait l'organisation et la cohérence des disciplines enseignées.

2. La géographie existe bel et bien comme discipline scolaire, elle est encore au programme obligatoire en formation générale des élèves du secondaire. Il importe donc de proposer des réponses aux questions suivantes. Quelles questions les géographes posent-ils plus spécifiquement au réel ? Dans une perspective éducative toujours, qu'est-ce qu'une question géographique ? un problème géographique ? un raisonnement géographique ? une argumentation géographique ? Quelle est la

---

6. Actuellement, il existe des contradictions entre les idées véhiculées dans les deux programmes. Par exemple, le programme de géographie montre l'adaptation de l'Homme au climat tandis que le programme d'histoire montre qu'avec le temps et les développements technologiques, l'Homme s'est détaché de cette dépendance.

fonction sociale de la géographie aujourd'hui ? Quel sens vou-
lons-nous donner à l'expression « conscience territoriale » ? C'est
à la suite de l'identification des grands problèmes géographiques à étudier que les concepts pertinents pour y réfléchir
prennent leur sens : milieu, région, échelle, genre de vie, territoire, frontière, relation temps/espace, dynamique, évolution.
Dans la mesure où les réponses à ces questions seront jugées
pertinentes par la société, il est permis de penser que la discipline occupera, dans l'école, l'espace qui lui revient.

3. La place et le statut de la géographie physique doivent être
   redéfinis. Il ne s'agit pas de remettre en question la pertinence
   d'apprendre la plupart des connaissances regroupées sous cette
   appellation mais plutôt d'en revoir l'organisation, si leur
   appartenance au programme des sciences humaines est maintenue. Si la géographie continue d'être définie comme l'étude
   des relations entre le physique et l'humain, l'être humain doit
   être posé comme celui qui construit la connaissance de la nature,
   celui pour qui il importe de la comprendre, celui qui décide
   et agit. Le choix des problématiques se fait alors en fonction
   de cette conception.

   Mais la connaissance physique de la Terre peut aussi être
   étudiée comme un savoir autonome, rattaché aux sciences de
   la nature ou de la Terre ; dans ce cas, il faut intégrer l'étude
   de la formation de la Terre, les roches, le climat, la végétation
   et l'hydrologie à un autre programme que celui des sciences
   humaines. Il n'est pas étonnant d'ailleurs que le programme
   de physique (2e secondaire) reprenne un chapitre sur les roches.
   Une chose est sûre : la relation entre la géographie physique
   et la géographie humaine doit sortir du carcan déterministe
   dans lequel elle s'enferme encore.

4. Comment rompre avec l'idée que la géographie sert particulièrement à développer l'observation et la description ? Pas plus
   que les autres sciences, ou plutôt, autant que les autres sciences.
   Cette idée que la planète est le laboratoire de la géographie
   vaut pour toute la connaissance scientifique. Si la géographie
   scolaire ne reçoit pas la mission de développer une capacité
   d'argumenter rationnellement, d'utiliser des concepts dans une
   réflexion sur la compréhension des problèmes humains de
   territoire, alors elle n'a pas sa place à l'école en formation
   générale. Le choix difficile des idées et des problématiques
   géographiques, des concepts (souvent confondus avec le mot
   de vocabulaire ou le fait) et des techniques, se rattache à cet
   objectif global.

Pour alimenter la discussion souhaitée sur la pertinence éducative de la géographie scolaire, des exemples d'idées phares à intégrer au programme de *Géographie du Québec et du Canada* sont maintenant proposés[7].

- L'étude des relations entre l'espace, les ressources, l'activité économique et la population constitue le fil conducteur actuel de la géographie nationale. Il importe de remettre en question la pertinence de ce fil conducteur dans l'économie occidentale postindustrielle, où la majorité des Canadiens s'occupent ailleurs que dans les matières premières. Mais admettons qu'une perspective de géographie économique soit maintenue ; c'est un choix qui se justifie et il devrait d'ailleurs l'être d'une façon beaucoup plus explicite. Il est essentiel de sortir de cette perspective où la géographie du Canada est déterminée par les « ressources naturelles ». Le concept de ressource est à redéfinir et à situer dans une problématique qui situe le Canada dans ses relations avec le monde, et particulièrement avec les États-Unis, en utilisant les notions de hiérarchie et d'échelle, en introduisant autrement la notion de ressource humaine, aujourd'hui essentielle en géographie économique, et en adoptant une perspective critique (absente actuellement) dans l'analyse des effets de ces relations spatio-économiques sur le développement des sociétés, et enfin, en montrant leur transformation dans une perspective spatiotemporelle.

- Le programme doit initier l'élève à la problématique du territoire québécois dans l'espace canadien. Le titre du programme *Géographie du Québec et du Canada* appelle, en passant, quelques justifications puisque partout ailleurs au Canada, il serait formulé différemment. Qu'est-ce qui appelle l'usage de la conjonction *et* ? Les fonctions identitaire et critique de l'enseignement de la géographie exigent l'élaboration d'un questionnement géographique, le plus juste et rigoureux possible, sur les relations entre le Canada et le Québec. Il ne s'agit pas de faire triompher une position idéologique plutôt qu'une autre, mais de former l'esprit critique des jeunes. Par exemple, demander aux élèves de faire un travail de mise en contexte des expressions suivantes pourrait servir à montrer comment les concepts sont chargés d'un sens qui se transforme selon le problème

---

7. Cette partie s'inspire largement des idées de Louis Dupont, géographe, exprimées dans un texte non publié *Évaluation scientifique de la 2ᵉ édition du manuel de géographie Destinations Québec-Canada*. Nous en assumons entièrement la rédaction et l'interprétation.

étudié : le Québec est une région canadienne ; une société distincte ; un peuple ; une nation ; une partie d'un ensemble régional ; une province du Canada.

- La géographie du Québec et du Canada doit être située dans son contexte américain. Bien au-delà des similitudes physiographiques, il y a des points communs dans la façon dont les hommes et les femmes se sont appropriés ces territoires : maîtrise des défis naturels, conflits et alliances avec les Autochtones pour la maîtrise de l'espace, trajectoire est-ouest de la colonisation, métissage des populations, sans parler de l'espace économique et géopolitique consacré par l'ALENA, etc. Il importe de montrer l'influence des États-Unis sur la société et la culture canadienne, marquant l'organisation de son espace (villes, banlieues, architecture, infrastructure routière, etc.), d'autant plus que la géographie des États-Unis n'est plus étudiée. L'américanité du Québec et du Canada doit aussi être définie comme un concept qui sert à penser la réalité des relations nord-sud et sud-nord.

- La géographie du Québec et du Canada doit étudier l'enjeu territorial entre les Autochtones et les Blancs. Il y a suffisamment de géographes qui ont réfléchi sur ce problème pour que la géographie scolaire ne retraite pas devant la complexité du sujet. La question doit être posée à l'échelle du Canada, dans une distanciation rigoureuse des interprétations folkloriques de la relation des Amérindiens avec la nature. L'appropriation par les Blancs de terres inuits et amérindiennes pour l'exploitation des ressources, l'organisation du territoire autochtone en réserves et le mouvement des Autochtones pour la revendication des terres sont une part importance de la géographie du Canada. Les réponses que la société choisira d'apporter risquent de modifier considérablement la carte du Canada et les rapports sociaux. La formation géographique générale des futurs citoyens peut contribuer à la compréhension de cette question fondamentale.

- La géographie du Québec et du Canada doit introduire à la problématique des régionalismes canadiens (Ouest, Prairies, Ontario, Québec, Maritimes), ce que la notion d'ensemble régional ne permet pas de faire.

Il est quasi impossible de discuter de la géographie du Canada sans aborder ce thème. L'isolement, la distance et la composition historique et actuelle de la population ont créé, en régions, des identités différentes qui, pour plusieurs, sont aussi importantes, sinon plus, que l'identité nationale. L'inégalité de la richesse, l'écart entre les revenus, le chômage, la pauvreté contribuent à la différenciation des régions, comme c'est le cas, par exemple, des provinces atlantiques. Les tensions entre l'Ouest et le Centre ont aussi des connotations économiques, politiques et culturelles (Dupont, 1996, p. 5).

L'introduction à ces questions se fait en lien avec l'histoire pour comprendre les particularités de l'implantation humaine au pays et les fondements des tensions qui le caractérisent.

– Le programme doit permettre de comprendre les différences spatiales et socioculturelles entre les grands centres et les régions. Cette question est largement débattue dans la société depuis trente ans, et une géographie scolaire moderne et préoccupée par l'analyse et l'interprétation des problèmes d'espace doit rendre compte de la complexité des lieux habités par les Québécois et les Canadiens. En lien avec des aspects culturels, économiques et politiques, cette thématique permet de traiter non seulement des problèmes d'inégalités mais aussi des volontés d'appartenance des communautés à leur territoire et des transformations découlant de choix sociaux.

– Au cœur de la définition du Canada moderne se trouve la question des minorités officielles et, à un autre niveau, celle du pluralisme ethnique qui caractérise sa population. La géographie du Québec et du Canada doit les aborder comme un thème constitutif de la société canadienne en traitant leurs relations à l'espace physique et culturel (formes d'espace, quartier, région, etc.), la condition des minorités et les tensions qui caractérisent leur lien à la majorité, la comparaison entre la minorité anglophone et les minorités francophones.

Ces propositions de contenu pour l'étude de la géographie du Québec et du Canada ont surtout pour objectif de relancer le débat sur la question des idées géographiques qu'il importe de véhiculer à l'école, dans une perspective où la géographie, discipline scolaire rattachée au champ des sciences humaines, contribue à la compréhension des organisations territoriales à diverses échelles. Ces propositions restent à problématiser et à documenter en fonction des élèves et des exigences de l'école. Mais nous soutenons qu'elles se rattachent davantage à une géographie moderne et affirment la pertinence éducative de la géographie.

Ce regard critique sur l'état de la géographie dans l'école secondaire des quarante dernières années fait valoir l'importance d'actualiser les contenus géographiques d'enseignement en tenant compte de la complexe évolution de la géographie et de l'école. Une bonne partie de la géographie scolaire actuelle est périmée. Une nouvelle demande sociale nous invite à fournir l'effort nécessaire à la construction d'une pensée géographique éducative plus pertinente. Les questions reliées à la situation géopolitique mondiale, aux problèmes environnementaux, aux appartenances territoriales et aux significations des paysages et lieux habités obligent la géographie scolaire à des adaptations de taille. Il s'agit, entre autres, de redéfinir des idées géographiques directrices susceptibles de former la pensée géographique des élèves en sciences humaines.

Il y aura des propositions à formuler, des discussions à tenir et des choix à faire. L'engagement dans cette tâche des principaux acteurs concernés devient une condition à la contribution de la géographie à la formation de citoyens conscients et engagés. Il en va de la légitimité de la géographie et de l'éducation des futures générations.

BIBLIOGRAPHIE

BERDOULAY, V. et M. BROSSEAU (1992). « Manuels québécois de géographie : production et diffusion (1804-1960) », *Cahiers de géographie du Québec*, vol. 36, n° 97, avril, p. 19-32.

BERGEVIN, J. (1992). *Déterminisme et géographie*, Québec, Presses de l'Université Laval.

BROUILLETTE, B. (1966). Introduction au collectif *L'enseignement de la géographie*, Paris, UNESCO-IPAM, coll. Programmes et méthodes d'enseignement.

COLLECTIF (1970). Dossier sur l'enseignement de la géographie au Québec. *Cahiers de géographie du Québec*, vol. 14, n° 31, avril.

COLLECTIF (1966). *L'enseignement de la géographie*, Paris, UNESCO.

COLLECTIF (1951). *L'enseignement de la géographie, petit guide à l'usage des maîtres*, Paris, UNESCO.

DAGENAIS, P. (1972). *Didactique-Géographie*, vol. 1, n° 1, Montréal, Univ. de Montréal, Faculté des sciences de l'éducation.

DEVELAY, M. (1992). *De l'apprentissage à l'enseignement*, Paris, ESF éditeur, coll. Pédagogies.

DUFOUR, A. (1997). *Histoire de l'éducation au Québec*, Montréal, Boréal.

DUPONT, L. (1996). *Évaluation scientifique de la 2e édition du manuel de géographie Destinations Québec-Canada*, 11 p., Document non publié.

FORQUIN, J.-C. (1991). «Justification de l'enseignement et relativisme culturel», *Revue Française de Pédagogie*, n° 97, p. 13-30.

HAMELIN, L.-E. (1974). «Virage à prendre en géographie», *Cahiers de géographie du Québec*, vol. 18, n° 44, p. 347-351.

[HARVARD REPORT] (1945). *General Education in a Free Society*, Report of the Harvard Committee, Cambridge, Massachusetts, Harvard University Press.

LAURIN, S. (1997). *L'enseignant et le choix des contenus d'enseignement. Le cas de la géographie au collégial*, Thèse de doctorat en éducation, Montréal, Université du Québec à Montréal.

LEGENDRE, R. (1993). *Dictionnaire actuel de l'éducation*, 2e édition, Montréal, Guérin; Paris, Eska.

MINISTÈRE DE L'ÉDUCATION DU QUÉBEC (1966). *L'école coopérative*, Gouvernement du Québec.

MINISTÈRE DE L'ÉDUCATION DU QUÉBEC (1969). *Programmes d'études d'écoles secondaires*, Gouvernement du Québec.

MINISTÈRE DE L'ÉDUCATION DU QUÉBEC (1974). *Géographie 110, Initiation à la géographie, Plan d'études*, Gouvernement du Québec.

MINISTÈRE DE L'ÉDUCATION DU QUÉBEC (1979). *L'école québécoise. Énoncé de politique et d'action*, Gouvernement du Québec.

MINISTÈRE DE L'ÉDUCATION DU QUÉBEC (1980). *Programme d'études. Géographie générale*, Gouvernement du Québec.

MINISTÈRE DE L'ÉDUCATION DU QUÉBEC (1986). *Programmes d'études. L'Organisation géographique du monde contemporain*, Gouvernement du Québec.

MINISTÈRE DE L'ÉDUCATION DU QUÉBEC (1995). *Programmes d'études. Géographie du Québec et du Canada*, Édition révisée du programme de 1980, Gouvernement du Québec.

PERRAUDEAU, M. (1996). *Piaget aujourd'hui. Réponses à une controverse*, Paris, Armand Colin, coll. Formation des enseignants.

[RAPPORT INCHAUSPÉ] MINISTÈRE DE L'ÉDUCATION DU QUÉBEC (1997). *Réaffirmer l'école, Prendre le virage avec succès*, Rapport du Groupe de travail sur la réforme du curriculum, Gouvernement du Québec.

[RAPPORT PARENT] GOUVERNEMENT DU QUÉBEC (1964). *Rapport de la Commission royale d'enquête sur l'enseignement dans la province de Québec*, tome 2.

RASSEKH, S. et G. VAIDEANU (1987). *Les contenus de l'éducation. Perspectives mondiales d'ici l'an 2000*, Paris, UNESCO.

CONCLUSION

Juan-Luis Klein et Suzanne Laurin

CITOYENNETÉ ACTIVE ET CONSCIENCE TERRITORIALE : PERSPECTIVES POUR UN PROGRAMME

« L'exercice de la citoyenneté réside dans la participation réfléchie à la vie et aux choix de la collectivité », dit Thierry Hentch dans son livre *Introduction aux fondements du politique*. Voilà une affirmation qui soulève l'ampleur du défi auquel fait face la société actuelle dont le sens de la collectivité et la nature des liens sociaux sont en recomposition. C'est à l'élaboration d'un discours qui révèle le rôle du territoire dans cette recomposition que nous ont convié, de façon explicite ou implicite, les différents chapitres de l'ouvrage que nous concluons.

Les auteurs de ce livre ont voulu contribuer à dynamiser la communication du savoir à l'extérieur de la communauté des géographes spécialisés, à créer des liens entre la géographie scientifique et la géographie civique. Il existe une demande sociale pour une base de connaissances géographiques qui dépasse l'accumulation des faits et se présente plutôt sous la forme d'un ensemble ouvert de propositions géographiques documentées, cela afin que tous ravivent leur curiosité géographique et comprennent mieux le monde dans lequel ils vivent.

Les propositions géographiques de ce livre constituent une partie de cet ensemble ouvert. Elles ont été élaborées à partir d'un choix d'objets, liés aux domaines d'enseignement des auteurs et aux préoccupations de notre temps, que le tableau suivant synthétise:

Objets d'étude	Propositions géographiques
ESPACE GÉOGRAPHIQUE	L'espace géographique est à comprendre comme une construction sociale ancrée dans le temps.
SYSTÈME-MONDE	Sa compréhension passe par l'analyse de l'éclatement du modèle de l'État-nation en tant que modalité territoriale de gestion des sociétés et par la recomposition territoriale des espaces géopolitiques dans le monde.
GÉOSYSTÈME PLANÉTAIRE	La complexité des problèmes environnementaux actuels nécessite une vision holistique des systèmes naturels et des relations Terre–Société.
CLIMAT DE LA TERRE	La compréhension des changements climatiques exige l'étude des relations entre le mécanisme climatique terrestre et les activités humaines, dans une perspective critique distancée de l'effet médiatique.
OUTILS DE L'INFORMATION GÉOGRAPHIQUE	L'usage de la carte et de l'ordinateur demande au géographe d'être vigilant au moment de la sélection des données et de la validation des résultats; la qualité de l'information du citoyen en dépend.
	– À l'aube d'une société de communication où l'enseignant redevient le passage obligé pour ses élèves, il importe de renouer avec une base traditionnelle efficiente de connaissances scientifiques et pédagogiques.
GÉOGRAPHIE ENSEIGNÉE	– L'effet «peau de chagrin» de la géographie au secondaire s'explique par sa difficulté à proposer des idées bien problématisées et argumentées, capables de justifier sa contribution originale, dans un programme de sciences humaines, pour comprendre le monde actuel.
	– Aborder la complexité de l'univers social à l'école passe par la mise en relation de l'éducation géographique et historique, pour une formation civique qui valorise la finalité critique des sciences humaines.

Ces propositions sont rattachées, dans ce livre, à l'objet « territoire » et la proposition englobante d'une éducation géographique à la conscience territoriale ne prétend pas refléter toute la géographie savante, ni d'ailleurs toute la géographie enseignée. La valeur éducative d'autres propositions doit être discutée mais elle ne peut l'être qu'à partir d'un espace public qui reconnaît la légitimité des points de vue diversifiés cohabitant au sein de la discipline. C'est au développement de cet « espace civique » que cet ouvrage contribue.

Revenons maintenant sur ce qui justifie ce choix et dégageons des perspectives pour un programme d'éducation géographique qui se préoccupe de la formation du citoyen et de l'acquisition d'une conscience territoriale.

Le territoire joue un rôle dans la configuration et la définition de la collectivité. Il délimite spatialement les liens sociaux et participe à leur reproduction. Il médiatise les rapports de l'humain à l'environnement, du social au physique, de l'individu au collectif, du privé au public, du local au global. Le territoire délimite l'espace du collectif, où mise en valeur et protection des ressources physiques et humaines, production et répartition de la richesse collective, modalités de gouvernement et de gouvernance convergent vers ce qui est commun, vers ce qu'on appelle le bien commun. Certes, ce bien commun est idéal, mais cet idéal est souhaitable, voire nécessaire, à la viabilité d'une société.

La recomposition sociale à laquelle nous faisons référence prend tout son sens lorsque les sociétés de la période actuelle – et il faut en parler au pluriel – sans scène (Thériault, 1997) et sans guide (Letourneau, 1996), ou plutôt avec de multiples scènes et guides, qui ne coïncident pas toujours d'ailleurs, redéfinissent l'espace de l'agir collectif. Ces sociétés adoptent de nouvelles modalités territoriales de gestion des rapports sociaux, postkeynésiennes sur le plan politique, postfordistes sur le plan économique, postmodernes sur le plan culturel. Les espaces nationaux d'autrefois ne subsistent qu'à des fins juridiques, et encore... Ils cèdent la place progressivement à des espaces marqués en même temps par l'atomisation politique, économique, sociale et identitaire, et par le fonctionnement réticulaire à l'échelle mondiale.

Alors, dans ce contexte, quel est le collectif dont les choix interpelleraient le citoyen ? Ou, plutôt, vers quels référents, indicateurs des intérêts de la collectivité, le citoyen pourrait-il bien se tourner ? Au sortir du règne de la nation et de la société uniquement salariale (Caillé, 1995), ces nouveaux référents, à la fois planétaires et locaux, ne délimitent plus des zones étanches, mais des pièces emboîtées où les limites d'autrefois deviennent tantôt des zones de transition et de contact, tantôt des zones de conflit et de convoitise exacerbés par la concurrence et la compétition entre individus, entre espaces, entre blocs, qui déterminent l'« agenda mondial ».

Dans ce nouveau contexte, le rôle du territoire est crucial. Mieux, la définition d'une échelle territoriale permettant de gérer la société de façon efficace est l'un des principaux défis auxquels les sociétés font face, comme le Groupe de Lisbonne (1995) ne se lasse pas de le répéter. Il faut ré-enchâsser l'économie dans la société, redéfinir les cadres qui permettront à la société de contrôler l'économie, proclame-t-on après la relecture de Karl Polanyi. Oui, mais il faut aussi réinsérer l'individu dans la société, et cela ne peut se faire que par l'affirmation de la conscience sociale, des identités, des appartenances.

En fait, la conscience sociale a toujours été la base de l'agir social des individus. Autrefois, elle était informée par les intérêts de classe et elle structurait les intérêts collectifs sur une base fonctionnelle à l'échelle nationale. Entrepreneurs et travailleurs résolvaient leurs conflits selon des normes nationales. La mise en valeur d'une ressource biophysique se faisait selon des paramètres de rentabilité nationale, aux dépens même des populations locales. Et cela semblait normal.

Aujourd'hui, les intérêts géographiques des individus émergent comme une nouvelle donne. Ce n'est que dans la mesure où les individus développent une sensibilité à leur lieu d'appartenance, à leur patrimoine, à leurs proches, qu'ils se sentent concernés par le développement de leur milieu, qu'ils s'engagent socialement, qu'ils créent des entreprises, qu'ils protègent leur environnement. Mais c'est aussi pour ces raisons qu'ils doivent développer un engagement global, afin d'éviter les risques du corporatisme et de l'émiettement social. Cette sensibilité doit être locale et planétaire. En fait, cette sensibilité doit devenir conscience, conscience de ce qui unit les individus qui partagent un même espace géographique, mais aussi conscience de l'existence de problèmes semblables ailleurs au pays, sur le continent, sur la planète. C'est ce que nous appelons « conscience territoriale », qui, pour nous, devient essentielle à l'exercice actif de la citoyenneté dans la société du xxie siècle.

La définition de la citoyenneté dans le nouveau contexte mondial et local nécessite plus que jamais une capacité d'analyse des enjeux physiques, humains et économiques de la planète. Certes, la connaissance historique est essentielle à la construction d'une telle capacité, dans la mesure où elle contribue à la conscience du temps. Mais la connaissance géographique est indissociable, car elle construit la conscience spatiale. Et le temps et l'espace délimitent la collectivité.

Ensemble, ils informent ce que Ricardo Petrella appelle cette conscience de la durée, cette conscience du long terme, si essentielle par ailleurs à ce développement durable, défini si souvent uniquement par le temps.

Il faut voir à ce que l'exploitation actuelle des ressources ne constitue pas un handicap pour les générations futures, dit-on. Mais une autre dimension s'impose. Le développement d'une collectivité ne devrait pas compromettre la capacité des autres collectivités de se développer, et ce, quelle que soit l'échelle, du local au mondial. Cette dimension interpelle la conscience territoriale. C'est en termes globaux, planétaires que cette citoyenneté doit se définir, afin d'informer un engagement efficace dans le milieu local. C'est une attitude qui allie efficacité et solidarité, croissance et protection, enrichissement et équité, que commande le nouveau civisme en construction.

L'éducation géographique est essentielle au développement de cette attitude; elle constitue en fait une éducation à la planète. Comment s'engager consciemment avec les autres sans connaître le monde, lequel commence d'ailleurs chez notre voisin? Est-il nécessaire de démontrer le besoin d'une connaissance approfondie et rigoureuse du monde à toutes les échelles et sous toutes ses facettes, au moment où l'espace mondial devient celui où se définissent les enjeux économiques, sociaux et même politiques des générations futures?

Bien sûr, cet appel à l'éducation géographique concerne surtout les professeurs responsables des enseignements géographiques. En fait, entre leurs mains repose une part importante de la formation à la citoyenneté, à la définition d'un agir collectif responsable et innovateur, critique et informé. L'école, à tous les niveaux, est le lieu par excellence d'exercice de l'éducation géographique.

Mais il n'y a pas que l'école. Selon nous, cette responsabilité incombe aussi à la géographie comme science et aux géographes comme professionnels de cette science. En fait, pour nous qui avons assumé la direction de cet ouvrage, c'est à la capacité de réalisation de ce programme que se mesurera l'utilité sociale de la géographie québécoise dans l'avenir. Il est de la responsabilité des géographes d'élaborer l'axe central de ce programme, soit un discours territorial sur la société:

- qui prenne en compte l'éducation géographique, dans une perspective qui dépasse le cadre des institutions scolaires et assure la diffusion élargie du savoir géographique,
- qui conduise à des formes organisées de discussion, d'intervention et de production géographiques, à l'intérieur comme à l'extérieur de la communauté des géographes.

BIBLIOGRAPHIE

CAILLÉ, A. (1995). « Pour ne pas rentrer à reculons dans le XXIe siècle. Temps choisi et don de citoyenneté », dans KLEIN, J.-L. et B. LÉVESQUE (dir.). *Contre l'exclusion : repenser l'économie*, Sainte-Foy, Québec, Presses de l'Université du Québec, p. 81-98.

GROUPE DE LISBONNE (1995). *Limites à la compétitivité, vers un nouveau contrat mondial*, Montréal, Boréal.

HENTCH, T. (1993). *Introduction aux fondements du politique*, Sainte-Foy, Québec, Presses de l'Université du Québec.

LETOURNEAU, J. (1996). *Les années sans guide. Le Canada à l'heure de l'économie migrante*, Montréal, Boréal.

POLANYI, K. (1983). *La grande transformation*, Paris, Gallimard.

THÉRIAULT, J.-Y. (1997). « L'acteur sans scène », dans KLEIN, J.-L., TREMBLAY, P.-A. et H. DIONNE (dir.). *Au-delà du néolibéralisme. Quel rôle pour les mouvements sociaux*, Sainte-Foy, Québec, Presses de l'Université du Québec, p. 187-195.

MOTS CLÉS

Acidification des précipitations : Modification de la valeur du potentiel hydrogène (pH) qui peut atteindre des valeurs aussi basses que 2,8, comparativement au pH 5,8 qui correspond à une pluie normale ; à noter que l'échelle pH est structurée sur une base logarithmique, c'est-à-dire qu'entre la valeur 5,8 et 4,8, par exemple, la variation est de 1 000 unités.

Altération : Modification des propriétés d'une roche sous l'effet d'agents chimiques, physicochimiques ou biochimiques.

Anticyclone : Centre d'action d'origine thermique ou d'origine dynamique qui consiste en une masse d'air froid dense, pesant, qui descend et qui peut se maintenir près du sol d'un centre de haute pression. Durant sa descente, sous l'action de la force de Corialis, cette masse d'air décrit un mouvement de rotation dans le sens des aiguilles d'une montre. L'interaction perpétuelle des anticyclones et des centres atmosphériques de basse pression (les dépressions) participe à la dynamique de la plupart des phénomènes météorologiques tels que le beau temps, les précipitations et le vent.

Arc insulaire: Chapelet d'îles correspondant aux portions émergées d'un bourrelet bordant certaines fosses océaniques.

Avant-plage: Partie de la plage qui demeure toujours immergée.

Bauxite: Résidu d'altération des roches composé surtout d'oxyde d'aluminium, avec oxyde de fer et de silice, et exploité comme minerai d'aluminium.

Behaviorisme: École de psychologie contemporaine étudiant le comportement à l'exclusion de tout autre objet et qui a recourt à l'observation et à l'expérimentation à l'exclusion de toute autre méthode. Le behaviorisme réduit la science de l'homme à une observation de ses comportements acquis par conditionnement (*Dictionnaire actuel de l'éducation*, 1993).

Bretton Woods: Ensemble d'ententes et institutions établies en 1944, au sortir de la Deuxième Guerre mondiale, lors d'une conférence des Nations Unies tenue à Bretton Woods dans l'État du New Hampshire, qui, depuis, ont encadré la croissance économique et les relations internationales. Parmi ces institutions, on compte notamment la Banque mondiale et le Fonds monétaire international.

Carte: Représentation géométrique conventionnelle, généralement plane, en positions relatives, de phénomènes concrets ou abstraits, localisables dans l'espace; c'est aussi un document portant cette représentation ou une partie de cette représentation sous forme d'une figure manuscrite, imprimée ou réalisée par tout autre moyen.

Centre: Concept élaboré dans le cadre de la théorie de l'échange inégal, qui a trait aux lieux vers lesquels convergent les profits générés par l'économie mondiale et qui concentrent les institutions et mécanismes capables de les reproduire, les réinvestir et les accroître. L'opposé c'est la **périphérie**, qui concerne les zones exportatrices de plus-value et donc dépendantes économiquement et politiquement des centres.

Cirque glaciaire: Cavité semi-circulaire à flancs raides façonnée dans la roche en place par un glacier ou une neige compacte.

Cognitivisme: Théorie de la connaissance soutenue par la psychologie cognitive, qui conçoit la pensée comme un centre de traitement des informations capables de se représenter la réalité et de prendre des décisions. S'oppose au behaviorisme en affirmant la légitimité du recours à la conscience et à des processus internes pour expliquer la connaissance (*Dictionnaire actuel de l'éducation*, 1993).

Comenius, Jean-Amos (1592-1670): Écrivain et humaniste tchèque, précurseur de la pensée moderne. Grand pédagogue du XVIIᵉ siècle, il consacra la plus grande partie de sa vie à rénover l'éducation européenne. Dans La Grande Didactique (1649), il posa les jalons d'une nouvelle pédagogie centrée sur le vécu, les exemples concrets, la méthode intuitive et le respect des étapes préalables dans le développement des potentialités.

Constructivisme: Position épistémologique qui conçoit la science comme une activité de construction de modèles rendant compte de phénomènes (observables ou non) et mettant l'accent sur le rôle de la raison, des théories et des langages formels dans ce processus. Depuis Piaget, sont dites constructivistes les positions qui insistent sur le rôle actif et structurant du sujet et de ses schèmes conceptuels dans la constitution du savoir et de la réalité (*Dictionnaire actuel de l'éducation*, 1993).

Contenu géographique d'enseignement: L'expression contenu chevauche ici deux sens. Généralement, les contenus d'enseignement constituent un ensemble de savoirs, de savoir-faire, de valeurs et de comportements, concrétisés sous forme de plans d'études et conçus en fonction de finalités et d'objectifs assignés à l'école par chaque société (Rassekh et Vaideanu, 1987). Mais dans l'optique de la pensée géographique qui s'exerce en classe, le contenu est considéré comme l'argument d'ensemble construit par l'enseignant en vue de le proposer aux élèves. Il comprend les relations significatives établies entre les objets de pensée, les thèses principales, les références géographiques évoquées, incluant les pratiques sociales associées à la géographie.

Coordonnées: Paire de chiffres permettant de localiser un point donné en fonction d'un système de référence. Les coordonnées géographiques sont exprimées en latitude et en longitude.

Desarrollisme: Idéologie modernisante inspirée des théories qui prônent le développement par l'imitation du parcours suivi par les sociétés occidentales industrialisées.

Déterminisme géographique: Au sens large, le déterminisme fait référence à une conception de la science selon laquelle les mêmes causes produisent les mêmes effets. En géographie, son acception est plus étroite : le déterminisme géographique établit une causalité univoque des conditions physiques du milieu agissant sur la réalité humaine (Bergevin, 1992).

Diaclase: Cassure de roches sans déplacement relatif des parties séparées.

Discordance: Repos stratigraphique d'une formation sédimentaire sur un substratum plissé ou basculé antérieurement par des efforts tectoniques, et en partie érodé.

Discrétisation: Découpage en classes d'une série statistique, ce qui contribue à rendre discrète, c'est-à-dire continue, une série mesurée d'abord sur une échelle continue de valeurs.

Division internationale du travail: Mécanisme par lequel les économies locales et nationales s'insèrent dans l'économie mondiale. La première division internationale du travail a mené à la distinction entre les pays producteurs et exportateurs de matières premières ou des produits de première transformation, et les pays importateurs de matières premières et exportateurs de produits manufacturés. À cette première division se superpose aujourd'hui celle entre les zones (surtout des zones métropolitaines) importatrices de capitaux et exportatrices de biens manufacturés et celles qui exportent des capitaux et des technologies.

Dualisme: C'est la coexistence d'un secteur moderne, caractérisé par la haute technologie et la prédominance urbaine, et d'un secteur traditionnel, caractérisé par l'utilisation de technologies simples et la prédominance rurale, dans une économie nationale. Ne pas confondre avec **société duale**, qui réfère à l'existence de deux vitesses de développement dans une collectivité, l'une, performante, branchée sur le marché mondial, et l'autre, précaire, repliée sur le marché local.

Échelle: Rapport d'une distance mesurée sur la carte à sa valeur sur le terrain. Une échelle de 1/1 000 000 signifie que 1 centimètre sur la carte représente 1 000 000 centimètres dans la réalité.

École nationales de géographie: De la fin du XIXe siècle jusqu'aux années 1950, la géographie était habituellement pratiquée de manière distincte d'un pays ou d'une région à l'autre – d'où les écoles nationales de géographie, lesquelles ont tenté ainsi de s'adapter aux réalités et aux problèmes particuliers auxquels chacune d'elles était confrontée. Il importe de noter toutefois que, sur le plan du développement épistémologique de la discipline, certaines écoles ont été plus importantes que d'autres, dont, notamment, celles d'Allemagne, de France et des États-Unis.

Économie archipel : Armature de l'économie mondiale structurée sur la base de zones urbaines, métropolitaines, qui concentrent les facteurs de la production (capital et travail) et qui se dissocient progressivement de leur espace national.

Endogène : Qualifie tout phénomène ayant son origine dans les profondeurs du globe.

Esker : Forme d'origine fluvioglaciaire, étroite et allongée, issue de la sédimentation de sables et de graviers stratifiés dans un tunnel d'écoulement sous-glaciaire ou intraglaciaire.

Espace troposphérique : Couche inférieure de l'atmosphère terrestre ayant une épaisseur qui varie entre 8 000 mètres au-dessus des pôles et 18 000 mètres à l'équateur, et qui renferme la quasi-totalité des gaz qui composent l'atmosphère terrestre (azote, oxygène, dioxyde de carbone, ozone, vapeur d'eau, gaz de pollution, etc.) ainsi que des fines particules solides en suspension dans les couches plus basses telles que des cendres volcaniques, des graines de poussière, des cristaux de sel, etc. La partie la plus dense de la troposphère, qui compte pour la moitié de la masse atmosphérique, est concentrée entre la surface terrestre et environ 5 000 mètres d'altitude, là où l'on situe le siège des principaux phénomènes météorologiques et des mécanismes climatiques. À la limite supérieure de l'espace troposphérique, on situe la tropopause, considérée comme frontière imaginaire de la stratosphère, caractérisée par des températures d'environ –50 °C et d'importants flux zonaux.

Estran : Partie du littoral affectée par les marées.

État-nation : Modalité unifiée de gestion des rapports sociaux, économiques et politiques, où l'État, au nom d'une nation, exerce le pouvoir sur un territoire.

Eutrophisation : Pollution des eaux lacustres ayant comme origine des apports en excès de matière organique ; ce phénomène se traduit par une importante détérioration des conditions de vie dans les lacs atteints par la prolifération de certaines algues.

Exclusion : C'est la mise à l'écart du marché du travail et des mécanismes de partage de la richesse, de façon durable et stable, d'une couche significative de la collectivité, ce qui conduit à la création d'une classe sociale constituée par des personnes dissociées des réseaux donnant accès à la prise de décision sur leurs problèmes politiques, économiques et sociaux, qui ont des revenus précaires et qui perdent progressivement leur capacité d'exercer activement leurs droits de citoyenneté.

Exogène : Qualifie tout agent ou processus morphogéniques superficiels, par opposition aux phénomènes endogènes.

Facteur anthropique : Action d'origine humaine où l'effet de la production ou de l'utilisation de certains produits contribue, dans l'ensemble, à la dégradation du milieu naturel et à la modification de l'équilibre de différents mécanismes naturels pouvant avoir des conséquences irréversibles.

Felsique : S'applique aux roches magmatiques contenant des minéraux surtout de silice et de feldspath.

Flèche littorale : Forme de relief correspondant à une accumulation de sédiments par les vagues. Le sommet atteint ou dépasse le niveau des plus hautes mers et elles sont libres au moins à une de leurs extrémités.

Foliation : Dans les roches métamorphiques, différenciation des minéraux en lits, formant ainsi des feuillets et donnant un aspect rubané à la roche.

Fonction critique : Orientation éducative privilégiant l'effort de rationalité, de distanciation, de critique, d'objectivation et de raisonnement.

Fonction identitaire : Orientation éducative privilégiant le développement du sentiment d'appartenance à une communauté, à une nation ou à un pays, pour ancrer l'identité individuelle et collective de l'élève. La géographie et l'histoire scolaires ont traditionnellement joué ce rôle depuis la fin du XIXe siècle.

Fordisme : Mode de régulation inspiré des modalités productives et salariales mises en œuvre par Henry Ford au début du XXe siècle, caractérisé par une production des masses, par des hauts revenus et par la consommation des masses.

Géographie moderne : Bien qu'elle plonge ses racines dans l'Antiquité grecque, la géographie a connu un déclin important entre les Ve et XVe siècles, c'est-à-dire de la chute de l'Empire romain jusque vers le début de la Renaissance. Aussi, l'expression « géographie moderne » est utilisée pour identifier la géographie qui émerge – ou réémerge – vers le XVe ou XVIe siècle et qui, bien entendu, se poursuit de nos jours.

Glacio-isostasie : Mouvements de l'écorce terrestre provoqués par les variations d'extension des glaciers continentaux : affaissement à la suite de la formation d'inlandsis, soulèvement à la suite de leur disparition.

Idée phare : Idée directrice rattachée à la lecture disciplinaire d'un problème social ou scientifique, et dont le potentiel éducatif est suffisamment riche pour servir de fil directeur à la construction d'un cours ou d'un grand domaine d'apprentissage de nature interdisciplinaire.

Indice paléoclimatique : Trace physique d'ordre géologique, sédimentaire, végétal, etc., qui peut être mise en relation avec les variations du climat terrestre survenues depuis plusieurs centaines de millions d'années, voire des milliards d'années. Parmi les indices paléoclimatiques et les références les plus souvent utilisés, on retrouve l'analyse des carottes provenant des fonds océaniques (reconstitution climatique pour plusieurs dizaines de millions d'années), des roches sédimentaires, les stries glaciaires, la composition chimique des molécules d'air retenues dans les glaces polaires, l'analyse des pollens conservés dans les tourbières (plusieurs centaines de milliers d'années), des coraux et des cernes de croissance des arbres.

Infographie : Procédé de création d'images assisté par ordinateur.

Inlandsis : Glacier en forme de calotte recouvrant un continent, ou une grande partie d'un continent.

Intrusion : Processus de mise en place en profondeur de matériaux d'origine volcanique ou plutonique dans des roches de nature ou d'âge différents.

Isobathe : Courbe reliant les points d'égale profondeur sous l'eau.

Lacune sédimentaire : Dans une série sédimentaire, absence de dépôts correspondant à un certain laps de temps.

Lahar : Coulée de cendres volcaniques due à une imbibition par de l'eau de pluie, de fonte des neiges ou par la vidange d'un lac.

Lithification : Transformation d'un sédiment meuble en roche sédimentaire consolidée par compaction et cimentation.

Mafique : S'applique aux roches magmatiques contenant des minéraux riches en fer et en magnésium.

Magnétosphère : Zone dans laquelle le champ magnétique d'une planète se trouve confiné par le vent solaire.

Métadonnées : Informations concernant la documentation sur les données de la carte numérique : source des données, date de saisie, système de référence géodésique, projection cartographique, méthode et échelle de numérisation, précision, etc.

Météorisation: Ensemble des processus mécaniques, physicochimiques ou biochimiques, qui fragmentent, désagrègent, ameublissent et altèrent les roches.

Métropolisation: C'est le processus par lequel les agglomérations métropolitaines tendent à concentrer les leviers du pouvoir économique et politique aussi bien à l'échelle mondiale qu'à l'échelle nationale, et par lequel l'articulation et la hiérarchisation de ces métropoles créent les bases spatiales de l'économie mondialisée.

Michelet, Jules (1798-1874): Historien et écrivain français, professeur au Collège de France, il fait de son enseignement une tribune pour ses idées libérales et anticléricales. Dans son œuvre, *Histoire de France* et *Histoire de la Révolution française* sont deux classiques.

Monde multipolaire oligopolistique: C'est le nouvel ordre mondial caractérisé par l'existence de plusieurs centres de pouvoir qui partagent tout en se convoitant la domination sur le monde. Ce nouvel ordre a remplacé le monde bipolaire du temps de l'après-guerre et de la guerre froide.

Mondialisation: C'est l'interdépendance croissante de l'ensemble de pays du monde provoquée par l'accroissement des transactions transfrontalières, par l'internationalisation du capital et par la diffusion accélérée de la technologie et de l'information. Cette interdépendance concerne essentiellement les métropoles et les régions où se met en valeur le capital, qui participent à une relation de production-consommation aux bénéfices plus ou moins réciproques. Les régions qui ne répondent pas à ces caractéristiques sont soumises aux nouvelles règles mondiales mais ne profitent pas des retombées économiques de la mondialisation.

Niveau de base: Niveau à partir duquel, faute de pente suffisante, cessent l'écoulement et le transport des matériaux dans un cours d'eau. Le niveau de base général est l'océan mondial.

Orogenèse: Formation des chaînes de montagnes.

Pangée: Continent unique existant à la fin du Paléozoïque.

Piaget (1896-1980): Psychologue et épistémologue dont l'œuvre considérable consista à définir une nouvelle théorie de la connaissance. Ses travaux font encore l'objet de débats en éducation: épistémologie génétique, constructivisme, développement du langage, intelligence, stades du développement de l'enfant. Il s'est, entre autres, intéressé à la construction de l'espace et du temps chez l'enfant et a inspiré la définition d'habiletés et d'objectifs géographiques dans l'école (Perraudeau, 1996).

Planisphère : Représentation plane d'un seul tenant de la surface terrestre, par opposition aux mappemondes qui figurent séparément les deux hémisphères.

Pléniglaciaire : Maximum glaciaire alors que l'inlandsis atteignait son extension maximale.

Point chaud : Zone de formation de magma située à la base du manteau proche du noyau et à partir de laquelle la matière s'élève selon une colonne ascendante vers la lithosphère.

Positivisme : Conception de la science visant la formulation de lois qui expriment des régularités observées entre des faits. Limite la connaissance à l'observation des faits et aux relations établies entre eux (*Dictionnaire actuel de l'éducation*, 1993).

Précession des saisons : La position des solstices et des équinoxes se déplace lentement le long de l'ellipse que décrit la Terre dans son mouvement autour du Soleil. Ce phénomène résulte de la combinaison de deux mouvements : celui de la position de l'axe de rotation terrestre, qui décrit un cercle dans les régions polaires à tous les 26 000 ans, et le mouvement autour du Soleil. L'effet superposé de ces deux mouvements est le phénomène de précession des saisons qui se produit selon un cycle de 22 000 ans. L'une de ses conséquences est la variation de l'énergie solaire reçue à chaque saison. Ainsi, il y a environ 10 000 ans, c'est au moment du solstice d'été boréal que la Terre passait par le point le plus proche du Soleil. Aujourd'hui, le moment en question correspond au solstice d'hiver.

Projection : Procédé mathématique permettant d'effectuer la transposition graphique de l'ellipsoïde (figure géométrique à laquelle est assimilée la forme de la surface terrestre) sur une carte ou un plan, de manière à ce qu'à un point donné de cet ellipsoïde corresponde un point de la carte et un seul, et réciproquement.

Rapport Parent : Présidée par Mgr Alphonse-Marie Parent, vice-recteur de l'Université Laval, la commission publie son rapport en 1963-1964. En vue de moderniser et de démocratiser l'école québécoise, les commissaires proposent un système scolaire unifié, intégré et public qui entraînera la transformation profonde des ordres d'enseignement, des programmes et de la pédagogie (Dufour, 1997).

Régulation : Concept élaboré dans le cadre d'une théorie, du même nom, qui vise à expliquer la reproduction du capitalisme malgré et au travers de ses contradictions et qui a trait à l'ensemble des dispositifs économiques, politiques et sociaux qui gouvernent un système social.

Relativisme culturel: Position accordant une valeur égale à toutes les cultures. Conception rattachée au relativisme épistémologique qui voit dans les vérités scientifiques ou théoriques des constructions sociales liées à des contextes particuliers. Dans l'école, cette position caractérise un enseignement qui prend en compte délibérément, dans le choix des contenus, des méthodes et de leurs modes d'organisation, la diversité des appartenances et des références culturelles des publics d'élèves auxquels il s'adresse. La question est toutefois soulevée, sur le plan pédagogique, de savoir sur quels critères s'effectueront le choix et la justification des contenus. La solution actuellement dominante consiste à mettre l'accent sur ce qu'il y a de plus profond, de plus constant et de plus incontestable dans les manifestations de la culture humaine (Forquin, 1991).

Ressource: En géographie, une ressource est toujours relative. Il s'agit le plus souvent d'un élément naturel (sous-sol, sol, eau, énergie solaire et éolienne, situation, patrimoine) devenu richesse parce que transformé ou exploité par des êtres humains, dans un contexte économique et technologique. C'est la société qui fait devenir ressource un élément naturel. La géographie économique utilise la notion de ressource humaine pour désigner l'ensemble des compétences humaines qui créent les dynamiques spatio-économiques.

Schistosité: Feuilletage présenté par certaines roches et acquis sous l'influence de contraintes tectoniques.

Sorre, Maximilien (1880-1962): Géographe français, naturaliste et darwinien, il contribua aux fondements écologiques de la géographie dont il proposa une synthèse dans *Les Fondements de la géographie humaine*. Collabora à la *Géographie Universelle* de Vidal de la Blache.

Stratovolcan: Volcan complexe composé d'un empilement de coulées et de lits de fragments volcaniques (cendres, lapillis, etc.).

Subduction: Enfoncement de grande ampleur d'une portion de lithosphère sous une autre.

Subsidence: Affaissement lent accompagné souvent d'une sédimentation continue.

Territoire: Le territoire est un espace découpé, organisé et occupé par la société et ses composantes. Il se construit au travers des rapports de pouvoir, des échanges matériels et symboliques et des valeurs culturelles qui structurent la société. Étudier le territoire, c'est chercher à comprendre l'articulation entre des structures et des acteurs qui, à diverses échelles, s'organisent et s'agencent dans l'espace.

Till: Sédiment d'origine glaciaire déposé directement par la glace.

Volcan-bouclier: Type de volcan au profil surbaissé et constitué de laves.

Wegener, Alfred Lothan (1880-1930): Géophysicien et météorologue allemand, célèbre pour sa théorie de la dérive des continents, qui a donné naissance à la théorie actuelle de la tectonique des plaques.

NOTICES BIOGRAPHIQUES

Mireille Bouchard est professeure au Département de géographie de l'UQAM. Elle détient un doctorat de l'Université de Paris I. Ses enseignements portent sur la géomorphologie et la géographie physique. Parmi ses principales publications, on compte « Characteristics and Significance of Two Pre-Late-Wisconsinan Weathering Profiles » (avec. S. Jolicœur et G. Pierre), *Geomorphology*, 12, 1995, p. 75-89 ; « Characteristics and Significance of Pre-Wisconsinan Saprolites in the Northern Appalachians » (avec M.J. Pavich) *Zeitschrift für Geomorphologie*, Supl.-72, p. 125-137.

Jean Carrière est professeur au Département de géographie de l'UQAM. Il détient un doctorat de l'Université de Montréal. Ses taches d'enseignement portent sur la cartographie et les systèmes d'information géographique Il est coauteur, avec Jean-Pierre Thouez, de la carte « *La diversité ethnique au Canada* », publiée dans *l'Atlas du*

Canada (1993), 5ᵉ édition. Depuis 1996, il dirige le projet *Atlas du Québec et de ses régions.*

Aurel Ceciu a œuvré comme enseignant à plusieurs titres au Département de géographie de l'UQAM. Il agit aussi comme conseiller scientifique dans le domaine de l'entreprise privée. Il détient une maîtrise de l'Université de Bucarest et, actuellement, rédige une thèse de doctorat en sciences de l'environnement à l'UQAM sur le thème « La prévention des crues dans le bassin hydrographique de la rivière Chaudière ».

Étienne Govare est chargé de cours et étudiant postdoctoral au Département de géographie de l'UQAM. Il a terminé ses études doctorales à l'Université de Montréal en 1995. Il est aussi consultant dans le domaine de la géomatique, de la photogéologie et en divers domaines de l'environnement. Parmi ses travaux, on compte Govare, É. (1995). *Paléoenvironnements du Tardiglaciaire et de l'Holocène de la région du Charlevoix.* Thèse de doctorat non publiée, Université de Montréal; « Les dépôts lacustres d'obturation de Saint-Placide » (avec P. Gangloff), Charlevoix, Québec. *Géographie physique et Quaternaire*, 43 (2): 147-160.

Juan-Luis Klein est professeur au Département de géographie de l'UQAM. Il détient un doctorat en géographie de l'Université Laval. Ses enseignements et travaux portent sur la géographie économique, le développement et l'aménagement régional. Parmi ses travaux récents, on peut consulter *Au-delà du néolibéralisme: quel rôle pour les mouvements sociaux?* (avec Tremblay, P.-A. et H. Dionne) Sainte-Foy, Qc. Presses de l'Université du Québec, 1997; « L'espace local à l'heure de la globalisation: la part de la mobilisation sociale », *Cahiers de géographie du Québec*, 41 (114), 1997, p. 367-377.

Francine Laberge est chargée de cours au département de géographie de l'UQAM. Elle détient une maîtrise en enseignement de la géographie de l'Université de Paris-I et a complété une scolarité de doctorat en sociologie urbaine à l'Ecole Pratique des Hautes Études (E.P.H.E.). Elle s'intéresse à la vie des femmes de banlieue à travers l'étude critique d'un prototype, la ville de Laval. Elle a aussi étudié la sémiologie graphique au Laboratoire de cartographie de l'E.P.H.E. et édite sur Internet du matériel pédagogique de géographie destiné aux enseignants.

Suzanne Laurin est professeure au Département de géographie de l'UQAM. Elle détient un doctorat de l'UQAM. Elle enseigne la didactique des sciences humaines et la géographie sociale. Ses intérêts de recherche portent sur la géographie enseignée ainsi que sur la relation femmes et espace. En 1997, elle a soutenu une thèse de doctorat intitulée *L'enseignant de géographie et le choix des contenus d'enseignement. Le cas de la géographie au collégial.*

Sylvie Molé est chargée de cours à l'UQAM. Elle est candidate au doctorat à l'Institut d'Urbanisme de Paris (Université Paris Val-de-Marne) et a complété une maîtrise en aménagement du territoire à l'Université Jean Moulin de Lyon. Ses recherches portent sur l'analyse d'impacts, notamment dans le domaine de l'urbanisme et de l'aménagement. Sa thèse de doctorat en rédaction s'intitule « Montréal souterrain : critères d'acceptation des projets à composante commerciale majeure ».

Frank W. Remiggi est professeur au Département de géographie de l'UQAM. Il détient un doctorat en géographie de l'Université McGill. Ses enseignements et ses recherches portent sur la géographie humaine et historique, où il traite surtout les problématiques urbaines, ethniques et identitaires. Il a codirigé, avec L. Rousseau, de *l'Atlas historique des pratiques religieuses : le Sud-Ouest du Québec au XIXe siècle*, Presses de l'Université d'Ottawa, 1998 et, avec I. Demczuk, de *Sortir de l'ombre : histoire des communautés lesbienne et gaie de Montréal*, VLB éditeur, 1998.

Yann Roche est professeur au Département de géographie de l'UQAM. Il détient une maîtrise de l'Université de Haute-Bretagne de Rennes et un doctorat de l'Université Laval. Ses enseignements portent sur l'analyse spatiale, la cartographie et les systèmes d'information géographique. Il a participé à la confection de notes de cours en systèmes d'information géographique inspirées des travaux de Goodchild et Kemp. Il est coauteur, avec R. De Koninck, d'un *Atlas électronique de l'île de Java*.

Jacques Schroeder est professeur au Département de géographie de l'UQAM. Il est agrégé d'enseignement de l'Université de Liège et détient un doctorat de l'Université d'Ottawa. Ses enseignements portent sur la géomorphologie et la photographie aérienne. Il a été organisateur de nombreuses expéditions en milieu polaire. Il s'intéresse aux problèmes liés à la communication du savoir. À ce titre, il agit comme collaborateur scientifique pour Radio-Canada et est l'auteur de nombreux documents de vulgarisation, dont *Svalbard 78° Lat. N.* Vidéogramme et guide d'accompagnement, Service de l'Audiovisuel, UQAM, 1996 ; « 25 ans de spéléologie québécoise, les dernières frontières », *Québec Science*, suppl. juillet-août, 1996.

Benoît St-Onge est professeur au Département de géographie de l'UQAM. Ses tâches d'enseignement portent sur les systèmes d'information géographique (SIG). Il a obtenu son doctorat en géographie à l'Université de Montréal en 1994. Ses recherches portent sur les applications des systèmes d'information géographique et de la télédétection au développement durable. Parmi ses travaux, on peut consulter « Estimating Forest stand Structure from High Resolution Imagery Using the Directional Variogram » (avec F. Cavayas), *International Journal of Remote Sensing*, 16, 1995, p. 1999-2021.